Chefsache Frauenquote

Peter Buchenau

Herausgeber

Chefsache Frauenquote

Pro und Kontra aus aktueller Sicht

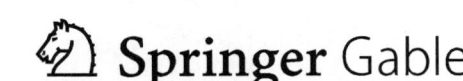 Springer Gabler

Herausgeber
Peter Buchenau
Waldbrunn, Deutschland

ISBN 978-3-658-12182-2   ISBN 978-3-658-12183-9 (eBook)
DOI 10.1007/978-3-658-12183-9

Die Deutsche Nationalbibliothek verzeichnet diese Publikation in der Deutschen Nationalbibliografie; detaillierte bibliografische Daten sind im Internet über http://dnb.d-nb.de abrufbar.

Springer Gabler
© Springer Fachmedien Wiesbaden 2016

Einbandabbildung: fotolia.de

Gedruckt auf säurefreiem und chlorfrei gebleichtem Papier.

Springer Gabler ist Teil von Springer Nature
Die eingetragene Gesellschaft ist Springer Fachmedien Wiesbaden GmbH

Geleitwort

Mathilda, Max und die Frauenquote

Max ist neun Jahre alt. Er möchte mal Feuerwehrmann werden. Brände löschen, Katzen von Bäumen retten, eben Heldenhaftes leisten. Mathilda, kaum älter als Max, passt gerne auf ihre kleine Schwester Paula auf. Wenn sie groß ist, möchte sie Erzieherin oder vielleicht Grundschullehrerin werden.

Jedes Kind hat Zukunftswünsche und träumt vom Erwachsensein. Schon an ihren Berufswünschen lassen sich Neigungen erkennen: Da gibt es diese scheinbar so typischen Frauenberufe wie Friseurin, Flugbegleiterin oder Tierärztin. Auf der anderen Seite stehen die typischen Männerberufe wie Schreiner, Polizist oder Mechaniker.

Stimmt nicht?

Dann schauen Sie sich doch mal in Ihrem Arbeitsumfeld um. Selbst wenn es nur plakative Beispiele sind, gibt es immer noch genügend Männer- und Frauendomänen. Fakt ist auch, dass Frauen durchschnittlich 22 % weniger als Männer in vergleichbaren Positionen verdienen und der Frauenanteil in Führungspositionen immer noch zu wünschen übrig lässt.

Sind hier etwa machistische Mächte am Werk, die den Aufstieg von Frauen aus reiner Missgunst verhindern, oder gibt es vielleicht handfeste Gründe, die diese Unterschiede bedingen und deshalb durch eine Quote kaum zu beheben sind?

Die Frauenquote als Lösung?

Die Idee der Frauenquote ist nicht neu. Schon seit den 1980er-Jahren gibt sie Anlass zur Diskussion in Gesellschaft, Politik und Wirtschaft. Der Bundestag lieferte kürzlich die gesetzliche Grundlage: Unternehmen, die börsennotiert sind und der paritätischen Mitbestimmung unterliegen, müssen vom 1. Januar 2016 an eine Frauenquote von 30 % im Aufsichtsrat beachten. Und es sollen noch weitere Einsätze der Quote folgen – auch der öffentliche Dienst soll bald nachziehen. Klingt gut? Man darf die Quote nicht romantisch verklärt betrachten. In der Realität und im gelebten Alltag ist sie ohne rosarote Brille zu sehen. Zu denken, dass man damit Diskriminierungen völlig aus der Welt schaffen würde, wäre jedenfalls naiv.

Denken Sie an den eventuell besser ausgebildeten Mann, der aufgrund der Quotenregelung den Kürzeren zieht. Oder auch an die Frau, die den Job aus sachlich völlig
gerechtfertigten Gründen ohnehin erhalten würde, aber nun die „Quotenfrau" geschimpft
wird.

Was will die Quote? Eigentlich ja Gleichberechtigung, so wie es im Grundgesetz steht.
So heißt es in Artikel 3: „Männer und Frauen sind gleichberechtigt." Die Aufgabe des
Staates besteht darin, diese Gleichberechtigung herzustellen. Aber ist die Quote ein pro-
bates Mittel?

Gleiche Talente – gleiche Chancen?
Die tradierten Rollenbilder aus den Zeiten meiner Großeltern sind heute nicht mehr häufig
anzutreffen. Väter nehmen heute die Elternzeit. Sie sind auf den Spielplätzen keine Sel-
tenheit mehr. Allerdings ist die im Schnitt genommene Auszeit viel kürzer als bei Müttern.
Aber wer will es den Männern verübeln? Viele haben Angst um ihre Karriere – und das
nicht ganz zu Unrecht. Viele von uns kennen Geschichten, wie es manchem ergangen
ist als er oder sie nahtlos an die bisherige Karriere anknüpfen wollte. Oftmals holte die
Realität die Karriereplanung ein!

Die Geldfrage
Auch etwas anderes spielt in der Debatte eine große Rolle: der Verdienst. Ist es nicht
beschämend für unsere Zeit, dass Frauen im Durchschnitt für die gleiche Arbeit immer
noch weniger verdienen als ihre männlichen Kollegen? Darauf macht Jahr für Jahr der
Equal Pay Day (EPD) aufmerksam. Die Statistik zeigt: Er liegt Jahr für Jahr im Frühling
zwischen März und April! Der rechnerische Durchschnitt, den Frauen weniger verdienen, wird hier deutlich. Denn bis zu diesem EPD haben Frauen statistisch gesehen nichts
verdient – im Gegensatz zu ihren männlichen Kollegen.

Quote – ja oder nein?
Ich will ehrlich sein: Vor ein paar Jahren hielt ich von der Frauenquote überhaupt nichts.
Als junge, gut ausgebildete Juristin hatte ich nie das Gefühl, dass mir beruflich etwas
verwehrt wurde, oder dass ich schlechtere Chancen hätte als meine männlichen Kollegen.

Aber um ehrlich zu sein, habe ich auch bisher noch nie mit einem Mann um eine
Position konkurriert. Ich weiß aber, wie es ist als junge Frau ein Amt begleiten zu dürfen,
das nicht ganz selbstverständlich für mein Alter ist, zumindest in der Vorstellung vieler.
Manchmal täuscht einfach nur der äußere Anschein: Noch heute werde ich manchmal für
die Sekretärin eines Abgeordneten gehalten oder die Leute denken, ich wechsele nur ein
Glas Wasser für den nächsten Redner aus, wenn ich die Bühne für ein Grußwort betrete.

Mein Glück war vielleicht, dass die Bürgerinnen und Bürger darüber entschieden haben, dass ich Abgeordnete wurde und es nicht die Entscheidung eines Unternehmensvor-
stands war. Vielleicht wäre dann heute ein männlicher Mitbewerber im Amt.

Fest steht, die Statistik trügt nicht: Frauen sind in Führungspositionen unterrepräsentiert. Vielleicht hilft eine Quote auf Dauer einen Zustand zu schaffen, der irgendwann zur Selbstverständlichkeit wird.

Aber ich bin der festen Überzeugung, dass es dafür mehr braucht als eine Quote. Veränderungen beginnen im Kopf. Wir müssen weg von alten Klischees. Frauen sollen sich nicht als Rabenmütter fühlen müssen, wenn sie Kinder haben und trotzdem einem Beruf nachgehen. Egal, ob sie wollen oder müssen. Und Männer sollten nicht als weich abgestempelt werden, wenn sie sich für Elternzeit entscheiden und beruflich kürzer treten.

Würde man der 9-jährigen Mathilda sagen, dass sie vielleicht mal eine „Quotenfrau" wird und gleichzeitig Max erzählen, dass er aufgrund einer solchen Regelung vielleicht den Kürzeren bei einer Beförderung ziehen wird, würde man wahrscheinlich nur in verständnislose Gesichter blicken.

Hoffen wir, dass wir über eine Quote gar nicht mehr diskutieren müssen, wenn Mathilda und Max erwachsen sind, sondern dies durch tatsächliche Gleichberechtigung hinfällig geworden ist. Ein bisschen Wunschdenken muss ja erlaubt sein.

Im Dezember 2015

Judith Gerlach
Abgeordnete des Bayerischen Landtags

Vorwort

Es ist der 1. April 2032. Soeben habe ich als Vorstand Innovation und Kreativität meinen ersten Arbeitstag bei Lion & Partners, Deutschlands angesehenstem Beratungshaus für Bewusstseins- und Wissensmanagement begonnen. Wie es sich für einen neuen Mitarbeiter auf Vorstandsebene am ersten Arbeitstag gehört, werde ich in 15 Minuten dem gesamten Vorstandsgremium vorgestellt. Etwas Angst davor habe ich schon und wahrscheinlich steht mir die Nervosität ins Gesicht geschrieben. Denn ich bin ein Quotenmann und somit einziger Mann in der zwölfköpfigen Vorstandschaft von Lion & Partners. Die Frage, welche mich über die letzten Wochen oder besser ausgedrückt nachdem die Entscheidung auf mich gefallen ist, beschäftigt: Habe ich diese Vorstandsposition bekommen aufgrund meiner bisherigen sehr guten Leistungen und Referenzen sowie des hervorragenden Lebenslaufs oder habe ich diese Position nur aufgrund der Männerquotenregelung bekommen, welche gesetzlich seit dem 1. Januar 2032 in Kraft ist? Fragen, auf die ich heute noch keine Antwort weiß. Seitdem mich der Vorstandssekretär Herr Willnachoben in das Sitzungszimmer gebracht hat, warte ich auf das Eintreffen des Vorstands. Dabei geht mir ein Gedankenspiel durch den Kopf. Es heißt doch „der Vorstand", also männlich, gibt es dazu auch eine weibliche Ausdrucksform? Ich denke nach. Durch das Öffnen der Tür wird mein Gedankenspiel unterbrochen. Elf Vorstandfrauen, unterschiedlich gekleidet, von Jeans über Hosenanzug bis hin zum Kostüm, betreten den Raum. Neugierig, etwas unsicher, vielleicht auch etwas verachtend, so kommt es mir vor, treffen mich elf Augenpaare. Nur die Vorstandvorsitzende Frau Dr. Frauenquote gibt mir die Hand und begrüßt mich offiziell. Die Damen setzen sich, die Vorstandsitzung beginnt.

Utopie, Zukunft, Unmöglichkeit?
Vielleicht, ich weiß es nicht. Ich kann nicht in die Zukunft blicken. Aber wenn wir heute über eine Frauenquote nachdenken müssen, dann müssen wir uns natürlich auch die Frage nach einer zukünftige Männerquote stellen. Somit habe ich großen Respekt vor den Artikeln von Gabriele Fähndrich, Marina Friess, Liss Heller, Christina Kock, Regina Kmenta, Verena Linhart, Katja Maaß, Markus Miksch, Christa Nehls, Jörg Reinnarth, Katrin Seifarth und Jörg Wittenberg. Offen, ehrlich und direkt geben diese Autoren preis, wie sie über die Frauenquote denken, ob sie die Frauenquote befürworten oder ablehnen. Mit Sicherheit wird auch der eine oder andere Beitrag Sie, verehrter Leser, überraschen.

Versprochen. Ich wünsche den Autoren viel Erfolg mit diesem Buch und Ihnen, liebe Leserinnen und Leser, viele Einblicke und Diskussionspunkte.

PS: Entschuldigen Sie bitte, dass ich nur von Autoren in meinem Vorwort geschrieben habe und nicht Autorinnen und Autoren, das war mir einfach zu lang und hat nichts mit geringerer Wertschätzung zu tun.

Im März 2016   Peter Buchenau, Chefsache-Ratgeber

Inhaltsverzeichnis

Meisterstück Leben – 7 Schlüssel für charmanten Erfolg

Gabriele H. Fähndrich

Zusammenfassung

Auf dem Weg zum Glück lauern die Giftmülldeponien des Lebens. Doch wer die richtigen Schlüssel hat, macht das Leben zu seinem Meisterstück. Das Credo der Autorin Gabriele H. Fähndrich: Erfolg darf leicht sein und Spaß machen. In ihrem Praxisleitfaden zeigt sie, wie das gelingt: mit richtigen Fragen, magnetischem Charme, guten Gedanken, Rückenwind und der Neunundzwanzig-Regel.

Jeder ist für sein Glück selbst verantwortlich, hör auf zu jammern und . . . leg los. Fürs Leben gibt es keine Generalprobe, wir haben nur eine Chance.

Wissen und Wertschätzung, Freude und Klarheit sind die Leitplanken meines Wirkens. Als Business Expertin begleite ich seit 20 Jahren Menschen und Unternehmen auf dem Weg zum Erfolg. Aus unzählige Geschichten und persönlichen Erlebnissen entstanden sieben Schlüssel, die Sie unterstützen, Ihr Leben, Ihr Unternehmen zu Ihrem Meisterstück zu machen. Meine Betrachtungsweisen sind dabei grundsätzlich aus Überzeugung geschlechtsneutral.

Ich bin felsenfest davon überzeugt, dass ich Wege anstatt Gründe suchen muss. Vielleicht ist die Frauenquote ja ein Weg, über den ich später einmal anders denken werde. Aktuell möchte ich persönlich jedoch nicht auf die Quotenfrau reduziert werden. Und so bleibe ich bei meiner Meinung, dass Denken und damit persönlicher Erfolg immer im eigenen Kopf beginnt. Bewusst oder Unbewusst.

G. H. Fähndrich (✉)
München, Deutschland
E-Mail: info@gabriele-faehndrich.com

© Springer Fachmedien Wiesbaden 2016
P. Buchenau (Hrsg.), *Chefsache Frauenquote*, DOI 10.1007/978-3-658-12183-9_1

1.1 Think big – The Sky is the Limit

„Mama, ich muss mit dir reden," sagt mein Sohn und ich weiß sofort, die Lage ist ernst. Eigentlich kann es sich nur um drei Dinge drehen: Geld, Freundin oder Job. Schnell bekomme ich Klarheit: „Ich kann hier nicht weiterarbeiten, ich werde die Ausbildung abbrechen." Ich schlucke meinen Widerspruchsreflex hinunter, was mir extrem schwer fällt. Hatte er doch erst ein Jahr zuvor sein Lehramtsstudium nach dem fünften Semester abgebrochen und nun eine Ausbildung in einem Fitnessstudio begonnen. Ich schlucke nochmal. Was er denn stattdessen möchte, frage ich. „BWL studieren an der Dualen Hochschule", so seine Antwort. Mein Gehirn ratterte und checkte die Fakten durch: Mathe 4 im Abitur, Notendurchschnitt 3, Lehramtsstudium abgebrochen im fünften Semester, Ausbildung abgebrochen nach einem Jahr, inzwischen 24. Wunschkandidaten für diesen begehrten Studien- und Arbeitsplatz sehen anders aus, denke ich. Schlag dir das aus dem Kopf. Ertappt. Das ist es mein **limitiertes Denken**. Sein Kopf sagt offensichtlich: **Doch, das geht**. Man muss doch auch mal etwas durchziehen und zu Ende bringen, denke ich leise weiter.

„Ich halte das einfach nicht aus und ich kann mir nicht vorstellen, das ewig zu machen," unterbricht er meine Gedanken. Eine Situation, die sicherlich der eine oder andere von Ihnen kennt. Was tun?

Schritt 1: Fakten sammeln
Die Zeit drängt. Junior stellt in der Folgewoche seine Bewerbungsunterlagen zusammen und recherchiert mögliche Unternehmen.

Schritt 2: Überzeugen
Wie können wir die Unternehmen von ihm überzeugen? Die Bewerbung muss so interessant gestaltet sein, dass sie trotz der klaren Faktenlage nicht sofort aussortiert wird. Ich als Mutter bin der Meinung, dass mein Junge großartig ist. Doch wie bringen wir das Gegenüber dazu, das genauso zu sehen? Gemeinsam überlegen wir, was denn seine Besonderheiten sind. **Klarheit kommt beim Aufschreiben**. Wir starten mit einem weißen Blatt Papier. Schnell entstehen die ersten Mindmap-Linien.

- Sprachen: Deutsch, Englisch, Französisch, Spanisch. *Nicht schlecht. Weiter geht's.*
- Auslandsaufenthalte: Schulbesuch in Rio de Janeiro, Brasilien, Schulbesuch in Arequipa, Peru. *Wow, daran hatten wir gar nicht mehr gedacht.*
- Austauschschüler: 2× aus Peru, 1× Brasilien, 1× Réunion. *Na, wenn das nix ist.*
- Soziales Engagement: Fahrdienst für Demenzkranke im freiwilligen sozialen Jahr, Training von Jugendmannschaften
- Jobs und Praktika: bester Kellner beim angesagten Spanier, Nachhilfelehrer für die Unterstufe …
- besondere Ausbildungen: Trainerlizenz, Ernährungsberater
- Vereinssportarten: Fußball, Tennis

- Bruder: Maschinenbauingenieur, aktuell Auslandsemester in Spanien
- Eltern: . . .

Wer nun denkt, das alles kostet unbezahlbar viel Geld, liegt falsch. Bei allen Auslandsaufenthalten fielen lediglich die Flugkosten an. Die Gegenleistung war die Aufnahme von gleichaltrigen Schülern über mehrere Monate. Die Kinder teilten sich das Zimmer und hatten viel Spaß dabei.

Nicht schlecht, wir staunen über das Ergebnis. Und sein Gesicht strahlt vor Stolz. Das alles ist er. Wir übertragen das **Mindmap** in eine Software (gratis). Druckfertig sind bunt geschwungene Äste zu sehen. Die Früchte daran, seine individuellen Besonderheiten. Bei jeder Bewerbung legt er eine Ausfertigung gleich hinter das Anschreiben. Und bei jeder Onlinebewerbung kommt dieser Anhang dazu. Wir sind gespannt.

Schritt 3: Fleißig sein

Fleiß kombiniert mit Ideen hilft. Mein Sohn schreibt 50(!) Bewerbungen. Unsere Rechnung geht auf. Die Bewerbung fällt auf. Man interessiert sich für ihn, trotz der 4 in Mathe und zweimaligem abgebrochenem Studium und dem Alter von schon 24 Jahren. Die ersten Einladungen zum Assessmentcenter kommen. Die ersten Gespräche mit den Personalverantwortlichen finden statt. Bei jedem Assessmentcenter wird er besser. Bei jedem Gespräch lernt er dazu. Ich schicke ihm für jedes Gespräch so viel **mentale Gedankenkraft** wie möglich. Er weiß genau, dass ich an ihn glaube, egal was passiert. Dieses unumstößliche **Vertrauen** wiederum macht ihn zusätzlich stark. Ja! Und tatsächlich: Er bekommt seine Lieblingsstelle. Zwei Plätze hat das Unternehmen pro Jahr zu vergeben und er ist an Bord.

Inzwischen ist fast ein Jahr vergangen. Seine Augen strahlen. Endlich angekommen.

„The Sky is the Limit" sagt meine Freundin Karina, und kriegt den Job.

„Ich wusste, dass ich diesen Posten hier niemals bekommen werde", sagt meine Freundin Anna und verlässt das Unternehmen. Was unterscheidet die beiden?

▶ **Brain Control – Pass auf, was du denkst** Deine Einstellung ist die Grundlage deiner Gedanken.
Deine Gedanken steuern deine Wahrnehmung.
Deine Gedanken werden im Handeln sichtbar.
Deine Ergebnisse bestätigen deine Einstellung.
Pass auf was du denkst, denn deine Gedanken werden Wirklichkeit.

In meinem Leben bin ich oft an Grenzen gestoßen. *Wenn es mir wirklich wichtig war, habe ich nochmal Anlauf genommen oder nach dem Hintereingang gesucht.*

- *The Sky is the Limit.*
- **Zeige deine besonderen Stärken.**
- **Gedanken werden Wirklichkeit.**

1.2   Vorsicht Giftmülldeponie

Auf dem Weg zum Glück lauern die Giftmülldeponien des Lebens.

1.2.1   Innere Giftmülldeponie

„Ich weiß, dass ich diesen Job nie bekommen hätte," sagt meine Freundin Anna. „In diesem Unternehmen bekommen nur Männer diesen Posten, außerdem habe ich nicht studiert." Dahinter könnten auch unbewusste Gedanken stecken wie: Ich habe nicht studiert, ich bin es nicht wert. Das schaffe ich nicht, das kann ich nicht, dafür bin ich einfach zu doof, ich bin hässlich, das Leben ist schwer, Arbeit ist hart. Bekannt?

Diese Stimmen in deinem Kopf bestimmen dein Leben. Oft sind sie unbewusst und damit besonders gefährlich.

▶   Die Lösung: Identifizieren – Gegengift holen – Täglich anwenden.

Deine Stimme sagt, dass du hart für dein Geld arbeiten musst. Das Gegengift könnte lauten, dass dein Leben leicht sein darf. Erfolg fliegt dir zu.

Deine Stimme sagt, dass du nicht studiert hast und nur Männer in diesem Unternehmen den Posten bekommen. Das Gegengift könnte lauten, dass du die absolut Beste in diesem Fachbereich bist und die erste Frau in diesem Unternehmen sein wirst.

Täglich anwenden: Dazu verankerst du Gewohnheiten wie Zähneputzen, Kaffee trinken mit diesem neuen Energiesatz. Wenn wir uns Worte oft genug, mit der nötigen Intensität sagen, werden wir es früher oder später glauben. Unser Unterbewusstsein lässt sich so neu programmieren.

Mein Sohn war von Anfang an überzeugt, dass es gelingt. Mir fiel ein Versprechen ein, das ich ihm Jahre zuvor gegeben hatte. Es war ein heißer Sommertag kurz vor seinem neunten Geburtstag, da passierte es. Überall Blut und eine große Zahnlücke vorne. Beide Frontzähne ausgeschlagen auf der Freibadrutsche. Auweia. Oft wurde er in den Jahren danach in der Schule gehänselt. Mein Versprechen, um ihn zu trösten lautete immer: „Wenn du groß bist, dann bist du der Schönste." Immer wieder hörte er diesen Satz von mir. Welche Sätze hast du von deinen Eltern oder Lehrern gehört?

1.2.2   Äußere Giftmülldeponie

Im Laufe der Zeit werden wir der Durchschnitt der fünf Menschen, mit denen wir die meiste Zeit verbringen. Wer sind die **Energie-Zombies?** Sie meinen es oft gut, weil sie es nicht anders kennen und können. So kam es auch, dass ich mit 21 Jahren geheiratet habe, weil man das in meinem Umfeld so machte, wenn man zusammen wohnt. Meine Familie meinte es nur gut, sie wollte mich versorgt sehen, wie das in ihrer Generation so war. Ich hatte das Glück mit 30 so schwer krank zu erkranken, dass ich dabei innerlich aufgewachte und mein Leben selbst in die Hand nahm. Ich hatte die Endlichkeit des Seins verstanden. Tick, tack, tick, tack. Die schwarze Uhr an meinem Arm zählt mein Leben rückwärts. Sie zeigt an, wie viele Jahre, Tage, Monate, Stunden, Sekunden mir rein statistisch noch bleiben. Notorische Jammerer werden konsequent gemieden. Jeder ist für sein Glück selbst verantwortlich. Hör auf zu jammern, benutz deinen Verstand und beweg deinen Hintern. So steht es gedruckt auf Karten, die ich verschenke. Wer eine möchte schickt eine Mail an info@gabriele-faehndrich.de. Wer sind deine **Kraftgeber?**

Wen kannst du mitten in der Nacht anrufen? Welche 3 besten Freunde hast du?

- **Du wirst der Durchschnitt deines Umfeldes.**
- **Zombies aussortieren.**
- **Die richtigen Kontakte pflegen.**

1.3 MUT gewinnt

Hör auf dein Herz! Die junge Katze jagte aufgeregt ihrem Schwanz nach und drehte sich dabei immer im Kreis. Eines Tages kam eine ältere Katze dazu und fragte: „Was tust du da?" Die junge Katze meinte: „Weißt du, ich war auf der Katzen-Philosophie-Schule und wir lernten, dass Glück und Erfolg von uns Katzen im Schwanz zu Hause sind. Wenn ich also lange genug meinem Schwanz nachjage, packe ich mein Glück eines Tages." Dazu meinte die ältere Katze: „Das ist interessant. Ich war auf keiner solchen Schule, ich habe aber bemerkt, dass mir mein Glück folgt, wenn ich geradeaus in Richtung meiner Träume schreite!"

Drei schwierige Sätze. Eine aktuelle Studie ermittelte, dass diese Worte vielen Menschen nur sehr schwer über die Lippen gehen:

- Bitte hilf mir.
- Bitte verzeih mir.
- Ich liebe dich.

Das Gegenteil von Mut ist Angst. Drei große Ängste stecken hinter dem Hemmnis, diese Sätze auszusprechen:

1. **Die Angst nicht mehr gemocht zu werden.** Dahinter verbirgt sich die Grundsehnsucht nach Annahme und Liebe.
2. **Die Angst zu versagen.** Dahinter verbirgt sich der Wunsch nach Wertschätzung und Anerkennung.
3. **Die Angst vor dem Nein des Gegenübers.**

Ich nahm meinen Mut zusammen und wagte die Selbststudie:

Mein Plan: „Bitte hilf mir" ausprobieren:

Ich brauche Ihre Hilfe, könne Sie mir bitte helfen, fragte ich in den Unternehmen, im Hotel, im Seminar, bei meinen Kindern, bei meinem Partner. Das Ergebnis war phantastisch. Kontakte wurden vermittelt, Unterlagen versendet, Züge warteten auf mich, Geld wurde mir geliehen, mein Handy funktionierte wieder, ich bekam noch einen Platz, die Liste lässt sich unendlich fortsetzen. Mein Leben ist nun leichter. Gleichzeitig zauberte ich meinem Gegenüber ein Strahlen ins Gesicht. Helfer bekommen Anerkennung und Wertschätzung für das Tun. Das Selbstwertgefühl steigt. Dieses Strahlen scheint auf mich zurück und macht uns beide stärker.

Wer um Verzeihung bittet, zeigt Stärke und bekommt Respekt.

Wer Liebe verschenkt, bekommt Liebe zurück.

Bei einem Teil meiner Ängste hat mir mein Opa geholfen. Er war ein oberbayrisches Urgestein und sein halbes Leben Bürgermeister einer kleinen Gemeinde. Von ihm lernte ich:

Neid muss man sich verdienen, *Mitleid* bekommt man geschenkt.

Vor den Toten musst du dich nicht fürchten. Es sind die Lebenden.

Meine Erkenntnis: Du musst nicht von allen gemocht werden! Such dir dein Umfeld sorgfältig aus.

Die Angst zu versagen verhindert, das einfach mal ausprobieren. Was ist das Schlimmste, das passieren kann? Mein Sohn hat zweimal ausprobiert. Das Studium auf Lehramt und die Ausbildung zum Fitnesskaufmann. Jetzt ist er angekommen. Wie lange er richtig ist, weiß jetzt noch niemand.

Wer sich traut, gewinnt auf jeden Fall: Gewissheit, dass er es versucht hat und sich später keine Vorwürfe machen muss. Erfahrungen, die für immer bleiben und weiterbringen.

Diese Erfahrung machte auch Frau M. Mitarbeiterin in einem Telefonservicecenter. Was war das Problem? Die Aufgabe Kundentermine am Telefon zu vereinbaren wollte Ihr lange Zeit nicht recht gelingen. Bei vielen Kolleginnen klappte das prima. Nur bei ihr blieben die Erfolge aus. Sie war verzweifelt, denn Sie liebte Ihren Job und fühlte sich im Team sehr wohl. Gemeinsam suchten wir nach einer Lösung. WIR überlegten, was denn das Schlimmste sei, das passieren könnte. Die Antwort war klar: „Dass der Kunde Nein sagt". Nun fragte ich sie, was Sie denn tun müsse, um den Kunden Nein sagen zu hören. Die Antwort war wieder klar: „Ihn fragen." Auf einem gelben Post-it hielten wir das zentrale Erkenntnis fest: „Gib dem Kunden die Chance Nein zu sagen". Sechs Monate später unser nächstes Treffen. Der Name von Frau M. stand ganz oben auf der internen Erfolgsliste. Strahlend berichtete sie, welcher Gedanke ihr geholfen hatte.

Die Super-Star-Übung im Seminar ist besonders beliebt. Dazu sammeln wir Musiktitel. Die Teilnehmer finden sich in Kleingruppen zusammen und wählen einen Song aus. Die Aufgabe besteht darin, diesen Titel mit den vorhandenen Mitteln zu performen. Singen, Tanzen, Malen, Basteln, jemanden von der Straße holen. Unglaublich, wie kreativ die Menschen werden. Die Erkenntnis: **Wenn man sich erst mal richtig blamiert hat, lebt es sich anschließend völlig ungeniert.**

- **Folge deinem Herzen.**
- **Lass dir helfen.**
- **Du kannst nur gewinnen.**
- **Gib anderen die Chance, Nein zu sagen.**

1.4   Wirkfaktoren für Rückenwind

In einer amerikanischen Studie unter Personalverantwortlichen wurden die wichtigsten Faktoren für beruflichen Rückenwind ermittelt (Coleman 2010):

10 % Leistung

30 % Image

60 % Beziehungen

Viele arbeiten kontinuierlich an der Verbesserung Ihrer Leistung, noch mehr Aufgaben, noch mehr Überstunden. Ständige Weiterbildung, noch eine Fortbildung, noch ein Zertifikat. Oh ja, das kann ich gut, enorme Leistungen ganz leise erbringen. Sicher geht es vielen ähnlich. Vor vier Jahren schrieb mir mein Coach eine Notiz mit den Worten „Du hast alles, was du brauchst." Das war für mich wie eine Initialzündung, mich endlich auf die beiden noch wichtigeren Bereiche zu fokussieren. Damit wir uns richtig verstehen, erstklassige Qualität ist Ehrensache. Für Glück und Erfolg reicht das leider meist nicht aus.

Wann wurde zuletzt dein Image aufpoliert? Wie geht das? Hier geht es darum, gezielt zu beeinflussen, was über uns gesprochen und gedacht wird. Das heißt, dafür zu sorgen, dass du sichtbar wirst. Genau hierbei lassen sich viele von mir unterstützen. „Jetzt weiß ich, was Sie meinen, Frau Fähndrich," sagte ein schwäbischer Teilnehmer zu mir. „Uffd Gass geh." Übersetzt: Auf die Gasse (Straße) gehen – laut Werbung für sich machen.

Frau M. ist enttäuscht. Die Teamleiterin räumt seit zwei Jahren still und leise alle Hindernisse aus dem Weg. Erbringt mir Ihrem Team von 18 Mitarbeitern Höchstleistungen und jetzt hat man vergessen, sie zu fragen, bevor drei neue in ihr Team kommen. Ihre Chefin war das letzte Mal vor 18 Monaten in der Abteilung. Ein typischer Fall.

Herr Dr. D. leitet eine Abteilung mit 45 Ingenieuren. Ich begleitete das Meeting. Sehr beeindruckend. Alle waren pünktlich, Handys blieben aus. Großer Respekt für den Chef. Doch im Imageland unter 6000 Mitarbeitern ist er unsichtbar. Status ist ihm nicht wichtig, leise und unaufgeregt macht er seine Arbeit. Das kann ihn seine Karriere kosten.

Ich kenne das selbst, denn für mich sind in erster Linie phantastische Ergebnisse wichtig. Und so passierte es, dass ich ab und zu überholt wurde. Meist von Männern. Offensichtlich tritt hier das Statusmotiv häufiger ans Tageslicht. Ein lieber Freund gab mir dann den notwendigen liebvollen Schubs nach vorne. „Du machst einen Superjob und ich weiß das," sagte er zu mir. „Im Unternehmen ist das vielen nicht bewusst. Die wissen nicht, was du tust." Sein Tipp: „Ruf ab und zu an, vereinbare Informationstermine und halte auf dem Laufenden. Sonst wirst du nicht wahrgenommen." Ich hörte auf seinen Rat und hatte bald die Nase vorne.

Meine **Image- und Qualitätsstrategien** sind nun zusammenfasst:

- Sprich immer mit den Entscheidern persönlich, aus Qualitätsgründen.
- Plane regelmäßige Statustermine mit Führungskräften, für zielgerichteten Verlauf.
- Plane immer ein Abschlussgespräch mit dem Vorstand, als Nachhaltigkeitssicherung.
- Hole dir schriftlich oder per Video Referenzen bei deinen Kunden ab.
- Nimm an Veranstaltungen teil und übernehme Parts davon.
- Lass dich empfehlen. Bitte die Kunden, deine Qualität zu prüfen und dich am Ende weiter zu empfehlen. Meine größten Aufträge stammen allesamt aus persönlichen Empfehlungen.

Wer ein dickes Adressbuch hat, muss sich niemals Sorgen machen, lautete der Businessspruch der früheren Jahre. „Alle haben Beziehungen, nur ich nicht," jammerte mein älterer Sohn während seines Maschinenbaustudiums. „Die tollen Praktikumsplätze gehen alle unter der Hand weg. Nur ich kenne niemanden." Ich dachte kurz nach und fragte, „Wohin möchtest du? Zu Porsche, Bosch, Audi oder Daimler. Ich kenne Mitarbeiter in vielen Unternehmen, die ich fragen kann, welche Strategie sinnvoll ist." Junior staunte nicht schlecht. Zum Praktikum war er bei Porsche. Was für ein Highlight in seinem Studentenleben. Und wie toll für mich, dass ich ihm helfen konnte. In der Kategorie „coole Mutter" bin ich sicher zwei Stufen nach oben gerutscht. **Sprich laut aus, was du brauchst und dir kann geholfen werden.**

Welche Beziehungen hast du? Wie läuft die Pflege?
Männer haben hier aktuell noch die Nase vorne. Kontakte knüpfen und geschäftlich zu nutzen, ist selbstverständlich. Geschäfte werden mit Freunden gemacht. Man trifft sich zum Essen und Business läuft nebenbei. Vor kurzem lernte ich Herrn F. auf einem Seminar kennen, er war der neue Bereichsleiter. Ich fragte ihn direkt, wie er auf die Stelle aufmerksam geworden sei. Seine Antwort: „Beziehungen". Frauen dürfen hier noch einen Zahn zulegen. Einfach mal den Hörer in die Hand nehmen, zum Essen verabreden. Nur Mut.

In Zeiten von Outlook und Social Media ist es leicht geworden, Beziehungen zu verwalten. Doch eine Beziehung lebt vom **persönlichen Kontakt**. Einen Großteil meiner Geschäfte mache ich mit zufriedenen Stammkunden, die regelmäßig wieder bei mir buchen. Ohne Marketingkampagne.

Welche Möglichkeiten gibt es zum Weiterkommen:

Malen Sie sich eine **Netzwerklandkarte** als Übersicht, wen Sie bereits kennen.

Denken Sie nach. Wen möchten Sie gerne noch kennenlernen? Wer kann Ihnen helfen.

Besuchen Sie die Veranstaltungen, die Ihre Zielgruppen besuchen.

Geben kommt vor Nehmen. Wer gibt, ohne eine sofortige Gegenleistung zu erwarten, hat die besten Chancen vom Universum beschenkt zu werden.

▶   Poliere dein Image. Pflege Beziehungen. Geben kommt vor Nehmen.

1.5   Charme macht magnetisch

Ganz bezaubernd finde ich die Geschichte einer jungen Frau, die in ihrem Vortrag erzählte, dass sie sich als Kind wunderschön fand. Sie war sich sicher eine Prinzessin zu sein. Bis zu dem Tag, als ein neuer Mitschüler in die Klasse kam, sie ansah und „Mondgesicht" nannte. Ihre Schönheit war wie weggeblasen. Sie sah nur noch das Mondgesicht. Immer wenn sie in den Spiegel blickte. Jahrelang. Sie berichtete weiter, wie Sie dieses Trauma überwand. Dazu suchte sie, was denn an ihr selbst schön sein könnte. Die Haare, die Beine, die Zehen, die Ohren. Sie fand ihre Ohrläppchen süß, klein und wohlgeformt. Fortan fokussierte sie sich beim Blick in den Spiegel auf ihre schönen Ohrläppchen. So kam das Strahlen in Ihr Gesicht zurück. Ein Gesicht, das strahlt, ist immer schön. Egal wie alt es ist und welche Form es hat. Dieses Strahlen, das nur aus einer inneren Überzeugung kommt, bringt den Funken, der den anderen erreicht.

Forschen Sie nach: **Was gefällt Ihnen an sich besonders gut?** Worauf können Sie Ihr besonderes Augenmerk richten? Und wenn es nur der Fingernagel vom rechten kleinen Finger ist. Darauf können Sie sich immer wieder konzentrieren, wenn Sie Zweifel haben. Schon alleine das zaubert ein Lächeln in Ihr Gesicht, das den anderen berühren kann.

Prüfen Sie: **Was sagen Sie morgens zu sich?**

„Ich sehe schrecklich aus. Alt, dick und keine Haare, diese Pickel, diese Augenringe."

Oder

„Ich habe den schönsten kleinen Fingernagel der Welt."

Oder vielleicht sogar:

„Ich bin ein Geschenk für die Welt. Ich bin gut so wie ich bin. Ich gebe mein Bestes." Das lernte ich bei Christian Bischoff.

Sie sind der wichtigste Mensch in Ihrem Leben. Nehmen Sie sich an wie Sie sind, dann können Sie alles erreichen.

Nach Annahme kommt Ausstrahlung. Sie zeigt sich in Ihren Worten, Ihrer Stimme, Ihrer Mimik, Gestik und Haltung.

Sind Ihre Worte eher negativ oder positiv?

Ist Ihre Stimme eher leidend oder lebendig?

Haben Sie Sorgenfalten oder Lachfalten?

Hängen Ihre Schultern oder zeigt Ihre Körperhaltung Energie?

Mit wem möchten Sie Ihre Zeit lieber verbringen?

Wer nur jammert, braucht sich nicht wundern, dass niemand mit ihm zusammen sein möchte.

In unserem Dorf wurde in einem herrlichen alten Fachwerkhaus ein wunderschönes kleines Café eröffnet. Das Schönste am Ort. Ich freute mich auf selbstgebackenen Sonntagskuchen und heißen Milchkaffee in einer schönen Umgebung. Gleich nach der Eröffnung wurde ich Stammgast. Leider war der Wirt offensichtlich ein sehr unzufriedener Mensch. Nur mühsam kam ein Lächeln ins Gesicht. Und es dauerte nicht lange und er begann damit, seine Leidensgeschichten im Gastraum zu erzählen. Die Gäste wurden weniger und er jammerte immer mehr. Bald verzichtete auch ich auf meinen Sonntagskuchen und nach einiger Zeit wurde das so aussichtsreich gestartete Café geschlossen.

Ein Jahr später eröffnete gegenüber wieder ein Café, die Räume nur halb so schön. Fröhliche Damen in gestärkten Schürzen strahlen die Gäste an und servieren den Kuchen. Wer sonntags Kuchen essen möchte, reserviert inzwischen vor.

Ich liebe es, wenn man mir die Autotür öffnet, den Mantel reicht, die Tür öffnet.

Diese Höflichkeitsriten geben mir das Gefühl besonders und wertvoll zu sein. Ich kann mich mit einem strahlenden Lächeln bedanken. **Wo kannst du deinem Gegenüber das Gefühl geben, etwas Besonderes zu sein?** Womit kannst du dein Gegenüber überraschen?

Verschenke dein Lächeln im Überfluss und erwarte keine Gegenleistung. Ich habe mir angewöhnt in Unternehmen, für die ich länger tätig bin, ab und zu einen Gang durch die Büros zu machen und den Mitarbeitern ein fröhliches Hallo zuzurufen. Es ist spürbar, wie dadurch der Energielevel dort ansteigt und sich für einen Moment die Stimmung bessert.

Kennst du das auch? Die Dame an der Kasse diskutiert mit ihrem Kollegen, wer wann Pause hat, während sie deine Ware scannt. Oder du kommst gerade vom Urlaub zurück und wirst gefragt wie es dir gefallen hat. Bereits nach dem ersten Satz unterbricht dich der andere damit, dass er vor fünf Jahren auch dort war und ein ausführlicher Bericht folgt sofort.

Wie fühlt sich das an? Null wirkliches Interesse, null Wertschätzung.

Zuhören, sich wirklich mit Augenkontakt und Körperhaltung auf den anderen einlassen. Wirkliches von Herzen kommendes Interesse, das ist die **Königsdisziplin** und unterstreicht deinen Charme.

Kritisieren kann jeder Depp und er tut das auch, schreibt Hermann Scherer in seinem Buch „Jenseits vom Mittelmaß" (Scherer 2009). Mach den Unterschied. Sag dem anderen, was dir an ihm gefällt. Besonders gut kann das meine Freundin Silvia. Gemeinsam gehen wir vom Oktoberfest heim und holen uns noch gebrannte Mandeln am Stand. Sie schaut die junge Verkäuferin genau an und sagt herzlich. „Sie haben so schöne Wimpern." Ihr Gesicht strahlte.

Verschenke Komplimente ehrlich und von Herzen. Nimm dazu den Menschen in deinem Umfeld genau wahr. Was gefällt dir? Was magst du? Was kannst du wertschätzen? Unser Verstand ist so auf Defizit programmiert, dass dir das anfangs schwer fallen wird. Doch es lohnt sich, denn die Reaktionen, die zurückkommen, werden anders sein.

Wann hast du ein Kompliment bekommen? Letzte Woche sagt eine Teilnehmerin zu mir: „Frau Fähndrich, sie sehen so jugendlich aus." Innerlich hüpfe ich vor Freude und meine Stimme will schon sagen: „Das liegt nur an der guten Hautcreme." Schuhe sind dann meist vom Schlussverkauf. Die Jacke ist schon drei Jahre alt. So ein Quatsch, diese Rechtfertigungen braucht es nicht. Nimm das Geschenk an mit einem **strahlenden „Danke, das freut mich."**

Mit Charme kannst du zaubern, Lächeln in Gesichter. Freude in Herzen.

Mit dieser Ausstrahlung erzeugst du Magnetismus für Glück und Erfolg.

Charme ist angeboren, sieh dir ein Baby an. Er ist nur manchmal etwas außer Übung oder in Vergessenheit geraten.

Geben kommt vor Bekommen. Schenke ohne Erwartungen. Wer Gegenleistung erwartet, stellt Forderungen und schmälert dadurch die eigene Leistung. **Wer mit vollem Herzen gibt, ohne zu erwarten, wird vom Universum belohnt werden.**

An einem Parkautomaten vor mir steht ein junges Pärchen, beide durchsuchen die Taschen. Es fehlen noch 2 €. Ich mache meinen Geldbeutel auf und drücke der jungen Frau die Münze in die Hand. Sie schaut mich mit großen Augen an und fragt, wie Sie mir das zurückgeben kann. „Gar nicht notwendig," antworte ich, das bekomme ich bestimmt zurück, wenn ich mal wieder Glück brauche. Ich freue mich, dass ich helfen konnte.

Schon am nächsten Tag bin ich mit der S-Bahn unterwegs zum Stuttgarter Hauptbahnhof. Oh je, die Bahn hat Verspätung, das wird knapp bis zu meinem ICE. Der Weg durch die Baustelle ist lang, das werde ich nicht schaffen. Getreu meinem Motto: Sage laut, was du brauchst, frage ich meine Mitfahrer: „Wie kann ich das noch schaffen?"

Beim Aussteigen ruft ein junger Mann mir zu: „Ich zeige Ihnen den Weg! Kommen Sie mit." Gemeinsam rennen wir die kürzeste Strecke durch den Bahnhof. Atemlos erreiche ich meinen ICE. Wie schön.

So oder so ähnlich funktioniert die **Kette der Nettigkeiten**. Bewusst werden Dinge versteckt, verschenkt, ohne dass der Empfänger/Finder weiß, von wem er das bekommen hat. Menschen sind so programmiert, dass sie sich revanchieren möchten. Da wir nicht wissen bei wem, geben wir eine andere Nettigkeit weiter. So kann eine ganze Nettigkeitenkultur entstehen.

- **Liebe dich selbst.**
- **Verschenke Kompliment.**
- **Zuhören ist Königsdisziplin.**
- **Starte eine Kette der Nettigkeiten.**
- **Trainiere deinen Charme.**

1.6   Nicht ob, nur wie! – Stell die richtigen Fragen

Stell dir die richtigen Fragen und du bekommst die richtigen Antworten. Warum ist mein Nachbar so erfolgreich und ich nicht? Warum habe ich diese Krankheit? Warum hat man mich bei der Beförderung vergessen? Das alles sind Grübelfragen, die dein Selbstwertgefühl zermürben. Sie bringen dich keinen Millimeter weiter, sondern rauben dir nur den Schlaf, wertvolle Lebenszeit und im schlimmsten Fall zeichnen sie dir hässliche Falten ins Gesicht. Dein Leben wird bestimmt durch die Qualität deiner Fragen. Wir denken ständig? Warum dann nicht gleich richtig. Hier kann unser Unterbewusstsein mithelfen. Eine richtige Frage ist wie ein Suchauftrag an das Unterbewusstsein. Der Blick fängt an sich zu weiten, wir können Dinge wahrnehmen, die uns vorher verborgen waren. Ideen können entstehen.

Nicht ob, nur wie! Das Steht meist zu Beginn und am Ende meiner Seminar und Workshops groß auf dem Flip-Chart. Damit lenke ich Diskussionen und Energie in die konstruktive Richtung. „Wie kann die Umsetzung gelingen?" „Wie führe ich das nächste Gespräch mit meinem Chef." Und wenn ein Stolperstein auf deinem Weg auftaucht, dann frage dich, „Was will mir das Leben sagen?" „Ist das eine Prüfungen für mich und meine Absicht?"

Mit dem Motto: „Nicht ob, nur wie" entsteht die klare kraftvolle Haltung, die Grundvoraussetzung für jede Art von Erfolg ist. Dabei definiere ich Erfolg sehr individuell, das ist für den einen der Posten als Vorstand in einem internationalen Unternehmen und für den anderen eine Familienauszeit oder die Beteiligung an einem sozialen Projekt.

- **Nicht ob, nur wie.**
- **Haltung gewinnt.**
- **Sei klar.**

1.7   Neunundzwanzig-Regel

Höfliche Hartnäckigkeit gepaart mit fröhlicher Konsequenz bringt dich im Leben voran. Dessen bin ich ganz sicher. Viele probieren es nur halbherzig und geben viel zu schnell auf.

Oder fangen im schlimmsten Fall gar nicht erst an. In meinen Seminaren gibt es immer folgende Hausaufgabe: Nehmen Sie ein leeres Blatt zur Hand und schreiben darauf links außen die Zahlen 1–29. Hier notieren Sie von nun an alle Ihre Versuche, egal wie gut sie gelingen. Anfangs wird es schwer und mühsam sein. Das ist normal, Ihr innerer Schweinhund wehrt sich und wird Ihnen tausend Gründe ins Ohr flüstern warum Sie etwas anderes tun oder in eine bisherige Vorgehensweise zurückfallen könnten. Achten Sie darauf, dass Sie innerhalb möglichst kurzer Zeit neue Versuche starten und lassen Sie sich überraschen. Gerne diskutiere ich mit jedem. Dabei gibt es nur eine Bedingung: Er hatte 29 Versuche gestartet. Die Überraschung ist meist groß. Denn danach erübrigen sich meist die Diskussionen und es geht lediglich um weitere Optimierung. Oft schauen wir zurück und sagen. „Wisst ihr noch, wie wir angefangen haben? Wir dachten, das schaffen wir nie." **Mit kleinen konsequenten Mini-Mäuse-Schritten sind wir unendlich weit gekommen.**

Fröhliche Konsequenz ist spielerisch und leicht. Sie trägt ein Lächeln im Gesicht. Keine Spur von Härte und Verbissenheit, denn das sind aus meiner Sicht Erfolgsverhinderer. Dieser Weg mag kurzfristig nach vorne führen, doch langfristig geht das nicht auf.

Hartnäckigkeit klagt andere nicht an. Sie ist präsent. Immer und immer wieder. Wie ein Fluss, der sich sein Bett formt, geht sie konsequent ihren Weg. Und genau das möchte ich Ihnen heute mitgeben.

- **Hör auf zu jammern.**
- **Beweg deinen Hintern.**
- **Diskutiert wird nach dem 29. Versuch.**

Oftmals denken wir viel zu kompliziert und wollen von Anfang an alle Details ganz genau geklärt haben. Dieser Perfektionismus verhindert dann den Start. Deshalb ist es besser einfach mal zu starten und immer wieder zu verbessern. Genau aus diesem Grund möchte ich dir noch ein letztes Motto mit auf den Weg geben.

- **Mach's *einfach*, aber *mach's* einfach.**

Mach dein Leben zu deinem Meisterstück. Du kannst das. Du schaffst das. Es lohnt sich.

1.8 Über die Autorin

Gabriele H. Fähndrich ist gefragter Sparringspartner der Unternehmer und Führungs-kräfte. Sie versteht es wie kaum eine andere, Menschen zu begeistern und zu bewegen. Die studierte Betriebswirtin war selbst viele Jahre Führungskraft in den unterschiedlichsten Unternehmen. 2008 startete die Vollblutunternehmerin ihr eigenes Beratungsunterneh-men. Bereits 2009 wurde sie erstmalig mit dem Beraterpreis des BaTB ausgezeichnet. Sie ist eine Frau der Praxis und begleitet jedes Jahr hunderte von Verkaufs- und Führungs-situationen. Mit diesem Wissens- und Erfahrungsschatz bringt sie ihre Kunden weiter. Humorvoll und fundiert verbindet sie die Themen Verkauf, Führung und Persönlichkeit in ihren Beratungen und Vorträgen. Überzeugen Sie sich selbst.
Weitere Infos unter www.gabriele-faehndrich.de.

Literatur

Coleman, H. J. (2010). *Empowering Yourself: The Organizational Game Revealed in Anlehnung an das P.I.E. Modell*. AuthorHouse. www.authorhouse.com

Scherer, H. (2009). *Jenseits vom Mittelmaß*. Offenbach: Gabal.

Quotentop oder Quotenflop?

Marina Friess

Zusammenfassung

Wer gehört denn nun an die Spitze? Männer oder Frauen? Oder doch beide? Diese Frage wird immer hitzig diskutiert. Momentan befinden sich allerdings vorwiegend Männer in den oberen Führungsetagen. Doch wird das so bleiben? Frauen an der Spitze sind wichtig …

Dennoch, Frauen an der Spitze sind wichtig, da sind sich mittlerweile alle einig. Denn sie sind im Allgemeinen besonnener, planen mehr in die Zukunft und sind kooperativer. Das sind auch einige der Führungseigenschaften, die zukünftig noch gefragter denn je sein werden.

Doch immer noch haben Frauen auf dem Weg nach oben so einige Hürden zu meistern. Arbeitgeber, die kaum Flexibilität in den Arbeitszeiten bieten. Zu wenige Betreuungsplätze für Kinder. Die klassische Rollenverteilung, die Frauen in der Erzieherrolle sieht und Männer belächelt, die in Elternzeit gehen. Und nicht zuletzt gelten Frauen, die voll berufstätig sind, immer noch als Rabenmütter. Genau hier muss angesetzt werden, damit es endlich keine Debatten mehr über eine Quote oder Gleichstellung gibt. Ein Umdenken muss her. Durch Akzeptanz, Toleranz, Respekt, Wertschätzung, die richtige Wirkung und eine klare Botschaft, setzen sich Frauen an die Spitze!

Männer und Frauen an der Spitze? Vielleicht sollten wir eher sagen „Frauen und Männer an der Spitze"? Mittlerweile ist sogar die Reihenfolge der Nennung wichtig, damit es nicht zu unnötigen Diskussionen führt. Daran erkennt man sofort, die Gleichberechtigung ist ein sensibles Thema und darf nicht unterschätzt werden. Die anhaltende Debatte über Frauenquoten in den Vorstandsetagen und Aufsichtsräten kühlen nicht ab. Und die Meinungen dazu sind so unterschiedlich wie Tag und Nacht. Es ist unvermeidlich, dass jeder

M. Friess (✉)
Neuss-Grevenbroich, Deutschland
E-Mail: info@feminess.de

© Springer Fachmedien Wiesbaden 2016
P. Buchenau (Hrsg.), *Chefsache Frauenquote*, DOI 10.1007/978-3-658-12183-9_2

seine eigene Lösung für diese Herausforderung sucht. Doch wo beginnt man die Lösungen zu suchen?

Ein Ansatz liegt bei den Entscheidern in den Unternehmen. Sie müssen zunächst bereit sein, geschlechterunabhängig zu fördern. In einzelnen Bereichen funktioniert das schon, leider allerdings noch nicht branchenübergreifend.

So werden Frauen doch häufig noch im Gesundheitsbereich in den höchsten Etagen eingesetzt. Hier braucht es augenscheinlich keine Quote. Doch wie sieht es in anderen Branchen aus? Schauen wir uns doch einmal die Autoindustrie an. Wir brauchen noch nicht einmal eine Hand, um weibliche Vorstände in den großen Firmen zu zählen. Und ganz ehrlich, mehr weibliche Intuition würde einigen Firmen sehr gut tun. Das sehen wir zum Beispiel jüngst an dem VW-Abgasskandal.

Es stellt sich die Frage: „Hätten Frauen an der VW-Spitze anders reagiert, oder wäre es überhaupt zu dem Skandal gekommen?"

Die Beantwortung dieser Frage sorgt mit Sicherheit für Furore, da sie stark polarisiert. Dennoch möchte ich mich dieser Frage kurz annehmen, da sie wichtig ist, um tiefer in das Für und Wieder der Quote einzutauchen.

Nicht um zu sagen: „Frauen sind besser!", sondern um neue Wege der Unternehmensführung aufzuzeigen und vor allem eine Akzeptanz dafür zu fördern. Denn ich glaube, der Skandal um VW wird kein Einzelfall bleiben, da die Unternehmenskultur sich stark verändert hat. Großen Konzernen geht es mehr denn je um Prestige, Macht und Ansehen. Dafür werden auch häufiger Entscheidungen getroffen, die für die Mitarbeiter, sowie für das Unternehmen selbst, zum Nachteil werden können.

Der Ausbau von Einfluss eines Unternehmens ist sehr wichtig, dennoch darf dieser Wert nicht Überhand nehmen, sonst gerät ein Konzern schnell ins Schwanken. Das hat man leider auch bei VW gesehen. Hier war das Ziel noch mehr Profit zu machen, und das um jeden Preis.

Also wie wäre eine Frau damit umgegangen?
Im Buch „The Athena Doctrine" (Wiley et al. 2013) finden sich spannende Studienergebnisse zu den Unterschieden männlicher und weiblicher Führungsstile und wie diese von den Mitarbeitern angenommen werden. Die Studie wurde in 13 Ländern, von Amerika bis Asien, erhoben. Demnach sind 57 % der Befragten unzufrieden damit, wie sich die Männer in ihrem jeweiligen Land verhalten. Das ist ein klares Zeichen, dass ein Wandel kommen muss.

Ein großer Teil möchte also keine männlich dominierten Strukturen und Führungsstile mehr. Wobei diese Art der Führung nicht nur von Männern praktiziert wird. Viele Frauen meinen, durch ein männliches Verhalten gelangen sie an die Spitze und leben daher ebenfalls sehr maskuline Züge in der Führung.

Aber es kommt noch schlimmer. 76 % der Deutschen sagen in dieser Umfrage: „Die Welt wäre ein besserer Ort, wenn Männer mehr wie Frauen denken würden." Damit wird deutlich, dass die Akzeptanz und Wertschätzung weiblicher Führungsstile immer größer wird. Und bei den 76 % der Befragten waren mit Sicherheit auch ein paar Männer dabei.

Hätte es eine Frau anders gemacht? Wir werden es nie herausfinden. Dennoch kann etwas mit Gewissheit gesagt werden: Ja, der Abgas-Skandal hätte VW auch dann heimsuchen können, wenn eine Frau Vorstandschefin von VW wäre. Denn die Idee kam sehr wahrscheinlich aus untergeordneten Führungsetagen. Es ist in großen Konzernen häufig so, dass die Herrschaften an der Spitze bewusst nicht informiert werden – um sie nicht der Gefahr auszusetzen, dafür haftbar zu sein. „Das Problem lösen wir. Aber du möchtest nicht wissen, wie..." ist ein Satz, der dann häufig fällt.

Und genau an diesem Punkt hätte eine Frau vermutlich anders reagiert. Sie hätte sich mit dieser Aussage sehr wahrscheinlich nicht zufrieden gegeben. Sie hätte nachgehakt und auf Corporate Governance gepocht. Dieser stellt die wesentlichen gesetzlichen Vorschriften zur Leitung und Überwachung von deutschen börsennotierten Gesellschaften dar. Ja, sie hätte mit Sicherheit auch fairer gespielt.

Dieser Ansatz lässt sich natürlich nicht verallgemeinern. Bewiesen ist aber: Frauen sind im Allgemeinen besonnener, planen mehr in die Zukunft und sind kooperativer. Das sind auch einige der Führungseigenschaften, die zukünftig noch gefragter denn je sein werden. Studien verschiedener Institutionen, wie dem britischen Beratungsunternehmen The Aziz Corporation, kommen genau zu diesem Ergebnis. Es ist theoretisch, zu vermuten, ob einer VW-Vorstandschefin dieser Skandal erspart geblieben wäre. Aber vermutlich hätte eine Vorstandschef*in* anders reagiert. Hätte sich nicht so an ihr Amt geklammert, wie das der mittlerweile ehemalige VW-Chef Martin Winterkorn in einer Videobotschaft noch kurz vor seinem Rücktritt tat. Frauen hätten sich nicht so vereinnahmen lassen, von den eigenen Gesetzmäßigkeiten einer Organisation.

In Krisenzeiten, das ist lange bekannt, ist Kommunikation besonders wichtig. Da punkten Frauen häufig. Sie sind authentisch, berechenbar, sind meist ruhig und authentisch – auch weniger eitel. Je schwieriger eine Situation ist, desto wichtiger wird der Austausch – mit Mitarbeitern, Kunden, Geschäftspartnern und Aktionären. Frauen gehen in schwierigen Situationen vermehrt in die Kommunikation, während sich Männer oft zurückziehen und versuchen die Probleme mit sich selbst zu lösen. Und das ist wohlgemerkt nicht nur in der Wirtschaft so.

Frauen setzen sich in der Wirtschaft durch. Und dennoch sind sich Experten oft uneinig. Die einen empfehlen weibliche Tugenden, die anderen wollen von Unterschieden zwischen den Geschlechtern nichts wissen.

Doch genau in solch schwierigen Situationen, wie zum Beispiel bei VW, reagieren Frauen emotionaler als ihre männlichen Kollegen. Was auf den ersten Blick ein Nachteil ist, wird bei näherem Hinsehen zu ihrem Vorteil: Es ist wichtig auch im Job seine Menschlichkeit zu erhalten. Wenn Sie sich an das Statement von Winterkorn erinnern, hätte ihm eine Portion Empathie und Emotionalität sicher gut getan, um das Vertrauen in VW und vor allem in ihn als Person wieder herzustellen.

Auch die ehemalige Microsoft Senior Directorin Deutschland – Angelika Gifford – beschäftigt sich viel mit den Unterschieden von männlicher und weiblicher Führung (Bund und Heuser 2012). Frauen sind den Männern in einigen Dingen überlegen, sagt sie zu Zeit. de. „Sie kommunizieren besser, arbeiten lieber im Team. Und es geht ihnen mehr um die

Sache, als um den Status." Am Rande erwähnt: Circa ein Viertel der Beschäftigten von Microsoft Deutschland sind Frauen, und in der Geschäftsleitung sind es neuerdings sogar 50 %. Das liegt mit Sicherheit auch an dem Bekanntheitsgrad von Gifford. Frauen brauchen einfach Vorbilder, um daran zu glauben, dass auch sie es schaffen können. Leider fehlen diese Vorbilder im Moment, daher entflammt auch immer wieder die Debatte über die Quote. Eine Quote, so meinen einige Experten, würde für mehr Vorbildfunktionen in Unternehmen sorgen.

Angelika Gifford ist auf der Pole Position bei Microsoft angekommen, auch wenn sie jetzt nicht mehr dort tätig ist. Mittlerweile werden bei Microsoft 40 % der frei werdenden Posten in Vorständen und Aufsichtsräten mit Frauen besetzt (Bund und Heuser 2012). Das ist ein klares Zeichen und das kommt von einem der größten börsennotierten Konzerne der Welt.

Im Mittelstand steht in mehr als jedem fünften Unternehmen eine Frau an der Spitze. Die gläserne Decke bekommt langsam Risse und ob Quote oder nicht, die Frauen bahnen sich den Weg nach oben (Bund und Heuser 2012).

Doch immer noch haben Frauen auf dem Weg nach oben so einige Hürden zu meistern. Arbeitgeber, die kaum Flexibilität in den Arbeitszeiten bieten. Zu wenige Betreuungsplätze für Kinder. Die klassische Rollenverteilung, die Frauen in der Erzieherrolle sehen und Männer belächeln, die in Elternzeit gehen. Und nicht zuletzt gelten Frauen, die voll berufstätig sind, immer noch als Rabenmütter. Genau hier muss angesetzt werden, damit es endlich keine Debatten mehr über eine Quote oder Gleichstellung gibt. Ein Umdenken muss her.

Dann kommt Frau endlich, trotz der zeitweise schwierigen Umstände oben an und dann sieht sie sich mit dem nächsten Problem konfrontiert. Wie kann sie sich dort behaupten? Wie steht sie ihre Frau und wie kann sie allen Anforderungen gerecht werden? Und ich glaube, genau hier ist die größte Herausforderung der sogenannten „Quotenfrauen" begraben. Sie meinen, durch bestimmte Vorurteile noch mehr und härter als jeder Mann arbeiten zu müssen, um zu beweisen, dass sie diesen Posten verdient haben. Sie möchten eine bessere Führungskraft sein, wissen allerdings leider häufig nicht wie. Der Druck und die Verzweiflung steigen.

Diesen Druck halten nur starke Persönlichkeiten aus. Daher gilt es nicht nur eine Quote einzuführen, sondern auch die Persönlichkeitsentwicklung jeder einzelnen Frau zu stärken. Wenn dies nicht in Einklang miteinander geht, werden es einige der Frauen nicht lange an der Spitze aushalten. Oder sie verleumden so stark ihr eigenes Wesen und ihre Werte, dass der Zusammenbruch droht. Der Burnout ist vorprogrammiert.

Doch das muss nicht sein. Wichtig ist, dass sich Frauen auf sich selbst und ihre Fähigkeiten besinnen. Nicht vorspielen etwas zu sein, was sie gar nicht sind, in der Hoffnung allem gerecht zu werden. Und wer sagt denn, wie eine Frau in der Führungsrolle zu sein hat. Die Gesellschaft! Doch die Gesellschaft kennt noch kaum einen anderen Führungsstil als den männlichen. Wie kann also darüber geurteilt werden, welcher nun besser oder schlechter für die Unternehmen ist? Hier gibt es kein richtig oder falsch, hier gibt es lediglich die eigene Intuition und Empathie, um zu spüren welche Art der Führung bei welchem Mitarbeiter angebracht ist.

2.1 Die Führungsstile in der freien Wirtschaft

Schauen wir uns erst einmal an, welche Führungsstile es zurzeit in der freien Wirtschaft gibt. Diese vier Führungsstile gelten sowohl für Frauen als auch für Männer. Es ändert sich lediglich die Stärke der Ausprägung.

2.1.1 Der Bestimmer | Die Bestimmerin

Diese Führungskraft macht, was sie sich in den Kopf gesetzt hat. Sie bringt die Dinge um jeden Preis zu Ende. Dabei strahlt sie Erfolg aus und das wiederum beeindruckt ihr Umfeld. Nicht wenige fühlen sich von ihr angezogen und eifern ihr nach.

Der Bestimmer fordert sein Umfeld. Er fordert Höchstleistung – von sich und allen anderen – und neigt dazu, Grenzen zu überschreiten – seine eigenen und die der anderen.

Funktioniert es nicht so, wie sie es sich vorstellen, werden sie forsch und ungehalten. Solange sie nicht lernen, mit Feingefühl zu agieren, werden sie erfahren, dass sie sich selbst alles, was sie sich aufgebaut hat, mit ihrer Brachialität wieder einreißen.

Will ein Bestimmer Menschen dazu bringen, seine Ziele zu unterstützen, muss er hart an sich arbeiten. Die Selbstreflexion steht hier an erster Stelle. Es geht darum, zu erkennen, wo die eigenen Schwachstellen in der Führung liegen und diese dann systematisch auszumerzen.

2.1.2 Der Umsetzer | Die Umsetzerin

Er ist ein Macher! Er packt an, wovor andere weglaufen. Dabei treibt er die positiven Dinge voran, schreckt aber auch nicht davor zurück, negative Botschaften zu überbringen. Er bewegt Menschen – zu ihren eigenen Zielen.

Der Umsetzer erwartet von seinem Umfeld zu viel und ist dabei kleinlich und kritisierend. Ein Lob auszusprechen fällt ihm schwer und entsprechend sinkt die Motivation aller Beteiligten.

Wertschätzung dem Mitarbeiter gegenüber ist eines der entscheidendsten Führungskriterien, denn sonst entsteht die Angst seinen Arbeitsplatz zu verlieren. Sicherheit zu geben ist das A und O als Führungskraft, da dieser Wert einer der größten für die Menschen ist. Und ob die Führung über Angst und Schrecken in großen Konzernen oder in mittelständischen Unternehmen betrieben wird – das Ergebnis bleibt gleich: unmotivierte Mitarbeiter.

Solange der Umsetzer nicht lernt, seiner Verantwortung gerecht zu werden und dabei mit beiden Beinen auf dem Boden der Tatsachen zu bleiben, wird er immer wieder große Unruhe verursachen.

2.1.3   Der Planer | Die Planerin

Er will Zahlen, Daten, Fakten. Das ist seine Welt, das ist seine Währung.

Für ihn ist klar, wie alles zu funktionieren hat, denn er hat einen Plan. Er hat sich überlegt, wie er seine großen Ziele erreichen will und jetzt geht er seinen Weg. Und dieser Weg ist der Richtige.

Sicherlich kann der Planer eine ganze Menge, aber auf seine Mitarbeiter hören, dass will und kann er nicht.

Wenn er nicht lernt, dass er selbst und auch seine Pläne regelmäßigen Updates zu unterziehen sind, wird er auf kurz oder lang scheitern. Zum Update gehören Selbstreflexion und Selbstaktualisierung durch Lernen und Feedback ihres Umfeldes.

2.1.4   Der Visionär | Die Visionärin

Er ist ein wahrer Künstler, wie er sich und die Zukunft in den größten und schönsten Bildern malt.

Leider verliert er sich nur allzu oft in seinen Märchenschlössern. Seine Bilder sind ihm so wichtig, dass er keine Widerworte dulden.

Ein Visionär unserer Zeit ist Steve Jobs. In den Medien liest man: „Was man von Steve Jobs lernen kann!" Das ist nur eine Seite der Medaille. Als Arbeitgeber war er schwierig, sagt Autor Jon Katzenbach. „Jobs konnte sich schnell für Menschen begeistern. Aber diese Begeisterung verflog auch schnell wieder!" (König 2012)

Seine Teams soll er so stark gefordert haben, dass ihre Leistungsfähigkeit oft über das Mögliche hinausging. Jetzt sagen Sie vielleicht: „Apple hat das nicht geschadet!" Dem Unternehmen nicht, aber den Mitarbeitern!

Wenn der Visionär nicht lernt, den Ist-Zustand zu erkennen und auch anzuerkennen, wird er nicht in der Lage sein, sich ohne Beschönigung selbst zu reflektieren.

Das sind erst einmal ganz allgemein gesprochen die Führungsstile, die Sie in jedem Unternehmen antreffen. Natürlich unterscheidet sich der Führungsstil von Frauen etwas.

Doch was sind typisch weibliche Führungsstile?
Weibliche Führungskräfte haben häufiger personenorientierte und seltener aufgabenorientierte Führungsmerkmale. Sie sind ausgleichend, loyal, besonnen und intuitiv. Das heißt natürlich nicht, dass ein Mann nicht ebenfalls diese Eigenschaften haben könnte. Doch diese müssen optimal eingesetzt werden. In dem oben genannten Beispiel von VW wurde das, wie es scheint, nicht gemacht.

Beim Thema Status ergeben sich ebenfalls wesentliche Unterschiede der weiblichen und männlichen Führung. Frauen nehmen ihren persönlichen Status häufig nicht so wichtig. Sie brauchen meist nicht das größte Büro, den besten Parkplatz und den größten Dienstwagen. Deshalb werden sie leider auch häufig nicht so von Kollegen oder Mitarbeitern wahrgenommen. Das ist sehr schade. In Unternehmen sollte mehr Wert darauf gelegt werden, was ein Mensch ist, als darauf, was er darstellt. Oft gibt es viel Schein und wenig Sein. Und dennoch werden Menschen mit großen Statussymbolen meist ernster genommen, als die, die ihren Status nicht stark nach außen tragen. Möglicherweise darf auch hier ein Umdenken passieren.

Die Wirtschaft ist überwiegend männlich geprägt. Es soll immer höher, schneller und weiter gehen. Die Spitze ist gerade gut genug! So auch bei VW. Ihr Ziel war es um jeden Preis die Nummer 1 unter den Autobauern zu werden. Das wurde ihnen jetzt zum Verhängnis.

Es ist nichts Verwerfliches daran, seinen Einfluss ausbauen zu wollen, dennoch darf dieser Wert nicht Überhand nehmen, sonst gerät ein Konzern schnell ins Schwanken.

Doch wie schaffen wir es, dass die Wirtschaft sowohl männlich als auch weiblich geprägt ist? Ist eine Quote wirklich die Lösung? Ich glaube nur bedingt.

Meiner Meinung nach geht der Weg zu mehr Weiblichkeit an der Spitze über das Thema Persönlichkeitsentwicklung. Das ist die Basis für ein starkes Selbstbewusstsein und ein souveränes Auftreten. Firmen müssen mehr in die Persönlichkeit ihrer weiblichen Mitarbeiter investieren, nicht wie bisher in das fachliche Wissen. Fachlich sind die meisten Frauen top ausgebildet, auch wenn es ihnen selbst nicht gut genug sein kann. Doch die Persönlichkeitsentwicklung bleibt häufig auf der Strecke. Bei Soft Skills schrecken noch viel zu viele Unternehmen zurück und setzen eher auf Wissen, statt auf persönlichen Wachstum. Doch gerade bei Frauen müssen erst einmal ein paar Mythen, die wir schon von Kindheit an gelernt haben, eliminiert werden. Und egal wie sehr sich viele Menschen dagegen wehren, wir sind geprägt von unserer Erziehung und von unserem Umfeld. Frauen wachsen nun einmal meist anders auf als Männer. Während Männer auf dem Fußballplatz toben oder auf Bäume klettern, helfen Frauen brav im Haushalt oder gehen zum Ballett. Zumindest war es so in der Generation Frauen, die jetzt an die Spitze von Unternehmen kommen möchten. Diese tief sitzenden Muster müssen erst durchbrochen werden.

2.2 Sieben Mythen, die Frauen davon abhalten noch erfolgreicher zu werden

Es gibt viele Mythen, denen Frauen immer wieder aufsitzen und die sie daran hindern noch erfolgreicher zu werden. Wenn diese Mythen behoben sind, ist es für jede Frau einfach, eine führende Position einzunehmen. Doch das ist oftmals leichter gesagt als getan.

2.2.1 1. Mythos: Viel tun bringt viel Anerkennung!

Dieser Glaubenssatz wird den „fleißigen Lieschen" im Laufe ihrer Entwicklung immer wieder eingeimpft, damit sie nicht auf die Idee kommen weniger zu arbeiten. Wer impft ihnen das ein? Ganz einfach, alle die von dieser gesteigerten Arbeitsleistung profitieren. Vorgesetzte, Chefs, Kollegen, Familienmitglieder etc. Doch dieser Mythos ist falsch! Das

Richtige tun bringt viel Anerkennung. Meist ist es aber so, dass eine ehrgeizige Frau gar nicht dazu kommt, das Richtige zu tun, da sie so viel Arbeit hat, dass sie gar nicht in der Lage ist, zu erkennen, was das Richtige ist. Sie sieht den Wald vor lauter Bäumen nicht. Also, was ist zu tun? Frauen sollten sich Tätigkeiten in ihrem Unternehmen suchen, die sie glänzen lassen. Präsentationen, große Kundengespräche, Pressearbeit, Meetings abhalten und so weiter. Also alle Tätigkeiten, in denen sie Verantwortung übernehmen. Das lässt jede Frau glänzen und im Mittelpunkt stehen. Hierbei geht es auch um Sichtbarkeit. Wenn eine Beförderung ansteht oder ein besserer Posten zu vergeben ist, bekommt diesen immer die Person, die sichtbar ist, nicht die Person, die am fleißigsten ist, sich aber nie von ihrem Schreibtisch ins Rampenlicht bewegt.

2.2.2   2. Mythos: Ich darf nicht direkt sagen, was ich denke!

Es gibt Menschen, die zeitweise sehr dominant wirken können. Das liegt an ihrer direkten und unverblümten Art. Viele Frauen lassen sich dadurch einschüchtern und beginnen dann um den heißen Brei herumzureden. Sie haben Angst vor einem negativen Kontra ihres Gegenübers. Wünsche werden nicht mehr geäußert, Kritik herunter geschluckt. Doch dieses Verhalten bringt nur einer Person etwas: Dem Gegenüber! Frauen können ganz charmant, aber standhaft ihre Meinung äußern, auch wenn der Respekt vor dem Gesprächspartner sehr groß ist. Wichtig dabei ist, immer die Körperhaltung und vor allem die Atmung zu kontrollieren. Das wird häufig total unterschätzt und auch nicht beachtet. Die Atmung sollte tief in den Bauchbereich gehen. Dadurch kann man sich besser entspannen. Bei Aufregung wird die Stimme der Frau automatisch höher. Das hört der Gesprächspartner und wittert Unsicherheit. Mit einer ruhigen und tiefen Atmung kann das vermieden werden.

2.2.3   3. Mythos: Ich darf mich nicht selbst loben!

Viele Frauen machen sich gerne klein. Sie könnten quasi unter dem Teppich Fallschirmspringen, so sehr stellen sie ihre eigenen Fähigkeiten und Talente zurück. Sie stellen sich und ihre Bedürfnisse gerne hinten an. Einige finden auch die Art vieler Männer abstoßend, wie sie sich selbst profilieren. Sie denken sie sind genauso, wenn sie über Erfolge berichten. Doch die Art macht's! Es geht darum seine Erfolge beiläufig, mit dem Wort „übrigens" zu erwähnen. Mal bei dem Vorbeigehen, dann mal bei dem Verlassen eines Raumes und dann wieder im direkten Gespräch. Die Mischung macht es. Das könnte sich so anhören: „Das neue Projekt läuft super und wir kommen schnell voran und *übrigens*, Herr Meier hat heute bei mir angerufen und sich für die tolle Abwicklung bedankt." Und dann den Raum verlassen, als wäre nichts gewesen. Und doch ist die Botschaft angekommen. Berichten Sie über Erfolge!

2.2.4 4. Mythos: Ich darf nicht auf meine Meinung bestehen, sonst werde ich nicht mehr gemocht!

Die charismatischsten Frauen sind Persönlichkeiten mit einem klaren Standpunkt. Sie sagen was sie denken, egal ob alle damit einverstanden sind oder nicht. Mutter Teresa, Coco Chanel, auch Madonna, um mal etwas Farbe hereinzubringen, alle diese Frauen stehen für etwas. Sei es für Fortschritt und Innovation wie Coco Chanel (das kleine Schwarze), Konventionen brechen wie Madonna oder der Wunsch nach Weltfrieden, der Mutter Teresa angetrieben hat. Alle haben eine Botschaft, die sie kommunizieren, aber auch verteidigen müssen. Das Wort verteidigen ist wichtig. Diese Frauen legen keinen Wert darauf, dass alle mit ihrem Standpunkt übereinstimmen. Oder glauben Sie, dass es zu der Zeit als Frauen lange Kleider und Mieder getragen haben einfach war, das kleine Schwarze einzuführen? Natürlich nicht! Doch Coco Chanel war das egal. Und das ist auch gut so. Wenn ich mich beeinflussen lasse, bin ich wie ein Fähnchen im Wind. Und ganz ehrlich, davon haben wir schon genug. Natürlich polarisieren Sie dadurch. Auch das bringt Aufmerksamkeit.

2.2.5 5. Mythos: Ich muss immer nett sein!

Das ist natürlich für viele Frauen schwer, da sie so aufgewachsen sind. Sie sind von Kindheit an so programmiert, immer lieb und nett „Ja-Amen" zu sagen. Es wird alles gewissenhaft abgearbeitet, ob die Tätigkeit einen Sinn ergibt oder nicht. Doch woher kommt das? Ganz einfach! Das ist noch aus der Steinzeit übrig geblieben. Jetzt sagen Sie vielleicht: „Das kann doch nicht sein, wir haben uns weiterentwickelt! Urinstinkte haben wir nicht mehr!" Oh doch, das fängt schon an, wenn wir auf die Welt kommen. Die ersten Urinstinkte sind „saugen" und „schreien". Das brauchen wir um zu überleben. Und später brauchen es Frauen, um zu überleben, dass sie in einer Gruppe akzeptiert werden. Das war in der Steinzeit unabdingbar. Ausschluss aus der Gruppe hieß gleich tot. Da dieser Urinstinkt noch in uns ist, tun sich Frauen so schwer „Nein" zu sagen. Sie befürchten, nicht gemocht zu werden und damit aus der Gruppe ausgeschlossen zu werden. Zum Glück sterben wir deshalb heutzutage nicht und genau das sollte sich jede Frau bewusst machen. Es geht darum, der Person die etwas von Ihnen möchte, ein klares Ja zu ihr als Person, aber ein Nein zu ihrem geäußerten Wunsch zu geben. Bedeutet, erst Wertschätzung geben: „Schön, dass du dabei an mich gedacht hast!" und dann die Bitte verneinen „Leider kann ich dich dabei nicht unterstützen!" Und fangen Sie jetzt bitte nicht an stundenlang zu begründen. Eine kurze Begründung können Sie bei Ihrem Chef oder Vorgesetzten angeben: „Ich freue mich, dass sie bei dieser Tätigkeit an mich gedacht haben, jedoch bin ich noch sehr mit dem anderen Projekt beschäftigt und muss das erst einmal in einer guten Qualität abliefern". Ja sie haben richtig verstanden, auch bei Ihrem Chef oder Vorgesetzten können Sie „Nein" sagen, es kommt nur auf die richtige Dosierung an!

2.2.6   6. Mythos: Ich darf keine Fehler machen!

Der übertriebene Perfektionismus vieler Frauen sorgt dafür, dass sie in Schönheit sterben. Alle Entscheidungen und alle Aufgaben werden wieder und wieder durchdacht, nur um Fehler zu vermeiden. Und am Schluss kam jemand anderes, der schneller gehandelt hat und hat damit die Frau aus dem Rennen geworfen. Und dafür natürlich auch die Lorbeeren eingesammelt hat. Nehmen Sie neue Herausforderungen an, ohne lange zu überlegen, ob Sie jede einzelne Qualifikation haben. Diese können Sie sich aneignen. Stehen Sie sich nicht selbst im Weg, weil Sie zögern und denken, Sie können oder wissen noch nicht genug. Wie heißt es so schön: „Lieber holprig gestartet, als perfekt gezögert!" Jeder hat Unmengen an Fähigkeiten. Man sollte sich nicht darauf konzentrieren was man nicht gut kann. Diese Dinge kann man delegieren. Dafür gibt es Experten. Es geht darum, sich um die wichtigen Dinge zu kümmern. Vergeben Sie keine Chancen und vor allem lassen Sie sich keine vor der Nase weg schnappen.

2.2.7   7. Mythos: Bei Statuskämpfen hält „frau" sich besser raus

Sonst verspielt frau sehr schnell ihre Position. Vor jeder Begegnung findet zunächst ein Statuskampf statt. Erst wenn geklärt ist, wer an welcher Stelle der Rangordnung steht, kann es richtig losgehen. So ist es auch zum Beispiel bei Meetings. Meist gehen die ersten 15 Minuten ins Land, um die Rangordnung zu bestimmen. Erst dann geht es richtig los. Das passiert, da es in jeder Gruppe einen Anführer geben muss. Das kommt noch aus der Steinzeit, als die Männer zur Jagd gingen. Wenn nicht einer das Kommando übernommen hätte, wäre nur ein wahnsinniges Durcheinander passiert. Das ist auch der Grund, warum Frauen sich da oft rausziehen. Sie möchten bei diesem Kampf nicht mitmachen. Sie sind es nicht gewohnt, um ihren Rang zu kämpfen, da es bei ihnen immer nur um Gemeinschaft, also ein Miteinander ging. Und diese Eigenschaften sind heute noch aktuell. Männer fechten ihre Position aus, während die Frauen für Harmonie sorgen. Doch hoher Status bedeutet hohe Akzeptanz. Wenn Sie sich herausnehmen, erhalten Sie in der Gruppe weniger Akzeptanz. Und dabei geht es nicht nur um Meetings, sondern um jede Art der geschäftlichen Begegnung. Der Status kann erhöht werden, indem man sich mehr Raum einnimmt, körperlich (hüftbreiter Stand, ausladende Gesten), stimmlich (laut und deutlich) und mit der Redezeit (lange und ausgedehnt). Doch eine ausgedehnte Redezeit bedeutet nicht, lange um etwas herumzureden, sondern die Vorschläge sollten konkret, klar und deutlich ausgesprochen werden. Nehmen Sie sich wie selbstverständlich die Zeit, die Sie dafür brauchen. Der tiefe Blickkontakt ist dabei ebenfalls sehr wichtig. Die Höhe des Status entscheidet über die Höhe der Position, des Gehaltes und die Qualität der Kunden.

Wenn Frauen der Status nicht so wichtig ist, hat das zur Folge, dass sie auf der Strecke bleiben, wenn Geld und einflussreiche Positionen verteilt werden.

Wichtig ist, sich erst einmal bewusst zu werden, was ich als Frau wirklich will. Will ich eine gute Position mit viel Einfluss? Dann nehmen Sie sie sich! Wenn nicht, dann lassen Sie es! Frauen sind unterschiedlich und haben unterschiedliche Bedürfnisse. Einige möchten viel, andere nicht so viel. Egal wie, es ist völlig in Ordnung. Jeder sollte selbst entscheiden, was für ihn richtig ist.

Wenn mir allerdings Geld und Macht nicht wichtig sind, dann darf ich mich auch nicht beschweren, wenn ich beides nicht besitze.

Andersherum genauso. Wenn ich Geld und Macht haben möchte, dann darf ich auch nicht immer jammern, dass der Weg dorthin schwierig und langwierig ist, sondern muss das in Kauf nehmen. Ich denke, der erste Schritt ist, eine klare Entscheidung zu treffen, was ich möchte, wie viel ich möchte und wann ich es möchte. Und dann gibt es nur noch eine Möglichkeit: Dafür sorgen, dass man es bekommt. Und dafür ist es vielleicht auch einmal notwendig „Nein" zu sagen, oder jemanden vor den Kopf zu stoßen, oder unkonventionelle Wege zu gehen. Ich kenne das Gefühl. Auch ich musste viele schwere Entscheidungen treffen, durfte mir viel Kritik anhören, doch das gehört dazu. Wenn Sie das haben, dann wissen Sie, Sie sind auf dem richtigen Weg, denn dann werden Ihre Leistungen wahrgenommen und gesehen.

Und ja, manchmal ist man als Frau auch härteren verbalen Angriffen ausgesetzt.

Ich bekomme dann von Frauen immer die Frage gestellt, wie sie darauf reagieren sollen.

Ich denke, Aushalten führt zu Unterdrückung, Ignorieren zur Verdrängung und Kontern führt zum Gegenangriff. Es gibt nicht das Geheimrezept bei Angriffen, daher gibt es auch mehrere Strategien. Eine Frau kann einen Angriff einfach einmal souverän weglächeln. Ihren „Angreifer" freundlich angrinsen und sich einfach denken „von dir lasse ich mich nicht provozieren". Oder man stellt einfach eine Gegenfrage in dem Moment des Angriffes und sagt: „Wie genau meinst du das?" Das hat zwei positive Effekte. Erstens: Die Frau könnte etwas in den falschen Hals bekommen haben und der vermeintliche Angreifer kann es mit dieser Frage klarstellen. Zweitens: Der Wind wird aus den Segeln genommen. Der Angreifer muss sich jetzt überlegen, was er als nächstes sagt, sich sogar in gewisser Weise rechtfertigen.

Frauen sollten sich nicht die Butter vom Brot nehmen lassen und dennoch souverän reagieren. Und vor allem dürfen sie dabei weiblich und charmant bleiben. Das ist die stärkste Waffe der Frau, gegen die es kaum Schutz gibt.

Und natürlich wird es immer wieder Menschen geben, die Angst vor starken und selbstbewussten Frauen haben. Die mit teilweise unfairen Mitteln dagegen angehen wollen. Doch ich glaube, es braucht keinen Einfluss von außen, dass sich viele Frauen schwer tun nach oben zu kommen, das schaffen einige Frauen schon ganz alleine. Es ist doch leichter zu sagen, dass die Männer, oder die Gesellschaft, oder eine nicht existierende Quote daran schuld sind. Zugegeben, es gibt Firmen und Branchen, da hat man es als Frau etwas schwerer, aber es ist machbar. Solange es Frauen in Ihrer Firma oder in Ihrer Branche gibt, die das erreicht haben, was Sie noch erreichen möchten, ist es machbar! Die Frau hat es bereits vorgemacht.

Vielen Frauen mangelt es an Selbstvertrauen und Mut. Vor allem an dem Mut, sich große Ziele zu stecken und diese dann auch strategisch zu verfolgen.

Ich sage immer: Setzen Sie sich die Ziele im Verhältnis zu Ihrer Komfortzone. Haben Sie eine stark ausgeprägte Komfortzone, setzten Sie sich kleinere Ziele und steigern diese dann systematisch. Haben Sie eine kleinere Komfortzone, dann setzen Sie sich die Ziele ruhig größer. Ich erlebe immer wieder, dass Frauen sich entweder überschätzen oder unterschätzen. Bei beidem entsteht Frust. Wenn Sie bereit sind für die Spitze, auch einmal unangenehme Dinge wie Kaltakquise oder fremde Menschen ansprechen in Kauf nehmen, dann setzten Sie sich ruhig größere Ziele. Wenn Sie lieber langsam machen und weniger bereit sind, unangenehme Dinge zu tun, dann fangen Sie klein an und steigern dann. Beides ist völlig in Ordnung. Lernen Sie sich und Ihre Grenzen kennen.

Was an dieser Stelle noch wichtig ist zu erwähnen: Ich halte es für unnötig sich jetzt schon Gedanken zu machen, wo man in fünf Jahren stehen will. Wenn es für Sie klar und einfach ist, dann dürfen es gerne fünf Jahre sein, wenn es Ihnen allerdings Stress und ein ungutes Gefühl bereitet, dann fangen Sie doch erst einmal mit den nächsten Schritten an. Ich weiß jetzt auch nicht, wo meine Firma Feminess – Female Business in fünf Jahren steht, aber ich weiß ganz genau, wo meine nächsten Schritte hingehen. So erreichen Sie Ihre Ziele mit Spaß und Freunde.

2.3   Was Alphafrauen auszeichnet

In meinen Publikationen spreche ich auch immer wieder von Alphafrauen. Und ich glaube, dass Land braucht einfach mehr davon. Alphafrauen sind für mich Frauen, die ganz genau wissen, wer sie sind, was sie wollen und wo ihr Weg hingehen soll und das auf eine weibliche Weise. Sie merken, bei mir geht es viel um die Vereinbarkeit von beruflichen Erfolg und Weiblichkeit. Ich bin mir sicher, dass diese Kombination unschlagbar ist.

Ich könnte jetzt seitenweise darüber schreiben, was Alphafrauen in meiner Wahrnehmung auszeichnet, aber das sprengt den Rahmen dieses Buchbeitrages. Daher habe ich Ihnen jetzt einmal die sechs wesentlichsten Punkte zusammengefasst.

2.3.1   Akzeptanz

Alphafrauen akzeptieren die unterschiedlichen Charaktereigenschaften ihres Umfeldes, auch wenn es sich um schwierige Persönlichkeiten handelt. Sie sind im Umgang mit schwierigen Personen absolut souverän! Sie sind ruhig und strahlen in ihrer Ruhe vollkommene Kraft aus.

Kennen Sie die Menschen, die ständig laut und außer sich sind? Wenn jemand außer sich ist, ist er nicht bei sich. Und nicht bei sich zu sein, bietet sehr viel Angriffsfläche. Das lässt eine Alphafrau nicht zu. Sie bleibt bei Stress gelassen, stark und überlegen.

Wenn Sie bei einem Angriff „wild" werden, haben Sie bereits verloren. Wenn Sie ruhig atmen, die Körperhaltung aufrichten und die Stimme ruhig halten, dann können Sie

Angriffen, oder sogar ungerechtfertigter Kritik souverän entgegen treten. Ruhe ist der Schlüssel zum Sieg!

Hier ein Tipp, wie Sie in jeder Situation überzeugungsstark wirken können: Zeigen Sie zunächst Verständnis für den Standpunkt Ihres Gegenübers mit den Worten: „Gut, dass Sie es so offen ansprechen". Atmen Sie auf jeden Fall einmal tief durch. Erst dann bringen Sie Ihre Argumente vor. So können Sie Wertschätzung zeigen, um das Gespräch im Nachhinein leichter zu führen.

2.3.2   Wertschätzung

Kennen Sie Menschen, die sich immer wieder über andere stellen? Die meinen, etwas Besseres zu sein? Alphafrauen haben das nicht nötig. Sie wissen, wer sie sind und was sie können und müssen das nicht immer unter Beweis stellen. Sie schätzen den Wert anderer, so wie sie ihren eigenen Wert schätzen. Sie wirken dadurch sehr charismatisch. Charisma hat nichts mit Selbstdarstellung zu tun, wie so viele meinen. Im Mittelpunkt stehen und sich selbst huldigen ist kein Charisma, das ist Überheblichkeit. Charisma kann nur von dem Umfeld zugesprochen werden. Keiner kann von sich selbst behaupten, er sei charismatisch, wenn alle anderen das nicht so sehen. Charisma soll mit anderen Menschen verbinden, um diese zu begeistern und zu motivieren. Eine Charismatikerin behandelt ihr Umfeld wertschätzend. Sie lässt sie teilhaben an ihren Ideen und Visionen und macht sie zu ihren eigenen. Denn sie weiß, dass sie im Team stärker ist. Die Menschen in ihrem Umfeld fühlen sich wohl bei ihr. Es ist ein gutes Gefühl für sie, nicht von oben herab behandelt zu werden. Daher unterstützen sie auch gerne ihre Vorhaben und stehen hinter ihr. Das zeigen auch große Persönlichkeiten wie zum Beispiel Mutter Teresa. Sie war eine Frau, die stark vom Volk, oder ihren Anhängern unterstützt wurde.

2.3.3   Wirkung

Alphafrauen wissen um ihre Wirkung.

Ist Ihnen zu jeder Zeit bewusst, wie Sie wirken möchten? Wie sehen Sie sich selbst? Wie werden Sie von anderen gesehen? Um sich selbst gut zu reflektieren, sind das ganz entscheidende Fragen. Die Wirkung auf andere kann und sollte gezielt beeinflusst werden. Diese äußere Beeinflussung hat viel mit dem inneren Selbstbild zu tun.

Je klarer das Bild von sich selbst, umso einfacher kann man es steuern, also bewusst einsetzen.

Jeder verfügt über ein Fremdbild, ein Eigenbild und ein projiziertes Bild:

- Eigenbild: So sehen Sie sich selbst.
- Fremdbild So werden Sie von anderen gesehen.
- Projiziertes Bild: So möchten Sie gerne gesehen werden.

Im Optimalfall sind sich die drei Bilder sehr ähnlich und die Betreffenden werden als authentisch wahrgenommen. Fragen Sie sich: Wie möchten Sie wirken? Nehmen Sie sich Zeit, diese Frage zu beantworten. Wenn Sie nun darauf eine ausführliche Antwort haben, dann überlegen Sie, was Sie brauchen, um diese Wirkung im Außen zu erzielen. Welche Fähigkeiten und Ressourcen fehlen Ihnen noch? Und dann holen Sie sich diese in Form von Büchern, Hörbüchern, Seminaren, Mentoren oder Beratern.

2.3.4 Botschaft

Alphafrauen haben eine klare Botschaft. Haben Sie eine klare Botschaft? Also wissen Sie, wofür Sie stehen, als Mitarbeiterin, als Unternehmerin oder als Vorgesetzte?

Warum ist die Botschaft so wichtig? Wenn Sie Ihre Ziele einfach, schnell und in einer Gemeinschaft erreichen möchten, dann ist Ihre Botschaft der wichtigste Grundpfeiler. So bekommen Sie Unterstützer für Ihre Ziele. Menschen, die sich mit Ihnen und Ihren Zielen identifizieren können. Die Botschaft sollte nicht egoistisch sein, sie sollte immer dem Allgemeinwohl dienen, zumindest innerhalb der Außenkommunikation. Welche weiteren strategischen Ziele Sie damit verfolgen, steht auf einem anderen Blatt geschrieben.

Charismatische Persönlichkeiten haben eine Botschaft, ihr Warum! Und sie sind in der Lage, Menschen damit anzustecken. Einer der größten Visionäre unserer Zeit ist Barack Obama. Er hat es geschafft, nach nur drei Jahren als Junior Senator, als erster Afroamerikaner zum Präsidenten gewählt zu werden. Aufgrund seiner motivierenden Kommunikationsfähigkeit und seiner „uneigennützigen" Botschaft hat er es geschafft, dass fast der komplette Wahlkampf vom Volk finanziert wurde. Das ist vor ihm niemandem auch nur annähernd gelungen. Und er hat nicht gesagt: „Yes I can" sondern „Yes we can". Also hat er sich Unterstützer ins Boot geholt.

Es gibt noch viele weitere Beispiele, in denen Personen andere Menschen dazu gebracht haben, ihre Ziele zu unterstützen. Natürlich muss es jetzt nicht gleich die Präsidentschaft sein, aber was im Großen funktioniert, geht auch im Kleinen.

2.3.5 Toleranz

Toleranz bedeutet: Ich lasse dich mit deiner Meinung. Eine Alphafrau toleriert die Einstellung, die Ideen und die Meinungen anderer, auch wenn sie diese nicht unbedingt teilt. Sie meint nicht, dass ihre Ziele die einzigen wahren sind. Und dennoch weiß sie ganz genau, was sie will und verfolgt ihre Ziele strategisch und klug. Sie tut dies auf eine diplomatische Art, damit sie keine Widerstände von außen bekommt. Sie plant jeden ihrer Schritte und überlegt, wie sie noch schneller erfolgreich werden kann. Darüber hinaus ist sie auch sehr charmant und verfügt über ein ausgeprägtes Einfühlungsvermögen, was ihrer toleranten Haltung entgegen kommt. Dadurch gewinnt sie sehr schnell das Vertrauen ihres Umfeldes. Das ist das eigentliche Geheimnis der Überzeugungskraft – Menschen über Vertrauen zu führen. Das beherrscht eine Alphafrau wie keine andere.

Doch um Ihre Ziele zu erreichen, braucht es eine klare Vorgehensweise, die ich Ihnen hiermit an die Hand geben möchte.

Ausgangspunkt?

Sie sollten wissen, wo Sie gerade stehen. Was können Sie besonders gut, wo haben Sie noch Entwicklungspotenziale? Ehrliche Selbstreflektion ist das A und O der Zielerreichung. Wenn Sie wissen, wo Sie stehen und wer Sie sind, können Sie auch gezielt an Ihren Fähigkeiten arbeiten.

Ziel?

Wo möchten Sie hin? Was ist Ihr Ziel? Wichtig dabei ist nicht jetzt schon zu wissen, wo Sie in fünf Jahren stehen wollen. Das halte ich für übertrieben, da es unnötigen Druck erzeugt. Sein Sie sich über Ihre nächsten Schritte bewusst. Was möchten Sie als nächstes erreichen? Seinen nächsten Schritt zu wissen ist sehr wichtig.

Weg?

Wie kommen Sie am schnellsten an Ihre Ziele? Und vor allem: Wer kann Ihnen dabei helfen, schnell an Ihre Ziele zu kommen? Die meisten Menschen fragen sich: „Was ist mein Ziel und wie kann *ich* es erreichen." Fragen Sie sich lieber: „Was ist mein Ziel und wer kann mir dabei helfen, es zu erreichen?" Das ist der schnellste Weg.

2.3.6 Respekt

Alphafrauen führen Menschen über Respekt. Sie respektieren vor allem ihren Status und passen sich diesem optimal an. Der Status ist, wie bereits erwähnt, entscheidend für den Erfolg. Noch einmal: Vor jeder Begegnung findet zunächst ein Statuskampf statt. Erst wenn geklärt ist, wer an welcher Stelle der Rangordnung steht, kann es richtig losgehen. Und das ist auch in der Berufswelt so. Auch bei ranghohen oder ranggleichen Mitarbeitern wird untereinander entschieden, wer den höheren Status hat.

Lassen Sie es mich noch einmal etwas genauer ausführen.

Sie laufen durch Ihr Büro. Ein Kollege/eine Kollegin kommt Ihnen entgegen. Sie laufen direkt aufeinander zu. Wer weicht zuerst aus? Die Person, die zuerst ausweicht, hat automatisch in dieser Situation den tieferen Status eingenommen. Außer die Person, die ausweicht, macht dabei eine gönnerhafte Geste, mit der sie den Vortritt lässt. Dann ist diese Person in einem höheren Status. Das Gleiche passiert auch, wenn man durch eine Tür geht. Wer geht zuerst? Die Person mit dem höheren Status. Eine Alphafrau hat meist automatisch, auf Grund ihrer souveränen Ausstrahlung, den höheren Status. Doch die meisten Frauen überlassen den Vortritt oder ihr wird gönnerhaft der Vortritt gelassen. Beobachten

Sie, wie oft Sie zuerst gehen? Das spielt sich alles ganz unbewusst ab und viel macht dabei auch die Gewohnheit.

Zusammengefasst: Wahre Alphas verschaffen sich Ihre Stellung durch Toleranz, Respekt, Akzeptanz, Wertschätzung, Wirkung und eine klare Botschaft. Sie müssen sich nicht über ihre Mitmenschen stellen, um sich selbst besser zu fühlen.

Quote hin oder her, das Fundament ist die Persönlichkeit jeder einzelnen Führungskraft.

2.4 Ist nun die Quote sinnvoll?

Ehrlich gesagt hab ich keine Ahnung! Ändert unsere Meinung über die Quote etwas daran, dass es sie gibt? Ich glaube nicht!

Also, lassen Sie uns das Beste daraus machen. Nämlich an uns denken. An jede einzelne Frau mit ihren Stärken und Potenzialen. Jetzt ist die Zeit diese auszubauen.

Der Vorteil einer Quote ist, dass ganz schnell knapp ein Drittel Frauen an der Spitze sind, die ihre weiblichen Führungsqualitäten unter Beweis stellen können.

So hätten auch Frauen mit wahren weiblichen Führungseigenschaften die Möglichkeit, sich Gehör und Ansehen zu verschaffen. Die Frauen, die derzeit an der Spitze sind, sind für die weiblichen Eigenschaften einer erfolgreichen Frau nicht gerade repräsentativ. Sie sind noch sehr stark maskulin geprägt.

Natürlich hätten es die Quotenfrauen in ihrer Position erst einmal sehr schwer, doch in ein paar Jahren wird es ganz normal sein, dass sie an der Spitze von großen Organisationen sind. So wie Frauen jetzt arbeiten gehen dürfen, ohne ihren Mann zu fragen. Das war beim Beschluss 1977 ein Skandal, mittlerweile ist es ganz normal. Eine Quote würde somit zunächst dafür sorgen, dass auch Frauen an der Spitze sind, die dem weiblichen Durchschnitt entsprechen. Mehr weibliche Energie tut jedem Unternehmen gut, das wird sich auch bald, wie ganz selbstverständlich, unter Beweis stellen.

2.5 Über die Autorin

Marina Friess ist seit 2005 Unternehmerin. Mit ihrem Weiterbildungsinstitut Feminess I Female Business unterstützt sie Geschäftsfrauen und Frauen mit Führungsverantwortung beim Aufbau und Ausbau ihres Unternehmens. In diesem Zusammenhang hält Frau Friess unzählige Vorträge und veranstaltet jährlich Kongresse im ganzen deutschsprachigen Raum.

Seit 2015 ist sie Dozentin für Eigenmarketing an der Steinbeis Hochschule Köln und Marketingvorstand des Deutschen Managerverbandes.

Zahlreiche Publikationen in Online- und Printmedien wie Focus, Stern, Cash, Handelsblatt und Wirtschaftswoche sowie das jüngst erschienene Buch – Die Alpha DNA – machen sie zu einer gefragten Expertin zum Thema „Status-Prinzip" – der Erfolgsgarant für Geschäftsbeziehungen. Anhand von anschaulichen Beispielen aus ihrer Praxis erläutert sie die Wirksamkeit dieses Prinzips: Denn je höher der eigene Status, desto wahrscheinlicher ist der geschäftliche Erfolg.

Ihre Kunden lesen sich wie das Who is Who der deutschen Wirtschaft – Deutsche Bahn AG, s.Oliver, Timberland, Deutsche Bank AG, …

Das Profil von Marina Friess runden unabhängige Expertenmeinungen ab, die ihr Know-how schätzen und ihr die Qualitätszertifizierungen „Qualitäts Experte" und „Top-Speaker" verleihen.

Weitere Infos unter www.feminess.de.

Literatur

Bund, K., & Heuser, U. (2012). Verändern sie die Welt?. http://www.zeit.de/2012/49/Frauen-Fuehrungsposition-Wirtschaft. Zugegriffen: 20. Nov. 2015

König, A. (2012). Der Führungsstil von Steve Jobs. http://www.cio.de/a/der-fuehrungsstil-von-steve-jobs,2878624. Zugegriffen: 3. Dez. 2015

Wiley J. & Sons (2013). *The Athena Doctrine: How Women (and the Men Who Think Like Them) Will Rule the Future.* San Fransisco: Jossey-Bass.

Volltreffer 50+: Die speziellen Fähigkeiten von Frauen über Fünfzig in Führungspositionen

„Trialog mit vier Personen"

Liss Heller

Zusammenfassung

In ihrem Beitrag „Trialog mit vier Personen – Volltreffer 50+" setzt sich Liss Heller mit den speziellen Fähigkeiten von Frauen über Fünfzig in Führungspositionen auseinander. In einem angeregten Streitgespräch einer reifen Frau mit einer soignierten Führungspersönlichkeit und einem ehrgeizigen Jung-Manager steht ihre Mentorin geistig zur Seite.

Der rote Faden läuft von Karriere und „gläserner Decke" zur Stärke der Frau mit zunehmendem Alter, wenn Männer schon abbauen. Liss Heller beleuchtet die unterschiedlichen Positionen und zeigt Lösungsvorschläge auf für die Akzeptanz von Frauen im Kontext „Leadership".

Sie fordert mehr Achtsamkeit, wenn es um das Besetzen von Positionen geht, betont das Recht, den Mund aufzumachen und das einzufordern, was Frauen zusteht, denn wer nicht fordert, wird übersehen.

Im Zuge eines zufälligen Treffens in der idyllischen Bergwelt rund um Alpbach findet ein spontaner „Trialog mit vier Personen" statt. Ein Gedanken- und Erfahrungsaustausch zum Thema „Frauenquote" und über die speziellen Potentiale von Frauen 50+. Ein angeregtes Streitgespräch beleuchtet die unterschiedlichen Positionen und zeigt Lösungsvorschläge für die Akzeptanz von Frauen im Kontext „Leadership" auf.

Geschnatter, Gelächter, Gedränge – die Einladung des Veranstalters, einer deutschen Unternehmerorganisation, anlässlich des Europäischen Forum Alpbach 2015 im romantischen Berghotel hat viele Teilnehmer*innen angezogen. Gespräche mit prominenten Ver-

L. Heller (✉)
Heller Consult Tax and Business Solutions GmbH, Wien, Österreich
E-Mail: werte@lissheller.com

© Springer Fachmedien Wiesbaden 2016
P. Buchenau (Hrsg.), *Chefsache Frauenquote*, DOI 10.1007/978-3-658-12183-9_3

tretern aus Wirtschaft, Wissenschaft und Politik, um die nachmittägliche Diskussion zum Thema „Klimawandel" Revue passieren zu lassen und sich miteinander auszutauschen.

Ines Ruff[1] spricht dieser Rummel nicht besonders an, aber sie hat sich selbst versprochen, mehr zu „socialisen", mehr „unter die Leute" zu gehen. Sie hält sich im hinteren Bereich des Hotelrestaurants auf, avisiert einen Platz an, ein wenig abseits des Getümmels. Neben ihr ein hochgewachsener ergrauter Mann, um die 60, gut erhalten, sie findet ihn ziemlich attraktiv und jedenfalls hat er etwas Geheimnisvolles, Charismatisches an sich. Sie lässt sich an dem gemütlich gedeckten Tisch nieder, fast gleichzeitig mit dem unbekannten „Sir", so hat sie den attraktiven Mann innerlich bezeichnet. Rund herum noch aufgeregtes „Hallo", Lachen, Umarmungen und die üblichen „Küsschen links, Küsschen rechts" – österreichisch als „Bussi, Bussi" bezeichnet. Ines entspannt sich zusehends. Auch ein etwas kleinerer drahtiger Enddreißiger gesellt sich zu ihnen. Sein dunkles volles Haar deutet auf einen Südeuropäer hin, vielleicht ein Italiener? Als er das erste Wort spricht, kommt eine leichte schwäbische Sprachfärbung hervor. „Passt es Ihnen, wenn ich mich zu Ihnen setze? Vorne ist so viel Gedränge, dass man kaum atmen kann." Dem „Sir" und Ines entfährt zur gleichen Zeit ein leicht amüsiertes Lächeln. Alpbach wie es leibt und lebt – ja, da treffen sich Intellektuelle, die Wirtschaft, die Kultur und die „Bussi-Bussi-Gesellschaft".

„Guten Abend, mein Name ist Lukas Vajn." Forsch streckt er dem Älteren die Hand entgegen. Dieser lässt sich nicht anmerken, dass er über die Art des Jüngeren nicht gerade erbaut ist, jovial gibt er zurück: „Hollmann, Bernd Hollmann."

Ines Ruff fährt es ein wie ein Blitz – oh Gott, *der* Hollmann? Bernd Hollmann, der Vorstandsvorsitzende eines der größten DAX-Unternehmen Deutschlands? Sie hat ihn sich anders vorgestellt, nicht so „normal", sondern unnahbarer, abgehobener. Da steht Bernd Hollmann in voller Pracht vor ihr und animiert sie, sitzen zu bleiben, an dem zufällig gewählten gemeinsamen Tisch.

Fast ehrfürchtig stellt sie sich ebenfalls vor: „Ich bin Ines Ruff."

Lukas Vajn verliert keine Zeit, sich sofort an die Seite des großen Hollmann zu begeben. Vajn scheint es zu genießen, endlich mal mit einem echt großen Kaliber zusammenzutreffen.

Die Ansprachen beginnen: Man freue sich, so viele Gäste begrüßen zu dürfen, denen der Klimawandel ebenfalls am Herzen liegt … – das Übliche an Schmeicheleien, Schaumschlägerei und Exerzitien, man ist eben im altbekannten Österreich, das sich die unterwürfige Art aus der Monarchie noch nicht ganz abgewöhnt hat. Der Konjunktiv hat Hochsaison.

Die drei zufällig Zusammengewürfelten lauschen höflich, aufmerksam und nach einiger Zeit auch hungrig. Das Tiroler Schmankerlbuffet ist eröffnet. Endlich. Bei der Weinauswahl setzt man auf steirische Qualität. Entspannung macht sich breit.

---

[1] Jede Ähnlichkeit mit lebenden Personen ist unbeabsichtigt und rein zufällig; Personen und Namen sind zufällig gewählt, die Handlung ist frei erfunden – aber genauso spielt das Leben!

Lukas Vajn prescht vor und meint: „Wie haben Sie denn diesen Vortrag und die Podiumsdiskussion heute Nachmittag gefunden?" Und ohne die Reaktion seiner Sitznachbarn abzuwarten, setzt er hinzu: „Ich fand das ziemlich krass." Ines schluckt und blickt auf den Hollmann. Dieser nimmt den ihm zugeworfenen Blick auf: „Wie meinen Sie denn das, Herr Vajn?"

Ines denkt: „Toll, der merkt sich sogar den Namen dieses Typen. Ich habe den gleich verdrängt."

Lukas fühlt sich aufgefordert, seine Meinung auszubreiten. „Dieses Thema UnGleichheit ist doch ein Faktum. Es ist, wie es ist. Manche sind gleich, und andere sind gleicher. Ja, und dieses Video von der Menschenrechtsaktivistin. Die macht es sich leicht. Redet, als ob man mit einem Fingerschnippen alles ändern könnte. Und die anderen – die haben gut reden, lauter Beamte und abgehobene Wissenschaftler … Mir behagt das nicht – da bauscht man doch dieses Thema UnGleichheit total auf." Er redet sich richtig in Rage.

Hollmann als erfahrener Beobachter erkennt, wie sich Lukas Vajn bemüht, sein Temperament im Zaum zu halten. Er beschließt, das Gespräch auf ruhigere Bahnen zu lenken. Doch der junge Mann zieht ihm einen Strich durch die Rechnung und ereifert sich weiter. „So eine Besserwisserin. Wir sind in Deutschland und sollten uns auf Europa konzentrieren. Das Thema UnGleichheit ist doch schon lange Vergangenheit. Bei uns kann jeder eine Schule besuchen, lernen, sich gut ausbilden lassen, sich behaupten. Man muss nur stark und konsequent sein, dann findet man schon seinen Platz in dieser Gesellschaft. Und dann das Vordrängen der Frauen!" Ein Blick auf Ines: „Anwesende natürlich ausgenommen. Wo gibt es da wirklich UnGleichheit? Man kann sich doch entscheiden."

Langsam wird es Ines zu heiß. Höflichkeit hin oder her – sie platzt fast vor Empörung.

„Herr Vajn, Sie waren doch heute Nachmittag beim Vortrag, ich habe Sie ganz vorne sitzen sehen. Haben Sie sich einmal das ‚Setting' angesehen? Wo hat sich denn da eine Frau vorgedrängt? Ich habe die Vortragenden und deren Background ganz gut in Erinnerung:

Da war einmal der Experte aus dem Ministerium, ein junger Magister.

Dann der erlauchte Verbandspräsident.

Ein Universitätsprofessor von der ETH (beinah wäre es Ines herausgerutscht, dass sie die ETH Zürich mit dem Doppelstudium Informatik und Technische Mathematik ebenfalls absolviert hat).

Ein weiterer Vorsitzender eines ‚Bundesverbandes', ein wirtschaftspolitischer Experte – auch so ein junger Mann, ein höherer Beamter – zumindest klingt in meinen Ohren Bereichsleiter Wirtschaft so, ach und dann der Bildungsexperte, ein wenig blass, aber sympathisch.

Nicht zu vergessen der wortstarke ehemalige Vizekanzler.

Und – wenn Sie sich erinnern – hatten zwei Organisationsberater die Moderation über.

Ich habe jetzt 10 Akteure gezählt, und *alle 10 sind Männer*. Eine 100-Prozent-Quote." Ines Ruff schnappt nach Luft.

Bernd Hollmann schmunzelt. Er hatte die elegante Frau zurückhaltender eingeschätzt. Die hat ja dem Vajn glatt die Schneid abgekauft. Mit unwiderlegbaren Argumenten.

Die kleine Pause nutzt Lukas Vajn, um einzuwerfen: „Das können Sie nicht so sehen, das hier ist doch nicht das Abbild der Gesellschaft oder unserer Wirtschaft. Wie viele Lehrerinnen gibt es? Doch sicher mehr als Lehrer, zumindest in Grundschulen und höheren Schulen. In den Ministerien wimmelt es doch nur so vor Frauen ..." Vajn redet sich in einen Wirbel hinein. Als er das merkt, stockt er plötzlich.

„Frau Ruff, Herr Vajn, lassen Sie uns doch den Abend genießen und dieses Thema ‚UnGleichheit' oder habe ich vielleicht heraus gehört ‚Männerquote – Frauenquote' bei einem entspannenden Glas Wein beleuchten. Und zwar – wenn möglich – mit abgekühlten Emotionen. Dieses Thema ist viel zu wichtig, um uns zu bekriegen."

Sieh an, denkt Ruff, ein echter Machiavelli-Typ, der Hollmann. Ja, es kommt ja sicher nicht von ungefähr, dass der so fest im Sattel sitzt.

Hollmann fährt weiter fort: „Frau Ruff, Sie haben gut beobachtet und Mathematik ist anscheinend auch eines Ihrer Steckenpferde. Übrigens Gratulation, ich habe vor kurzem gelesen, dass Sie als neuer CEO der InterTecnic berufen wurden. Eine wirklich herausfordernde Position. Aber mit Ihrem Background schaffen Sie das schon."

Ines ist platt, lässt sich dies allerdings nicht anmerken.

„Ihr Plädoyer zur Frauenquote, Frau Ruff, würde mich schon sehr interessieren. Und Sie, Herr Vajn, können Ihre Gedanken und Argumente ein wenig später vorbringen."

Ines Ruff ist einerseits überwältigt von diesem klaren, charismatischen Mann, andererseits zögert sie ein wenig, sich jetzt zu äußern.

Sie entschließt sich, die Story ihrer Begegnung mit Dora Oberst zu schildern.

Ines Ruff: „Meine Eltern, ein Lehrerehepaar aus dem Ruhrgebiet, brachten mir viel Liebe entgegen und förderten auch den Willen, die Freude und die Kraft zum Lernen. Ich war die einzige Tochter und hörte immer: ‚Du schaffst es, du bist unsere Tochter, du wirst dich als Frau durchsetzen.'

Als ich zehn war, siedelten wir in den Schwarzwald über – ich hatte durch die Umweltbedingungen in Dortmund Asthma und Bronchialbeschwerden bekommen.

Schön früh interessierte ich mich für Technik, Physik, Mathematik. Aber auch Sprachen fielen mir leicht. Daher entschied ich mich für die ETH Zürich. Dort inskribierte ich Informatik und Technische Mathematik. Und schloss sehr rasch ab.

Ich bin dann relativ jung in eine Führungsposition gekommen. Mein Asset war, dass ich fachlich ziemlich gut war – in meine Studien hatte ich extrem viel Zeit und Engagement investiert. Eigentlich ging mein ganzes Studentenleben dafür drauf, zu büffeln und gleichzeitig meinen Lebensunterhalt zu verdienen. Während andere zwei Monate nach Südamerika flogen, um den Machu Picchu und andere antike Attraktionen zu erkunden, habe ich mich kaserniert."

„Haben Sie das nicht irgendwann bereut?" warf Bernd Hollmann ein.

„Na klar doch, da denkt man sich Studienzeit – Lebenszeit – Abenteuerzeit. Ferne Länder, interessante Begegnungen, noch dazu mit Rucksack auch leistbar. Und jede Menge Zeit. Aber ich nahm mir weder die Zeit noch hatte ich das Geld für Kurzurlaube, um wenigstens Rom, Lissabon oder Stockholm zu erkunden – und sei es auch nur, um mitreden zu können.

Jetzt hätte ich zwar das Geld, das mir damals fehlte, aber nicht die Zeit."

Sie zögert: „Mein erster Arbeitgeber hat auf mich gesetzt. Und mir eine weitere Ausbildung in Fontainebleau finanziert. Das war eine große Chance für mich. Als Frau noch dazu, mit einer technischen Ausbildung – Internationale Wirtschaft . . .

Aber ich will nicht zu weit abschweifen. Meine echte Story beginnt, als ich bereits zehn Jahre aktiv bin und die gläserne Decke zu spüren bekomme. Männer werden mir vorgezogen, mit dem Argument: Sie ist zwar exzellent ausgebildet, aber was ist, wenn sie schwanger wird? Mich haben diese Vorbehalte sehr gekränkt, auch wütend gemacht, ich wurde echt bockig. Aber gesagt habe ich nichts. Ich fügte mich in dieses Frauenbild – lernte meinen Ex-Mann kennen und beschloss: Wenn sie es ohnedies so prophezeien, dann nütze ich dieses Argument – und ich wurde schwanger. Heute weiß ich, dass dies nicht aus Trotz geschah, sondern weil ich es mir innerlich sehr wünschte. Jana ist heute fast acht Jahre alt. Sie ist mein Ein und Alles. Aber ich hatte für mich beschlossen: Bis zum letzten Tag meiner Schwangerschaft gebe ich mein Bestes, ich zeige Euch, dass Schwangersein keine Krankheit ist, sondern normales Leben. Ich bin gut im Organisieren.

Nach der Geburt richtete ich mir alles im Wohnbereich ein, um meiner Führungsverantwortung nachkommen zu können – Internet, Email, Skype, Firewall, VPN, ASP – für mich Selbstverständlichkeiten. Ich kämpfte, um die Widerstände zu entkräften. Meine Ehe ging dabei drauf. Ich fiel in ein tiefes Loch, arbeitete wie ein Roboter, meine Tochter ist mein Augenstern.

Dann begegnete ich Dora Oberst. Ich war fasziniert. Charismatisch, klar denkend und strukturierend, dennoch warmherzig. Sie ist die Frau, die ich immer sein wollte. Das Datum habe ich noch immer im Kopf. Es war der 14. Februar vor mehr als 2 Jahren. Dora war damals gerade Ende Fünfzig, gepflegt, voller Esprit und dennoch sehr bodenständig. Ihre Unternehmerkarriere konnte sich sehen lassen: mittelständisches Unternehmen, selbst aufgebaut – und daneben auch zwei Töchter geboren und aufgezogen. Das Unternehmen hat sie kürzlich erfolgreich an den Nachfolger übergeben. Werteorientiert, pragmatisch, mutig, motivierend – für mich ein Wow. Dora Oberst hatte sich damals entschlossen, ein karitatives Projekt in Indien zu begleiten, für sich selbst mehr Zeit zu haben und als Mentorin jüngere Unternehmerinnen und Managerinnen zu coachen. Der Funke zwischen uns sprang über.

Für mich war sie ab sofort *die* Oberst. Feinfühlig und es auf den Punkt bringend, half sie mir, neue Aspekte in mein Leben zu bringen.

Ihre ersten Fragen an mich: ‚Ines, worin sind Sie herausragend, exzellent, vielleicht sogar genial? Was ist Ihre Vision? Wofür glühen Sie? Was sind Ihre Werte – schreiben Sie diese zusammen und danach reihen Sie diese nach Bedeutung. Was ist für Sie unabdingbar?'

Sie ergänzt: ‚Wenn ich Sie coachen soll, dann ist das keine Plauderei, sondern Sie müssen sich ins Zeug legen. Das bedeutet Arbeit, Gedanken ordnen, zusammenschreiben. Wir beginnen heute Ihr eigenes und einzigartiges Projekt. Ihre Weiterentwicklung. Jetzt finden wir einmal einen Namen für Ihr Projekt. Was fällt Ihnen dazu ein?'

Ich war kribbelig, in meinem Kopf herrschte eine Gedankenflut, ein Chaos – die alten Griechen – der Gott Kairos – ja das war es: ‚Projekt Kairos‘, schoss es aus mir heraus. ‚Kairos, denn es ist die rechte Zeit.‘

‚Ein guter Start!‘ schmunzelte Dora Oberst. ‚Dann mal ran an die Arbeit‘, forderte sie mich in ihrer norddeutschen Manier auf und händigte mir einen Fragebogen aus. ‚Den müssen Sie bis zum nächsten Mal für sich beantworten und ihn mir vorab mailen.‘

Fragebogen – das mach ich doch mit links – dachte ich mir.

Dora ergänzte: ‚Planen Sie dafür mindestens vier bis zwölf Stunden ein und schicken Sie mir den Bogen bitte spätestens drei Tage vor unserem nächsten Coachingtermin.‘

Ich will jetzt gar nicht ins Detail gehen, aber dieser Fragebogen war ein Hammer. Von wegen vier bis zwölf Stunden. In jeder freien Minute wog ich jedes Wort ab. Dora hatte mir 120 Fragen gestellt! Das war eine Heidenarbeit. Aber es hat sich gelohnt.

Ich arbeitete meine Vision aus, meine Wertewelt, meine Stärken, ja sogar meine ‚Excellence‘, und gewann immer mehr Selbstvertrauen. Dora sprach genau das aus, was ich mir jahrelang heimlich überlegt hatte: Was ist die Kraft von uns Frauen?

Die Oberst brachte mir auch ihre 5-H-Methode bei – an fünf Fingern leicht zu erläutern: ‚Für eine engagierte Führungskraft oder als erfolgreiche Unternehmerin brauchen Sie die 5 Hs:

Der kleine Finger steht für das Herz, der Ringfinger für die Hand, der Mittelfinger fürs Hirn und der Zeigefinger für den Humor‘, erläuterte sie. ‚Und wofür steht der Daumen?‘ erkundigte ich mich. ‚Ja, der steht für das Handeln. Bewegen Sie einmal den Daumen, nur wenn dieser in die Aktion geht, ins Handeln, können die anderen 4 Hs ihre Fähigkeiten entfalten.‘“

Ines machte die Finger- und Handbewegung vor, wie sie es von Dora Oberst gelernt hatte.

„An ein Treffen kann ich mich besonders gut erinnern. Ich wollte in ein anderes Unternehmen wechseln, hatte schon das ‚Objekt meiner Begierde‘ identifiziert, und war völlig unvorbereitet:

‚Männer denken in Seilschaften – in Machtszenarien, in Verlinkungen. Wo sind Ihre Bünde, Ihre Seile, Ihre Verbindungen?‘

Ich hatte gedacht, dass meine hervorragenden Kenntnisse, meine Führungsqualitäten – ich habe einiges an emotionaler Intelligenz zu bieten, nicht nur das Fachliche – ausreichend genug wären. Heute“ – Ines lacht fröhlich – „ja, heute denke ich mir manchmal, wie blauäugig ich doch war.

Wir zeichneten auf einem Flip-Chart Verbindungslinien zwischen den Entscheidungsträgern, den Promotoren, meinen ‚Fans‘, meinen Förderern und meinen Gegnern. Wir visualisierten dies mit Fotos der wichtigsten Persönlichkeiten. Wer wird mich unterstützen, fördern? Und was hat er/sie davon?

Bei wem wecke ich Misstrauen, Neid, Missgunst? Kann ich dies überhaupt entkräften? Muss ich ‚Everybody's Darling‘ sein?

Und wie steht es mit anderen Frauen? Ist der Konkurrenzkampf da nicht noch heftiger?“

Ines lächelt in sich hinein. „Ein Gegenargument konnte ich ja gleich zerstreuen: Meine Babyphase war längst vorbei, ich war damals 42 und froh, mein Leben mit Beruf und meiner liebevollen Tochter im Griff zu haben. Organisation und wertschätzende Menschen um mich herum machten es möglich. Dafür bin ich echt dankbar.

‚Nun denn' – brachte es Dora Oberst auf den Punkt:

‚Da haben wir ja eine ganze Liste an herausragenden Assets:

- Hervorragende technische und wirtschaftliche Ausbildung an renommierten Universitäten
- Analytisches Verständnis gepaart mit dem synoptischen Blick, den Verstand einsetzend
- Führungserfahrung, Empathie, soziale Kompetenz, offen für Andere, Integrationsfähigkeit
- Ausdauer, Durchbiss, Fähigkeit dranzubleiben, kämpferisches Gemüt, Belastbarkeit, Sie müssen sich nicht mehr beweisen.
- Und … Sie haben Ihren Kinderwunsch verwirklicht – Großmutter steht noch lange nicht an.'"

Ines lacht.

„‚Mit zunehmendem Alter' – erzählte mir damals die Oberst – ‚wird die vermeintliche Schwäche der Frau zu ihrer größten Stärke. Frauen ab Mitte Vierzig kommen zu ihrer Kraft, während Männer abbauen.'"

Lukas Vajn fährt dazwischen: „Das stimmt doch nicht, wir sind das stärkere Geschlecht".

Bernd Hollmann erhebt den Finger: „Lassen wir doch Frau Ruff ihre spannende Geschichte weitererzählen."

Ines schenkt dem Hollmann ein dankbares Lächeln und fährt fort:

„Dora Oberst nahm mir die Angst vor dem Älterwerden: Sie erzählte mir: ‚Wir Frauen werden mit zunehmendem Alter immer besser. Ich wollte das zuerst nicht glauben, was mir eine gute Freundin einzutrichtern versuchte: Sie fühle sich mit den Jahren immer stärker.'

Ich atmete damals erleichtert auf. Ja, auch ich habe inzwischen diese Erfahrung gemacht. Ja, auch ich bin stärker geworden, seit ich nicht mehr auf das Jungsein fixiert bin.

Bei diesem Meeting las mir Dora Oberst eine für mich erhellende und extrem wichtige Passage vor aus dem Buch ‚Der Weg der Kaiserin' (Li und Krautwald 2003). Dieses Buch habe ich verschlungen – und jenes Kapitel habe ich immer in meiner Brieftasche dabei."

Sie greift zu ihrer Handtasche und zieht einen schon abgegriffenen Zettel heraus.

„Wenn Sie gestatten, würde ich Ihnen diese kurze inspirierende Passage gerne vorlesen."

Hollmann und auch Vajn nicken zustimmend.

Ines Ruff fährt fort:

„Die Macht wechselt.

Während der ersten Hälfte der erwachsenen Jahre einer Frau unterliegen Zunehmen und Abnehmen ihrer Kraft und Fülle den Rhythmen und Gesetzen der Natur. Es geht um die Abfolge der Generationen, ganz gleich, ob die Frau sich entscheidet, selbst zu gebären oder nicht.

Die zweite Hälfte des Lebens gehört ihr allein. Es ist ein Geschenk, ein Luxus und eine Herausforderung, ihre Kräfte verschwenderisch für das einzusetzen, was nur ihr wichtig ist. Mit dem Versiegen der Menstruation hat die Frau all ihre Kraft für sich selbst. Nichts strömt mehr davon. Nun verfügt sie über die Möglichkeit und die Erfahrung, das in die Tat umzusetzen, was sie immer schon wollte, sich vorher nicht traute oder wofür sie keine Zeit hatte. Vorausgesetzt, sie ist bereit, das Geschenk zusätzlicher Kraft anzunehmen. Mit allen Konsequenzen. Die Frau um fünfzig ist die mächtige Matrone, nicht das liebliche Mädchen."

„Ja, und wenn man das so durchdenkt", setzt Ines fort, „dann haben wir auch das Recht, unsere Position einzufordern. Ich bin da wesentlich militanter geworden. Wenn wir Frauen nicht den Mund aufmachen und das einfordern, was uns zusteht, dann brauchen wir uns nicht zu wundern, wenn sich nichts ändert.

Was ich ablehne, sind Alibifrauen. Die Entscheidungsträger diskutieren: Welche Frau könnten wir einbinden, damit wir nicht als zu frauenfeindlich gelten? Und dann ziehen sie eine aus ihrer Wundertüte, die ihnen keine Konkurrenz machen kann. Nur nicht die Komfortzone verlassen. Das ist nicht ehrlich, sondern Packelei."

Sie macht eine kurze Pause:

„Und weil Sie, Herr Hollmann, das angesprochen haben: Ja, ich bin für die Frauenquote, denn wer nicht fordert, wird übersehen. Auf dem Bauernhof gilt der Spruch: Dem Hahn, der am lautesten kräht, dem folgen die Hühner. Und deshalb gibt es in meiner Firma auch ein Förderungsprogramm für Frauen – damit wir diesen Mut machen, sich zu bewerben.

Die Qualität muss passen, aber auch die ‚Soft Facts', die den nachhaltigen Erfolg eines Unternehmens absichern. Tom Peters, den ich sehr verehre, sagt: ‚Hard is soft, but soft is strong.'

Ich fordere daher mehr Achtsamkeit, wenn es um das Besetzen von Positionen geht – z. B. in Aufsichtsräten, im Management, oder bei Vorträgen. Die heutige Podiumsdiskussion ist aus meiner Sicht skandalös. Da ich den Ex-Vizekanzler sehr schätze und aus seiner Biographie weiß, dass er ein ‚bunter Hund' ist, kann ich nur vermuten: In die Zusammensetzung der Akteure war er nicht involviert."

Nachdem Ines Ruff einen Blick auf ihre Armbanduhr geworfen hat, setzt sie schnell nach:

„Verzeihen Sie bitte, meine Herren, jetzt bin ich ja doch ein wenig heißblütig geworden. Aber mich würde jetzt sehr Ihre Ansicht interessieren."

Bernd Hollmann wirft Lukas Vajn einen aufmunternden Blick zu: „Herr Vajn, Sie haben sich wirklich sehr zurückgehalten, obwohl Ihre Körperhaltung signalisiert, dass Sie schon lange in den Startlöchern scharren. Nur zu, Herr Vajn. Was ist denn Ihr Zugang zu dem Thema?"

Lukas Vajn holt tief Luft, plötzlich quillt es aus ihm heraus.

„Wie Sie vielleicht an meinem Namen erkennen, bin ich der Sohn von Einwanderern aus dem ehemaligen Jugoslawien. Ich bin bereits in Deutschland geboren und in der Nähe von Stuttgart aufgewachsen. Ich gebe es zu, in der Schule ist es mir nicht leicht gefallen, mich zurecht zu finden. Meine Eltern sprachen zu Hause serbisch; sie arbeiteten viel, um den Lebensunterhalt in der neuen Heimat zu verdienen. Schnell erkannte ich, dass ich meinen Mann stehen musste. Ich habe keine Bilderbuchlaufbahn hinter mir und sicherlich auch nicht vor mir. Ich muss mir jeden Tag meine Position neu und hart erkämpfen. Und dann schwindeln sich Frauen vorbei auf meinem Weg nach oben, machen den Entscheidern schöne Augen, wackeln mit dem Hintern und machen mir meinen Platz streitig.

Frauen haben ihre Aufgabe. Sie sollen Kinder bekommen und auch diese aufziehen. Damit wir Männer uns auf den Beruf konzentrieren können. Meine Frau habe ich mit 24 geheiratet. Sie kommt aus dem gleichen serbischen Dorf wie meine Eltern. Und sie ist unseren drei Kindern eine gute Mutter. Aber darauf soll sie sich konzentrieren. Nicht auf ‚Karriere', Job, Selbstverwirklichung. Wenn sie arbeiten würde, wer passt dann auf die Kinder auf, sorgt sich um das Zuhause, bereitet das Essen vor, schaut, dass die Wäsche gewaschen ist und die Kinder die Hausaufgaben machen ...?

Ich arbeite bei einem Automobilzulieferer. Zuerst war ich in der Fabrik, dann in der Arbeitsvorbereitung. Eine Zeitlang habe ich in der Montage gearbeitet, weil das mehr Geld bringt. In den letzten Jahren konnte ich viele Weiterbildungen machen. Jetzt bin ich zum Produktionsleiter aufgestiegen. Die Firma lebt von den tüchtigen Männern, die sich engagieren.

Hier in Alpbach bin ich, weil mein Chef ausgefallen ist. Er meinte: ‚Schau dir das mal an und berichte mir über die Trends.' Klar, mach ich, wer weiß, was ich mir da rausholen kann.

Ich finde, Frauen gehören auf den Platz, der ihnen zusteht. Wir hatten in der Firma einmal eine Technikerin, die ließ die Chefin raushängen. Für meine harten Männer in der Fertigung ist so ein Flintenweib nichts. Wir haben sie ganz schön anrennen lassen."

Ines Ruff bleibt der Mund offen: „Das klingt aber unfair."

„Wieso unfair?" entgegnet Lukas erstaunt. „Sie muss sich doch von Anfang an bewusst gewesen sein, wie wir Männer ticken. Als Sachbearbeiterin hätte ich sie eingestellt, da schaffen wir ihr an, was zu tun ist."

„Wie ist denn Ihr Chef? Kann er mit Frauen?" fragt Bernd Hollmann beiläufig.

„Der ist ein echter Macher, der hat den Betrieb aufgebaut und erweitert. Hart arbeiten ist seine Devise, und Qualität steht an oberster Stelle. Deshalb sind die beiden Automobilkonzerne schon so lange unsere Kunden.

Und seine Meinung über die Frauenquote deckt sich mit meiner – warum sollte man Frauen in eine Position hieven, wenn sie dafür nicht qualifiziert sind?

Ich bin konservativ, ja, dazu stehe ich. Wenn ich ins Dorf meiner Eltern zurückkehre, dann bin ich dort der ‚Hero' und das finde ich super. Auch meine beiden Söhne sind ganz stolz auf mich. Und natürlich meine Eltern, die sich in Deutschland abgerackert haben, damit ich eine bessere Basis finde."

„Sie haben vorher erwähnt, dass Sie drei Kinder haben; auch ein Mädchen? Was erzählen Sie uns dazu?" setzt Ines behutsam nach.

„Meine Tochter ist 14 und eine echt tolle Schülerin. Sie ist die Klassenbeste. Natürlich auch, weil meine Frau dahinter ist."

„Was sind denn Ihre Pläne mit Ihrer Tochter?", fragt Ines.

„Ich möchte sie nach der Grundschule in eine Oberschule für Frauenberufe stecken. Dort lernt sie Kochen, Backen, Haushaltsführung und all das, was eine Frau für die Ehe braucht."

„Und was sagt sie dazu?"

„Maja ist ein echter Dickschädel. Sie will unbedingt studieren. Mathematik liebt sie, aber auch Biologie. Was soll das denn? Da ist noch einiges zu klären."

„Aber ich entnehme Ihren Worten, dass Sie Ihre Kinder sehr lieben. Sicherlich auch Maja?"

„Na klar, Maja ist mein großer Schatz. Bei ihrer Geburt kam es frühzeitig zu Wehen und ich hatte große Angst, sie zu verlieren. Sie ist ein echter Sonnenschein. Sie lacht und sie kümmert sich auch rührend und manchmal ein wenig dominant um ihre beiden jüngeren Brüder."

Ines Ruff hält sich zurück, ihrem Unmut Ausdruck zu verleihen. Ihre Tochter Jana wird gefördert, wo immer es möglich ist.

Hollmann ergreift das Wort, um die eigentliche Diskussion um Frauenquote/Männerquote wieder in Erinnerung zu rufen.

„Um nochmals auf die Frauenquote zurückzukommen, Herr Vajn, was stört Sie denn wirklich daran, dass Frauen in Führungspositionen gelangen, wenn sie dafür qualifiziert sind?"

„Sind Sie sicher, dass diese Frauen wirklich dafür qualifiziert sind? Bzw. dass sie dazu bestimmt sind, Geld auf diese Weise zu verdienen und vielleicht auch gar keine Ehe einzugehen, keine Kinder zu bekommen? Wir Männer sind früher auf die Jagd gegangen, die Frauen waren für Heim und Herd zuständig. Das ist gar nicht so lange her. In uns gibt es etwas Martialisches, wir sind die Kämpfer, die Frauen sind die Bewahrerinnen."

„Das ist doch wohl weit hergeholt, in der Zwischenzeit lehrt uns die Zivilisation und auch die wirtschaftliche Entwicklung etwas anderes, Herr Vajn. Sie und Ihre Eltern haben nicht den Zweiten Weltkrieg in Deutschland erlebt. Tüchtige Frauen haben die Stellung gehalten, während ihre Männer an der Front waren. Zählt das nichts?"

„Zugegeben, in der Zeit des Balkankriegs waren unsere Frauen auch tüchtig und legten Hand an, während ihre Männer und Söhne eingezogen waren. Aber das waren halt Ausnahmesituationen.

Mir geht es um die zukünftige Entwicklung, die uns aus der Hand gleitet, wenn sich Frauen in den Vordergrund schieben."

„Sie meinen mit ‚uns' die Männer oder die Gesellschaft?" setzt Hollmann etwas energischer nach.

„Unsere Position als Männer wird untergraben. Und dann gibt es plötzlich lauter Weicheier. Das behagt mir gar nicht. Frauen haben nicht den Background, dass sie so mir nichts, dir nichts eine hohe Managementposition ergattern. Bloß wegen ihres Geschlechts, damit man nachweisen kann, dass ein Unternehmen genderkorrekt ist. Damit man ein Aufsichtsgremium durch eine Frau aufputzt. Damit die Konsumenten bei der Stange gehalten werden. Alles vorgeschobene Gründe."

Ines Ruff erkennt, dass dieser Dialog zwischen den beiden Männern aus dem Ruder zu laufen droht. Sie interveniert: „Herr Vajn, lassen wir doch Herrn Hollmann seine Sicht der Dinge schildern."

„Ja gerne. Wie Sie ja beide wissen, sind DAX-Unternehmen von den neuen Auflagen zur Frauenquote am meisten berührt. Wir haben für unser Unternehmen höchste Priorität für die Umsetzung beschlossen – sozusagen einen Masterplan entwickelt. Und uns lässt die Diskussion rund um die Frauenquote natürlich nicht ‚cool‘, wir schwitzen, wir diskutieren, es geraten widersprüchliche Ansichten aneinander. Im Aufsichtsrat haben wir – wie Sie vielleicht wissen – schon seit einiger Zeit eine recht ansehnliche Quote – wir sind derzeit bei 31 % und damit Spitzenreiter.

Im Vorstand und auch in den darunter liegenden Abteilungen sind wir noch weit davon entfernt, die Quote zu erreichen. Das liegt nicht an unserem Willen und unserem Bekenntnis zur Frauenquote, sondern an ein paar essentiellen Ursachen.

Aber bevor wir ins Fachsimpeln kommen, werde ich auch meine eigene Geschichte erzählen, wenn es Ihnen recht ist."

Ines und Lukas nicken, sie sind gespannt auf die Hollmannschen Enthüllungen.

„Ich stamme ja – vielleicht kennen Sie meine Vita – aus einer Hamburger Patrizierfamilie. Geschichte, Tradition, Standesbewusstsein, Werte und auch ein wenig Stolz prägen unsere Familie seit vielen Jahrhunderten. Ich wurde zu Leistung und Reputation erzogen, ja sogar getrimmt. Mein älterer Bruder war der ‚Thronfolger‘, aber auch mit mir hatte man Pläne. Nach dem Studium sollte ich mir in der Fremde die Sporen verdienen. Gefühle sind in unserem norddeutschen Clan nicht so präsent.

Jetzt blicke ich mit einem Schmunzeln an diese Zeit zurück, aber als junger Mann war ich in ein festes Korsett an Erwartungen an mich geschnürt.

Ich zog also in die Ferne und lernte meine Frau kennen. Das war vor über 40 Jahren. Charlotte war das genaue Gegenteil – lebensbejahend, stets mit einem Lächeln und einem markanten Spruch auf den Lippen. Sie stammte aus einer Kärntner Arztfamilie, hatte die Jugend am Land verbracht, am Wörthersee, mit einem selbstverständlichen Bezug zu Natur und Leichtigkeit, und war eine bildschöne junge frohsinnige Frau. Um mich war es geschehen. Damals hatte sie gerade ihr Medizinstudium absolviert und wollte Kinderärztin werden, am liebsten irgendwo auf dem Lande. Ich warb um sie – sie hat es mir nicht leicht gemacht." Er lächelt und blickt versonnen in die Runde. „Aber ich ließ nicht locker und konnte ihr Herz gewinnen. Das klingt nach 40 Jahren vielleicht ein wenig romantisch, aber manchmal ist es im Leben so. Wir sprachen viel über unsere gemeinsame Zukunft. Ich wäre mit ihr auch in den Schwarzwald, auf eine einsame Insel oder in die Mongolei gegangen. Damals erkannte ich noch nicht, welch sanft führende Hand sie besitzt. Sie motivierte und inspirierte mich, nach der ,Lernphase' wieder nach Deutschland, in den kühlen Norden zurückzukehren. Diesmal aber mit ihr ,im Gepäck'. Meine Familie war not amused, aber Charlottes Charme, ihre fröhliche Art und ihr Beharrungsvermögen nahmen meine Eltern und auch meine Geschwister für sie ein.

Dennoch war die Aufgabenteilung zwischen uns klar: Ich würde meine Wirtschafts- karriere weiterverfolgen und sie wäre für mich und die geplanten Kinder verantwortlich. Sie hatte das Glück, rasch in Deutschland approbiert zu werden und eine erfüllende Stelle in einem Kinderspital antreten zu können. Dann – nach ein paar Jahren der Zweisam- keit (auch wenn wir beide viel arbeiteten) – kamen zuerst unsere Tochter und dann unser Sohn auf die Welt. Neben dieser Doppelbelastung gab es noch gesellschaftliche Verpflich- tungen, von denen jeder Außenstehende damals erwartete, dass diese zu übernehmen Aufgabe der Ehefrau sei. Sie hat mich freigespielt, mich ferngehalten vom Alltagskram, hat die Kindererziehung übernommen und unseren Kinder wirklich die erfüllende Liebe einer Mutter gegeben.

Viele Jahre habe ich das alles nicht so erkannt, sondern für selbstverständlich hinge- nommen. Karriere, Netzwerke, Seilschaften, öffentliche Auftritte, soziales Engagement – das war meine Welt. Wie oft habe ich meine Kinder tage-, ja sogar wochenlang nicht rechtzeitig gesehen.

Die modernen Väter richten sich das heute anscheinend viel besser ein.

So vergingen die ersten zehn, fünfzehn Jahre unserer Kinder im Flug. Die Pubertät der beiden – ein für mich erstes Erwachen. Ich kenne kaum Väter, die nicht in ihre Kinder, aber vor allem in ihre Töchter verliebt wären. Beatrice gerät ganz nach ihrer Mutter – fröhlich, intelligent und ausgesprochen hübsch. Sie hat die dunklen Augen und Haare meiner Frau geerbt, ein etwas resches Temperament, wie ich es auch in Kärnten kennengelernt habe.

In Laurenz erkenne ich mich wieder.

Ja, diese Pubertät von Beatrice und dann von Laurenz hatte es in sich. Viele Diskussio- nen um Gleichheit, Ungleichheit, Gleichberechtigung, Genderfragen … Ich fiel aus allen Wolken, die Ordnung fiel für mich auseinander. Beatrice konfrontierte mich damit, dass sie Biochemie und technische Physik studieren und keinesfalls auf eine Karriere verzichten wolle. Damals entfuhr mir in einer unbedachten Minute: ,Du bist doch ein Mädchen … ' Beatrice stürzte aus dem Salon, knallte die Türe hinter sich zu und war für mich plötzlich unnahbar. Ich werde den Blick von Charlotte an diesem Abend nicht vergessen. Ich war damals Ende vierzig und brachte meine Karriere gut voran. Das Thema ,Frauen in Füh- rungspositionen' belächelte ich – so nach der Art ,Ach ja, ein Selbstverwirklichungstrip, das wird sich schon auswachsen'. Beatrice und ich versöhnten uns natürlich wieder, aber danach ließ sie nicht mehr locker. Oh, welche Diskussionen wir durchmachten, sie warte- te mit immer neuen Argumenten auf, zerrte Statistiken und Streitpapiere aus der Tasche. Einmal – den Tag werde ich nicht vergessen – schickte sie mir an meine Firmen-Email- Adresse ein Pamphlet über Frauen in Wirtschaft und Gesellschaft. Damals öffnete meine Assistentin nichtsahnend dieses Mail – deren Blick wird mir immer in Erinnerung bleiben: ,So, Herr Hollmann, auch Sie?'

Diese Auseinandersetzung mit dem Thema Frauen verschonte mich auch nicht im beruflichen Umfeld. Ich wurde hellsichtiger, beobachtete, nahm die Fähigkeiten von Frauen in unserem Unternehmen genauer unter die Lupe.

Kurz gesagt, irgendwann einmal landete ein Positionspapier zur Förderung von Frauen in Spitzenpositionen auf meinem Schreibtisch, von der HR-Verantwortlichen, klaro einer Frau. Und alles nahm seinen Lauf. Ich setzte – in Abstimmung mit dem Aufsichtsrat und meinen anderen Vorstandskollegen – eine Projektgruppe ein und nominierte sowohl männliche als auch weibliche Teammitglieder. Sie brauchen nicht zu glauben, dass alle erfreut waren. Und insbesondere einige Damen wehrten sich dagegen.

Der Aufsichtsrat meinte damals: ,Der Ruf nach Geschlechtervielfalt schränkt die Entscheidungsfreiheit der Eigentümer ein ... ' Das war vor rund acht Jahren. Und wir hatten im Aufsichtsrat grad mal 7 % Frauen, ein unterdurchschnittlicher Wert. Im Vorstand war keine Frau vertreten.

Dieses Projekt – wir nannten es ,ProGeVau – Pro Gender Vielfalt' – setzte uns unter großen Handlungsdruck. Denn wir stellten fest, dass es leichter war, weibliche Aufsichtsräte zu finden als Vorstandmitglieder.

Warum war das so? Ja, wir fanden schlichtweg bei Nachbesetzungen keine qualifizierten Kandidatinnen."

Ines Ruff will protestieren, aber Hollmann lächelt ihr wissend zu: „Ja, ich kann verstehen, dass Sie diese Aussage empört, aber leider ist es so, Frau Ruff."

Seine charmante Art hat er anscheinend von seiner Kärntner Frau gelernt, und wie er seine Augen beschwörend einsetzt, denkt Ines Ruff beeindruckt.

„Ich weiß natürlich, dass es viele qualifizierte Frauen gibt, aber bei ein paar Eigenschaften hapert es", fährt Hollmann fort. Ines amüsiert es, dass er einige österreichische Ausdrücke in seinen Sermon einpflanzt, seine Charlotte muss ein ausgesprochenes Talent sein, in „hard" ein wenig mehr „soft" hineinzubringen.

„Neben langjähriger operativer Tätigkeit, Fachwissen, Kontroll- und Teamkompetenz, und internationalen Erfahrungen sind es zwei hervorstechende Anforderungen: Wir brauchen Frauen mit langjährigen Gremienerfahrungen, und mit Seilschaften und Sichtbarkeit. Frauen brauchen diesen Kontakt zum bestehenden Aufsichtsrat und Vorstand, denn sonst werden sie gar nicht als potentielle Kandidatinnen wahrgenommen.

Und das ist die Krux: denn weibliche Führungskräfte bestechen durch ihr soziales und fachliches Know-how, aber sie gehen zu wenig hinaus, zeigen sich nicht in der Öffentlichkeit, in den wichtigen Netzwerken, sondern sie wollen ,vom Prinzen entdeckt' werden. Frauen schreien nicht ,Hier bin ich', sondern überlassen die erste Reihe oft Männern und machen dann deren Arbeit. Die Bestellung in den Vorstand oder Aufsichtsrat erfolgt nur selten über Headhunter, sondern auf der informellen Beziehungs- und Vernetzungsebene. Die Strippenzieher bleiben meist unter sich – schwer für Frauen, in den ,Old Fellows Club' aufgenommen zu werden.

Natürlich erwarten sich die Entscheidungsträger auch, dass Frauen noch besser sind – denn die Fähigkeiten ihrer männlichen Mitbewerber müssen sie ohnedies aufweisen, und die weiblichen Stärken noch dazu. Ich weiß, das klingt jetzt chauvinistisch – aber wir suchen den ‚kompetenten Mann im Frauenkleid‘, den Plus-Plus-Mann-Frau-Typ.

Unser Weg, geeignete Kandidatinnen zu identifizieren und auch Verständnis dafür aufzubringen, dass sie noch nicht perfekt Plus-Plus sind, war sehr steinig. Deshalb haben wir auch Förderprogramme installiert. Ich sah den Zwang auf uns zukommen, die Frauenquote zu erhöhen."

Er lacht kurz auf, als wäre er der Hellseher vom Dienst.

„Und da kommt noch ein Aspekt hinzu, Frau Ruff, Herr Vajn: Das wird Sie erstaunen oder erfreuen: 3500 solcher Positionen werden in nächster Zeit zu besetzen sein. Ich tippe auf ein Gerangel um die wirklich prädestinierten Frauen, die schon Gremialerfahrung haben und in den Netzwerken drinnen sind: Um die werden die DAX-Unternehmen buhlen, damit sie ihre Quote erfüllen können. Bis die anderen gut qualifizierten Damen nachwachsen, denen es allerdings an diesen Fähigkeiten noch fehlt.

Unsere Firma ist darauf schon vorbereitet. Diese Startposition habe ich meiner Tochter Beatrice zu verdanken. Sie hat mir beharrlich die Augen geöffnet.

Widerstände gibt es immer, aber die Chancen für weibliche Vorstände und Aufsichtsräte durch die gesetzlich auferlegte Frauenquote steigen. Deutschland ist noch im Hinterfeld mit rund 2 %, einem lächerlich geringen Anteil. Die Schweden sind wie immer fortschrittlicher mit 17 % – und wer weiß, welche Chancen sich für meine Tochter in den nächsten zehn, fünfzehn Jahren ergeben werden. Und auch für Ihre Töchter, Ihre Maja, Herr Vajn, sowie Ihre Jana, Frau Ruff."

Lukas Vajn ist sehr still geworden. Die Geschichte von Bernd Hollmann hat ihn bewegt. Noch kann er sich nicht darin wiederfinden. „Jedenfalls habe ich meinem Chef einiges zu berichten. Wie schätzen Sie denn die Entwicklung bei den mittelständischen Unternehmen ein, Herr Hollmann? Wird sich diese Frauenquote auch da durchsetzen?"

Ines Ruff nimmt das Wort an sich: „Darf ich dazu meine Meinung sagen, Herr Hollmann?"

Dieser nickt auffordernd.

„Ich glaube, wir unterschätzen die Rolle der Frau als Konsumentin oder als Entscheidungsträgerin bei B2B-Unternehmen. Es gibt ja aussagekräftige Studien, die belegen, dass Unternehmer gut beraten sind, hier Flagge zu zeigen. Frauen beraten Frauen, inspirieren sie, motivieren sie. Gute Verkäuferinnen hinterlassen bei ihren Kundinnen das Gefühl, dass ihnen nicht etwas verkauft wurde, sondern dass sie dies selbst so entschieden haben. So geht es in vielen Lebensbereichen. Wir stehen an einer Wende. Diese wird auch vor dem Mittelstand nicht haltmachen. Es wird zwar nicht schnell gehen, aber in sanften Wellenbewegungen. Das ist meine Prognose."

„Ja, Frau Ruff, das hat etwas. Wir können gespannt sein."

Lukas Vajn ist ruhiger, noch nicht so relaxed. Man merkt, dass er das alles erst verdauen muss.

Da fällt ihm noch eine Frage ein. „Frau Ruff, Sie haben uns ja gar nicht erzählt, wie Sie in Ihre tolle Position gekommen sind. Würden Sie uns die Geschichte zu Ende erzählen, bitte."

Ines lacht: „Ja gerne. Ohne Dora Oberst hätte ich es nicht geschafft.

In einem Meeting, als ich sehr empört, wütend, verzweifelt war, ja an mir selbst zweifelte, klärte sie mich auf.

‚Ines, lassen Sie uns doch mal reflektieren, was die Erwartungen an eine weibliche Vorständin sind:

Können Sie sich an die Geschichte von Alisa-Michèle Kox erinnern?' Ich schaute sie fragend an. ‚Es stand der Bericht in der Wirtschaftswoche. Alisa-Michèle, ein 18-jähriges Mädchen, schrieb deutsche Top-Manager an, unter anderen den Vorstandsvorsitzenden der E.ON, Wulf Bernotat. Sie bat um seinen Rat, wie sie von ihm lernen könne, was einen guten Manager ausmache. 35 Top-Manager antworteten ihr.

Eine solide Ausbildung gehört klar dazu, die vernetztes Denken und analytische Fähigkeiten fördert. Wichtig ist ein hohes Maß an sozialer Kompetenz wie Überzeugungskraft, Durchsetzungsfähigkeit, Respekt und Interesse am Anderen und auch gewisse interkulturelle sowie sprachliche Skills.

Sehr wichtig ist allerdings, dass man Sie, Ines, wahrnimmt. Daher müssen Sie Ihre Sichtbarkeit essentiell erhöhen. Sie brauchen Auftritte, Sie müssen in Erscheinung treten, aber sich behutsam einbringen. Finden Sie die richtigen Netzwerke, lassen Sie sich dorthin einladen.

Suchen Sie sich allerdings Stellvertreter für Ihre Anliegen. Wenn Sie sich selbst dafür einsetzen, dass mehr Frauen in Führungspositionen gehievt werden, werden viele sagen: Na klar, die will ja selbst hinauf. Die werden wir jetzt mal ausbremsen.

Suchen Sie sich daher Fürsprecher – nicht nur für sich selbst, sondern auch für Ihr Anliegen. Suchen Sie sich Verbündete. Frauen sehen einander bedauerlicherweise als Konkurrentinnen, sie buhlen manchmal um die Gunst der Männer oder vermuten so etwas sofort bei der anderen Frau. Aber es gibt die älteren Frauen, die wissen, wie steinig der Weg sein kann. Halten Sie Ausschau nach den Besseren, den Besten.'

Wissen Sie eigentlich, was Ihre Karriere am meisten beflügelt? Nur zu 10 % ist Ihre Qualifikation, sind Ihre Fähigkeiten ausschlaggebend, 30 % machen das Image aus, die persönliche Positionierung sowie die ‚Selbstdarstellung'. Und 60 % sind auf Kontakte zurückzuführen, so eine Studie, die mir Frau Oberst vorgestellt hat."

Ines unterbrach kurz. Sie war ein wenig aufgewühlt. „Doras Statistik brachte mich echt in Bedrängnis. Da hatte ich immer gebüffelt, mich weitergebildet, auf Fachwissen und soziale Kompetenz gesetzt, mich kasteit und mein Privatleben restriktiv reduziert. Um dann festzustellen, dass mir die Kontakte fehlten.

Dora Oberst sah mir meine Verzweiflung an und kam mir sofort zu Hilfe.

‚Ines, Sie sind sich ja gar nicht bewusst, was von diesen 90 % Sie bereits angearbeitet haben, nicht wahr? Wir werden jetzt einmal strukturieren, welche Kontakte Sie brauchen, damit Sie in den Olymp aufsteigen. Aber vorher identifizieren wir einmal das Objekt Ihrer Begierde. Oder eigentlich die Objekte, denn wir werden zumindest auf drei setzen. Bei welchem Unternehmen wollen Sie landen?'

Das war für mich noch die leichteste Aufgabe – ich hatte sogar fünf Favoriten. Diese Firmen – nennen wir sie A bis E – hatte ich schon lange im Fokus. Darunter war natürlich auch meine derzeitige – die Ihnen bereits bekannte internationale Tochtergesellschaft. Das war die Dritte – C.

Dora und ich gingen diese fünf ‚Kandidaten' systematisch durch – und stellten auch ein Ranking auf.

Alles wurde in eine Matrix eingetragen: Firma, Umfeld, finanzielle Zahlen. Entscheidungsträger auf Vorstandsebene, Aufsichtsrat, Eigentümerstruktur. Positionierung, die Vision, die Werteskala. Was sind die Hauptkunden? Gibt es Kooperationen, Preferred Partners?

Danach mache ich mich auf die Suche nach Fotos, Verbindungen zu Verbänden und Vereinen; ich durchforstete alles, was mir in den Sinn kam. Alumni-Clubs, Rotary, andere Seilschaften. Die CV's der verschiedensten Persönlichkeiten, Teilnahme an gesellschaftlichen Veranstaltungen. Auch wenn ich nicht begeistert war, habe ich manchmal die Boulevardpresse durchforstet. Eine Fundgrube sind übrigens Festspiele – z. B. Salzburg, Bregenz, Bayreuth. Oder größere Sportevents, aber nicht Fußball, sondern ‚edlere' Sportarten.

Natürlich auch die Wirtschaftspresse, Personalia, Ankündigungen, Vorträge, Interviews … So mancher karitative Event gab mir Aufschluss über die Persönlichkeiten und deren Interessen – alles aufschlussreiche Anknüpfungspunkte.

Aus dieser Recherche kristallisierte sich nicht nur heraus, wo diese erlauchten Persönlichkeiten verkehrten, sondern welche Ansätze es für ‚Intros' gab. Dora ermutigte mich, hier neue Wege zu gehen, keine aufdringlichen, sondern solide, seriöse und charmante, espritvolle. Und immer herauszufinden, wer mich bei wem ins Spiel bringen konnte. Also die richtigen Stellvertreter zu finden.

Eine Devise impfte sie mir ein: ‚Ines, zuerst müssen Sie geben, immer wieder auf ihr Beziehungskonto einzahlen. Nicht fordern, sondern in Vorlage treten. Glauben Sie mir, es lohnt sich. Und Sie werden staunen, wie das Prinzip der Reziprozität funktioniert. Es kommt aus anderen Ecken zurück. Aus unbekannten, unbemerkten, unerwarteten. Wenn Sie Geduld haben und dran bleiben, wird sich der Lohn Ihrer Arbeit schon bald einstellen.'

Sie schickte mich auf Netzwerkveranstaltungen, was ich anfangs nicht mochte. Und sie gab mir klare Anweisungen: ‚Lesen Sie beispielsweise Susan RoAne – *How to Work a Room*. Bereiten Sie sich vor, finden Sie heraus, wer an diesem Abend dabei sein wird. Merken Sie sich Namen und Gesichter, lächeln Sie freundlich und wissend. Aufpassen, nicht aufreizend, sondern verständnisvoll, erdig, höflich, vielleicht sogar strahlend, aber nie erotisierend. Lassen Sie sich eine Visitenkarte mit einem dezenten Foto drucken, haben Sie immer ausreichend Karten bei sich und schreiben Sie sich auf erhaltene Businesscards gleich Eindrücke, Infos und Bemerkungen.'

Solche Netzwerktage waren für mich Marathonläufe. Ich trank nichts, ich aß nichts, nur um immer die Hände und den Mund freizuhaben. Ich stand viel, ging von einer Raumseite zur anderen und gesellte mich erst nach getaner Arbeit zu Menschen, die ich schon kannte. Ich schulte mein Zuhörvermögen, fand heraus, wie ich dem Anderen mein Interesse offen und ehrlich bekunden und auch kleine Aufmerksamkeiten zukommen lassen konnte. Beispielsweise einen Artikel, über den wir gesprochen hatten oder ein Link zu einem

Audiobook, oder die Adresse eines guten Restaurants. Ich war an diesen Abenden sehr müde, erinnerte mich aber, dass Dora mir geraten hatte: ‚Sofort, das ist das Zauberwort'. Ja sofort, unmittelbar danach bearbeitete ich die Adressen und ergänzte die Informationen.

Meine Visibility stieg. Bei Veranstaltungen meldete ich mich zu Wort – nicht überkritisch, aber auch nicht langweilig, sondern mit amüsanten bzw. positiven Anregungen. Ich wurde zu Vorträgen als Zuseherin eingeladen, dann kamen auch Anfragen für eigene Vorträge und Podiumsdiskussionen. Bei diesen hatte ich ebenfalls einiges gesammelt, um meine fachliche und persönliche Kompetenz zu zeigen. So vergingen 18 Monate und plötzlich kamen die ersten Interessensbekundungen – für mich Anzeichen, dass sich das Engagement rentierte. Das alles musste nebenbei passieren, denn mein Beruf und mein Familienleben forderten von mir vollen Einsatz und Organisationstalent.

Dora Oberst führte mich auch in ihr Netzwerk ein – davon habe ich sehr profitiert, weil ich durch ihre Reputation überall mit offenen Armen willkommen geheißen wurde.

Meine Mentorin hat mich auch bei der Vertragsverhandlung beraten. Und nun bin ich dort, wo ich hinwollte. Dafür bin ich dankbar. Und will dort auch etwas bewegen."

Lukas Vajn war beeindruckt. Hatte er doch geglaubt, Frauen kämen mit links zu den attraktiven Jobs. „Da muss ich noch einiges bei mir in die Gänge bringen. Meine Hochachtung, Frau Ruff, und danke, dass Sie Ihre Erfahrungen so offen vor uns ausgebreitet haben. Darf ich noch eine vielleicht nicht ganz angemessene Frage stellen: Kann man Frau Oberst buchen? Coacht sie auch andere Kandidaten?"

Ines Ruff ist erfreut über dieses positive Feed back. Das hatte sie sich bei Lukas Vajn gar nicht erwartet.

„Ja, Frau Oberst übernimmt als Mentorin und Coach auch andere auf ihrem Weg nach oben. Sie ist ihr Geld total wert und sehr effizient. Wir haben zwar einige Tage miteinander verbracht. Aber als erfahrene Unternehmerin und Coach setzte sie mir Zwischenziele, Hausaufgaben, gab mir viele Inputs. Das erleichterte meine Entwicklung, aber nicht meine Brieftasche. Bei manchen ihrer Coachees zahlt auch der Arbeitgeber für diese Coachingeinheiten." Sie wandte ihren Kopf Bernd Hollmann zu: „Ich gehe davon aus, dass Ihr Diversity-Programm auch solche Unterstützung beinhaltet, liege ich da richtig, Herr Hollmann?"

„Ja, natürlich. Wir investieren einen mehrstelligen Betrag in unsere Förderprogramme. Jede, jeder, der sich zur eigenen Weiterentwicklung – auch zum Vorteil unseres DAX-Unternehmens – kommittiert, kann aus einem Coach-Pool wählen. Ob wir allerdings eine so professionelle Mentorin wie Dora Oberst haben, kann ich nicht bestätigen. Sehr ansprechend und anregend, Frau Ruff, habe ich Frau Obersts Betrachtungen zur Frau 50+ gefunden. Dieser Aspekt war mir nicht so bewusst. Gerne würde ich Dora Oberst persönlich kennenlernen. Ich bin sicher, Sie werden ihr über unser Zusammentreffen berichten. Vielleicht übergeben Sie ihr meine Karte."

Ines Ruff hatte auch das bei ihrer Mentorin gelernt: Gerade die Top-Top-Manager gehen mit ihren Koordinaten sehr zurückhaltend um. Dass der Hollmann ihr nun zwei Businesscards aushändigte, war für sie ein Zeichen: dass sie auch zum erlauchten Kreis gehörte. Der Kartenaustausch ist ein Ritual, das in unseren Kreisen viel zu wenig zelebriert wird, dachte sie. „Das mache ich gern."

Lukas Vajn ist irritiert. Wie sollte er sich verhalten? Er konnte dem DAX-Vorstand nicht einfach seine eigene Karte aufdrängen oder sagen: „Nun rück mal auch mir eine raus ..."

Der Routinier Hollmann wendet sich dem jungen Mann zu: „Ich habe den Eindruck, dass Sie, Herr Vajn, heute den ersten Schritt vom Saulus zum Paulus gemacht haben. Das finde ich bemerkenswert. Geben Sie mir doch ihre Visitenkarte. Sie haben Biss und Erfolgsstreben in sich. Die erforderliche Gelassenheit und Reflexion kommt schon noch mit dem Älterwerden. Und genießen Sie die Stunden mit ihrer anscheinend recht resoluten Tochter. Da ist viel Potential drinnen."

Hollmann sieht auf seine dezente edle Armbanduhr. „Das war der kurzweiligste Abend seit langen, liebe Frau Ruff, Herr Vajn. Ein besonderes Setting. Ich hatte den Eindruck, Frau Oberst wäre unter uns. Das war so etwas wie ein ‚Trialog mit vier Personen'. Jetzt ist es allerdings Zeit, aufzubrechen. Wir sind unter den letzten Gästen und morgen ist auch ein Tag. Frau Ruff, ich wünsche Ihnen alles Gute." Und mit einem Augenzwinkern: „Ich werde Sie im Auge behalten, vielleicht ergibt sich ..." Er unterbricht sich – gekonnt, denkt Ines. Ein Vollprofi, und dazu ein so sympathischer.

„Herr Vajn, auch Ihnen eine gute Zeit. Und denken Sie manchmal an den Paulus-Effekt", er setzt ein schelmisches Grinsen auf.

3.1 Über die Autorin

Liss Heller ist gestandene Unternehmerin mit Herz, Hirn und Humor. Seit über 30 Jahren ist sie als Steuerberaterin und Unternehmensberaterin auch international tätig.

Keynote- und Impuls-Vorträge (in deutscher und englischer Sprache) von Liss Heller verbinden fachliches Know-how, die Gelassenheit der Erfahrung und humorvolle Visualisierungen.

Ihre größte Stärke ist die Verbindung von Zahlenaffinität, Kreativität und Empathie. Ihre Lebenserfahrung bringt die Gelassenheit, die es gerade in komplexen Situationen braucht, um tragfähige, positive und vor allem auch nachhaltige Lösungen zu erarbeiten.

Für die bekennende Netzwerkerin und begeisterte Clan-Chefin sind Unternehmen erfolgreich, wenn sie sich einer klaren Wertewelt verpflichten und diese auch leben. Daraus leitet sie den ClanValue® ab, den sie in ihrem gleichnamigen Buch untermauert. Clans sind darin definiert als Communities, in denen die Blutsverwandtschaft nicht so wichtig ist, wie zu gemeinsamen und verlässlichen Werten und Prinzipien zu stehen.

Ein weiteres Buch von Liss Heller widmet sich dem Thema Förderung unternehmerischer Entwicklung sowie der Anleitung zum erfolgreichen Unternehmersein: In „My best Clients: Leitfaden für smarte Unternehmer" dreht Liss Heller an den Stellschrauben des unternehmerischen Erfolgs. Außerdem ist ein E-Book zum Thema Auto und Steuern erschienen.

Als leidenschaftliche Bloggerin schreibt sie regelmäßig im firmeneigenen Heller Clan Blog sowie als Gastautorin bei zahlreichen Kooperationspartnern.

Weitere Infos unter www.lissheller.com, www.clanvalue.com, www.hellerconsult.com und blog.hellerconsult.com.

Literatur

Li, C., & Krautwald, U. (2003). *Der Weg der Kaiserin*. München: Scherz. S. Fischer Verlag GmbH, Frankfurt am Main

Frauenquote: Fluch oder Chance!?

Regina Kmenta und Verena Linhart

Die Herausforderung unserer Zeit besteht darin, in der Gesellschaft dafür zu sorgen, dass unsere natürlichen, weiblichen Fähigkeiten und Bedürfnisse besser berücksichtigt werden (Louann Brizendine, Neurobiologin, „Das weibliche Gehirn").

Zusammenfassung

Die Frauenquote wurde nicht immer von jedem mit offenen Armen empfangen. Es gab viele kontroverse Diskussionen darüber, ob sie uns Frauen nützlich ist oder ob sie uns eher im Weg steht. Wie würde es jetzt sein, wenn eine Frau nun eine Führungsposition einnimmt? Würde man mehr oder weniger offen darüber sprechen, dass sie diese nur bekommen hat, weil es die Frauenquote gibt? Das wäre wohl nicht im Sinne des Erfinders gewesen, sondern würde uns Frauen in Wahrheit nur im Wege stehen.

In unserem Kapitel möchten wir aufzeigen, dass die Einführung der Frauenquote ein guter erster Schritt war, aber dass es noch viel Arbeit zu tun gibt, damit sie ein Vorteil, nicht nur für Frauen, sondern auch für alle Beteiligten darstellen kann. Wenn die Qualitäten, die Frauen in Unternehmen mitbringen, genauso wertgeschätzt werden, wie die der Männer, dann sind wir auf einem guten Weg. Ziel ist es nämlich nicht, dass Frauen die besseren Männer werden, sondern dass sie ihre weiblichen Qualitäten ins Unternehmen einbringen dürfen. Um dieses Ziel zu erreichen, liegt allerdings noch einiges an Arbeit und Veränderungswille vor uns.

R. Kmenta (✉)
Bad Vöslau, Österreich
E-Mail: regina.kmenta@convince.at

V. Linhart
Wien, Österreich
E-Mail: verena@verenalinhart.com

© Springer Fachmedien Wiesbaden 2016
P. Buchenau (Hrsg.), *Chefsache Frauenquote*, DOI 10.1007/978-3-658-12183-9_4

Aus unserer Sicht war es ein guter erster Schritt an der Gleichberechtigung zu arbeiten, aber um einen ganzheitlichen Führungsstil leben zu können, müssen wir weitergehen und die Ungleichberechtigung anstreben. Wir sollten uns vor Augen halten, dass weibliche und männliche Eigenschaften im Unternehmen Platz finden müssen und nicht dass Frauen die besseren Männer werden müssen, um in Führungspositionen ihren Platz zu finden und anerkannt zu werden.

Welche Vorschläge wir für diesen Weg zur Ungleichberechtigung bereithalten und wie das erfolgreich gelingen kann, erfahren Sie hier in diesem Kapitel.

Louann Brizendine bringt die, aus unserer Sicht, dringend notwendige Veränderung des Frauenbildes in der Gesellschaft auf den Punkt. Was nicht nur im alltäglichen Leben, sondern auch in beruflicher Hinsicht gesehen und umgesetzt werden sollte. Möglicherweise wollte die Politik mit der Einführung der Frauenquote genau dies erreichen. Abseits von der gesetzlichen Vorgabe für Frauen im Aufsichtsrat von börsennotierten und mitbestimmungspflichten Unternehmen, ist das Thema Frauen im Management jedoch ein viel diskutiertes, womit wir uns in diesem Kapitel beschäftigen werden.

Ob diese Quote für alle Unternehmen verpflichtend wird oder nicht, wird die Zukunft zeigen. Unser Anliegen ist es jedoch, den Frauenanteil in Führungspositionen nicht als Fluch zu sehen, der zum Hemmschuh wird, sondern ihn als Chance sowohl für Frauen, als auch für Unternehmen zu nutzen. Dafür benötigt es allerdings eine gänzlich neue Sichtweise der weiblichen Führung, die neue Ansätze in die gelebte Unternehmenskultur bringen soll. Denn die Schaffung einer Frauenquote allein ist noch nicht erfolgsversprechend für uns Frauen oder für Unternehmen.

Sehen wir uns einmal anhand eines Beispiels an, was passiert, wenn die Erhöhung des Frauenanteils zwar gut gemeint, aber nicht unter Berücksichtigung aller Parameter eingeführt wird.

4.1 Anne-Sophie und der missglückte Start in eine neue berufliche Zukunft

Es war ein wunderschöner Frühlingsmorgen. Anne-Sophie, eine adrette Mittdreißigerin, sprang förmlich aus dem Bett und konnte es kaum mehr erwarten in den Tag zu starten, der den Beginn ihrer neuen beruflichen Karriere bedeutete.

Sie hatte Wirtschaft mit der Spezialausrichtung Marketing und Vertrieb studiert und sich in den letzten Jahren sehr viel weitergebildet. Kein Seminar hatte sie ausgelassen. Sie war von dem Wunsch beseelt, beruflich weiter zu kommen und Karriere zu machen. Ihr Traum war es, eines Tages Vertriebsleiterin zu sein. Sie liebte die Arbeit im Verkauf und hatte ein herausragendes Kommunikationstalent. Sie konnte sich gut in andere Menschen einfühlen und rasch Beziehung zu ihrem Gegenüber aufbauen.

Diese Fähigkeiten hatten sie bisher sehr weit gebracht. Vor einigen Monaten war es dann für sie an der Zeit sich am Arbeitsmarkt umzusehen, um den nächsten Schritt in

Richtung Vertriebsleiterin machen zu können. In ihrer damaligen Firma war das leider nicht möglich und so begab sie sich auf die Suche.

Nach einigen Vorstellungsgesprächen fand sie dann das Unternehmen, das für sie scheinbar gut passte und welches auch Interesse an ihrer Person hatte. Nach einigen Gesprächen war dann die Entscheidung für eine gemeinsame Zusammenarbeit auf beiden Seiten gefallen.

Die neue Firma war ein mittelständisches IT-Unternehmen, in dem sie ein Team von sechs Vertriebsmitarbeitern führen sollte. Die zukünftigen Mitarbeiter waren schon seit vielen Jahren in dieser Abteilung tätig und zum Teil auch älter als sie. Anne-Sophie wusste, dass sie diese Situation mit viel Fingerspitzengefühl handhaben musste und war fest davon überzeugt, dass ihre gute Intuition und ihr Einfühlungsvermögen ihr dabei helfen würden, gut mit der doch etwas herausfordernden Führungssituation umzugehen. Zumal alle Mitarbeiter Männer waren und ihr bewusst war, dass die IT-Branche noch immer eher männlich geprägt war.

Um sich optimal auf ihre neue Position vorzubereiten, hatte sich Anne-Sophie in den letzten Wochen intensiv mit den Produkten und den Strukturen ihres neuen Arbeitgebers auseinandergesetzt. Somit fühlte sie sich an diesem Tag sehr gut und war voller Zuversicht, dass sie viel Gutes in ihrer neuen Position bewirken würde.

Und da sie wirklich nichts dem Zufall überlassen wollte, hatte sie in der Vorbereitungsphase auch einen Stylingberater aufgesucht, der ihr dabei helfen sollte, sich passend zu ihrer neuen Position zu kleiden. Sie wusste, dass der erste Eindruck sehr wichtig war und dass man als Frau besonders darauf Wert legen musste, Kompetenz auch durch ein passendes Erscheinungsbild auszustrahlen.

Deshalb steckte sie ihr brünettes schulterlanges Haar hoch, kleidete sich in gedeckten Farben und schminkte sich nur dezent, obwohl sie ihren roten Lippenstift so heiß liebte. Ihr Stylingberater hatte ihr aber dringend von solchen Farben abgeraten.

Perfekt vorbereitet, machte sie sich nun auf den Weg in ihre neue Firma. Sie war gleichzeitig sehr glücklich, aber auch nervös. Wie würden die Mitarbeiter auf sie reagieren und wie würde die Zusammenarbeit mit ihrem Vorgesetzten klappen? Ihr zukünftiger Chef war im Vorstellungsgespräch zwar freundlich, aber auch irgendwie distanziert gewesen und sie hatte in den Gesprächen mit ihm so etwas wie Vorbehalte gespürt. Sie wollte sich aber von diesem Gefühl jetzt nicht irritieren lassen. Sie dachte daran, dass ihr Partner ihr immer wieder sagte, dass sie zu sensibel sei und sich manchmal vieles auch nur einbildete. Also schob sie diese Gedanken zur Seite und meldete sich frohen Mutes bei ihrem Vorgesetzen.

Sein Name war Karl und er begrüßte sie freundlich und wechselte ein paar Worte mit ihr, bevor er sie zu ihrem Arbeitsplatz begleitete. Sie hatte ihr Büro neben dem Büro ihrer Mitarbeiter. Sie waren heute alle im Außendienst und somit war dieses Büro verweist. Sie hätte gerne an ihrem ersten Tag gleich Kontakte zu ihren Mitarbeitern geknüpft, aber Karl hatte das anders bestimmt.

Deshalb nützte sie die Gelegenheit, um sich mit der Umgebung vertraut zu machen, die neuen Kollegen kennen zu lernen und ihr Büro einzurichten. Dadurch konnte sie sich dann ganz auf ihre Mitarbeiter konzentrieren, wenn sie wieder da waren.

Die Wochen zogen ins Land und Anne-Sophie lebte sich gut ein. Sie knüpfte rasch Kontakte zu ihren Kollegen. Der Großteil war sehr nett und hilfsbereit. Nur zu ihren Mitarbeitern und Karl konnte sie irgendwie keinen guten Draht bekommen. Ihre Mitarbeiter waren zwar höflich, aber sie nahmen sie scheinbar nicht ganz so ernst. Sie sagten zwar zu allem „Ja", aber setzten es dann nicht oder nur sehr schleppend um.

Anne-Sophie beschloss mit ihren Mitarbeitern Außendiensttermine wahrzunehmen, um mehr Einblick zu bekommen und vielleicht auch in den Gesprächen zwischen den Terminen dahinter zu kommen, was nicht passte. Aber auch das lief nicht ganz so, wie sie es sich vorstellte.

Bei einem Gespräch mit ihrem Chef meinte er etwas ironisch, dass sie ja nun ihre Frauenquote mit der Besetzung der Vertriebsleiterin durch sie erfüllt hätten. Er sagte es zwar mit einem Augenzwinkern, aber dieser Satz saß tief bei Anne-Sophie und sie fragte sich immer öfter, ob das vielleicht der Grund für die passive Ablehnung war, die sie spürte.

Um zu beweisen, dass sie auch das Zeug und die Qualifikation für diesen Job hatte und ihn nicht nur wegen der Erfüllung einer Quote bekommen hatte, fing sie an noch härter zu arbeiten. Sie lernte alles, was es zu lernen gab, beschäftigte sich intensiv mit den Produkten der Firma und arbeitete jeden Tag bis spät in die Nacht. Sie wollte sich und den anderen beweisen, dass sie für diese Position genauso gut geeignet war wie ein Mann.

Aber egal, wie hart sie auch arbeitete und wie viel Zeit sie auch investierte, die Situation verbesserte sich nicht. Sie beschloss das Thema mit ihren Mitarbeitern offen anzusprechen. In einem darauffolgenden Meeting nahm sie diesen Punkt in die Agenda auf. Sie wollte herausfinden, was sie tun konnte, um von ihnen akzeptiert zu werden und wollte wissen, was denn hinter der passiven Ablehnung steckt, die sie spürte.

Sie hatte sich gut vorbereitet und das Thema offen angesprochen. Allerdings konnte sie nicht herausfinden, was das Problem war. Ihre Mitarbeiter meinten nur, dass sie sich da was einbildete und dass ja alles in Ordnung wäre.

Anne-Sophie war nach diesem Meeting niedergeschlagen. Egal wie sehr sie sich auch bemühte, sie kam bei ihren Mitarbeitern nicht durch und konnte diese unsichtbare Wand scheinbar nicht durchdringen. Auch Karl bagatellisierte die Geschichte.

In ihrer Verzweiflung sprach sie auch mit ihrem Mann darüber, dem schon seit längerer Zeit auffiel, dass sie immer angespannter und unglücklicher wurde. Er wusste aber auch keinen anderen Rat, als dass sie sich die Geschichte nicht so zu Herzen nehmen sollte. Und vielleicht wäre es ja auch nicht wirklich so. Sie war ja immer so sensibel.

Sie dachte über das Gespräch mit ihrem Mann nach und kam zum Entschluss, dass sie einfach ihre Sensibilität abstellen und sich eine dickere Haut zulegen musste. So machte sie sich an ihre Arbeit und versuchte so gut als möglich ihre Gefühle zu unterdrücken. Sie hatte sich so viel Gutes für diesen neuen Job vorgenommen und wollte ihre Mitarbeiter motivieren und eine gute und kooperative Zusammenarbeit fördern und leben. Aber sie sah ein, dass das unmöglich war, wenn nicht beide Seiten diese Form der Zusammenarbeit haben wollten.

Einige Monate später war die Zeit der Budgetplanung gekommen. So musste sie mit jedem ihrer Mitarbeiter Zielgespräche führen und die Umsatzzahlen für das nächste Jahr festlegen. Die Gespräche gestalteten sich schwierig, weil es auch da passiven Widerstand seitens der Mitarbeiter gab. Anne-Sophie bemühte sich sehr darum, die Zielgespräche für beide Seiten erfolgreich zu gestalten. Die Mitarbeiter sagten einfach nur „Ja, ich werde mich bemühen, die Zahlen zu erreichen", aber sie spürte, dass sie das nicht machen würden. Die Umsatzvorgaben für das nächste Jahr waren somit gefährdet.

Die Zielgespräche waren die letzte Hoffnung für Anne-Sophie gewesen, vielleicht doch noch zu ihren Mitarbeitern durchzudringen, aber leider hatte sich auch diese Hoffnung nach den Gesprächen zerschlagen.

Da sie spürte, dass sie ihre Gefühle nicht so einfach nicht fühlen konnte und es ihr körperlich und mental zusehends schlechter ging, beschloss sie ein Gespräch mit der Personalleiterin zu führen. Vielleicht konnte sie ihr weiterhelfen, oder ihr einen Rat geben.

Maria, die Personalleiterin, war eine sympathische Frau im mittleren Alter. Sie war schon lange in diesem Unternehmen und hatte schon von der schwierigen Situation, in der sich Anne-Sophie befand, gehört. Im Laufe des Gespräches sagte ihr Maria, dass sie ganz bewusst nach einer Frau für diese Position gesucht hatten, weil sie die Frauenquote erfüllen mussten. Sie hatten auch männliche Kandidaten, die gleich gut qualifiziert waren wie Anne-Sophie. Maria hielt von der Frauenquote sehr viel, deshalb setzte sie sich stark für einen Frauenanteil im Management ein. Karl war nicht so ganz begeistert davon, aber Maria konnte ihn dennoch davon überzeugen, dass sie es versuchen sollten. Deshalb hatte sie sich ganz besonders gefreut, dass sie für die zu besetzende Stelle eine sehr qualifizierte Frau finden konnten.

Sie hatte allerdings schon im Vorfeld gehört, dass sich Gerüchte breit machten, dass Anne-Sophie diesen Job nur bekam, weil sie eine Frau war, was allerdings nicht stimmte.

Maria versuchte diese Gerüchte zu entkräften, aber es wollte keiner auf sie hören. Die Mitarbeiter hatten ihre Meinung gebildet und waren nicht zu überzeugen. Anne-Sophie wurde bewusst, dass sie die ganze Zeit das richtige Gefühl gehabt hatte. Die Erzählung von Maria passte zu dem, was sie tagtäglich erlebte. Ihr wurde auch klar, dass es schwer war, dieses Vorurteil zu verändern. Egal wie sehr sie sich auch bemühte und wie hart sie auch gearbeitet hatte, sie kam aus diesem Rahmen, den man über sie gespannt hatte, nicht heraus.

Maria und Anne-Sophie stellten sich nun die Frage, was sie tun konnten, um die Situation zu verbessern und Anne-Sophie die Chance zu geben, die sie sich verdiente. Denn immerhin war sie genauso qualifiziert wie die männlichen Kandidaten und es musste etwas getan werden, um die Situation zu verbessern und den Mitarbeitern bewusst zu machen, dass eine Frau diesen Job genauso gut machen konnte wie ein Mann.

Was ist hier passiert?

Diese Geschichte mag auf den ersten Blick für einige Leser etwas übertrieben wirken, allerdings zeigt unsere mehrjährige Management- und Coachingerfahrung, dass oben beschriebener Fall viel öfter vorkommt, als man denkt – und das auch schon vor der Einführung der Frauenquote. Denn auch davor gab es bereits Frauen im Management, die mit ähnlichen Situationen konfrontiert waren.

Dank der Frauenquote bietet es sich an, das Thema Frauen in Führungspositionen genauer zu beleuchten und über eine neue Form des Leaderships nachzudenken. Um die vorherrschende Situation besser erläutern zu können, sehen wir uns kurz an, was im obigen Beispiel genau passiert ist.

Im Zuge der allgemeinen Diskussion über den Frauenanteil in Unternehmen hatten sich der Geschäftsführer Karl und Maria aus dem HR-Bereich dafür entschieden, eine Vorreiterrolle zu diesem Thema einzunehmen, um auch für zukünftige Mitarbeiter ein attraktiver Arbeitgeber zu sein. Daher hatte Maria die Chance auf mehr weibliche Führungskräfte im Unternehmen genutzt und sich neben ihren ausgezeichneten Qualifikationen auch deshalb für Anne-Sophie entschieden. Wie sich allerdings in unserem Beispiel zeigte, war die Entscheidung alleine nicht ausreichend, um Anne-Sophie einen guten Start in ihre neue Position zu ermöglichen.

Für Maria war es zu diesem Zeitpunkt nicht absehbar, dass die bewusste Erhöhung des Frauenanteils ein mögliches Mobbing nach sich ziehen könnte und dadurch auch die bisher ausgezeichnete Produktivität gefährdet war.

Wie im Beispiel beschrieben, wurde Anne-Sophie mit der Situation konfrontiert, dass bereits vor ihrem ersten Arbeitstag Gerüchte im Umlauf waren, dass sie diese Position nur erhalten hatte, weil sie eine Frau und nicht weil sie die qualifizierteste Kandidatin war. Dadurch hatte sie von Anfang an wenig Durchsetzungskraft und wurde in ihren Führungsaufgaben eingeschränkt. Dieser Rahmen, in dem sie nur verlieren konnte, brachte ihr mangelndes Vertrauen seitens ihrer Mitarbeiter und ihres Vorgesetzten ein und blockierte sie mehr und mehr.

Daraus resultierten Selbstzweifel und Demotivation, was zu einer sinkenden Produktivität ihrerseits und auch ihres Teams führte. Das bestätigte natürlich alle Zweifler in ihrer Ansicht über Frauen im Management, wodurch eine gut gemeinte Idee bereits gescheitert war, bevor sie eine Chance hatte erfolgreich zu sein. Durch diese Situation gab es unnötige Verlierer auf allen Seiten. Anne-Sophie konnte ihre herausragenden Fähigkeiten nicht einsetzen, das Team war zusehends demotivierter und Karl wurde immer unzufriedener mit der Performance und sah die Schuld bei der falschen Besetzung der Position.

Dieses Beispiel zeigt sehr gut, was ein falsch gesetzter Rahmen und die fehlenden Bedingungen für eine Zusammenarbeit, die vorab nicht definiert und vorbereitet wurde, auslösen können. Anne-Sophie konnte ihre weiblichen Leadership-Qualitäten nicht einsetzen, womit für das Unternehmen eine wertvolle Bereicherung und gewinnbringende Ergänzung verloren gegangen war. Damit wurden leider jegliche Bemühungen seitens Marias, zukünftig weitere Frauen im Management einzusetzen erschwert, wodurch das Unternehmen wertvolle Synergien beider Führungsqualitäten verloren hatte.

4.2 Ziel und Irrtum der Frauenquote

Auf www.bundestag.de ist nach unserer Recherche hinsichtlich des Ziels der Frauenquote zu lesen:

> Weil die von politischer Seite initiierten freiwilligen Selbstverpflichtungen der Unternehmen nicht die gewünschte Wirkung erzielt und zu keiner nennenswerten Erhöhung des Frauenanteils an Führungspositionen geführt hätten, müsse der Gesetzgeber nun handeln (Deutscher Bundestag 2015a).

> Damit haben die Parlamentarier eine verbindliche Frauenquote von 30 % bei der Neubesetzung von Aufsichtsräten von 108 börsennotierten und mitbestimmungspflichtigen Unternehmen eingeführt. Gleichzeitig wird es künftig feste Zielvorgaben für rund 3500 Unternehmen geben. (Deutscher Bundestag 2015b).

So weit, so gut. Allerdings machte man hier scheinbar die Rechnung ohne den Wirt. Denn wie auch auf der gleichen Webseite zu lesen stand, setzen die Unternehmen die freiwillige Erhöhung des Frauenanteils nicht um. Möglicherweise ist einer der Gründe dafür, dass die Unternehmen, außer der Vorgabe, die Vorteile für sich nicht erkannten bzw. ihnen unter Umständen die notwendige Unterstützung oder das Know-how fehlten. Verständlicherweise könnte sich ein Unternehmer die Frage stellen, ob es sich hier nur um einen Geschlechtertausch handelt, der sonst keine weiteren Vorteile für den Unternehmenserfolg mit sich bringt. Da wir bei unseren Recherchen auf keine schlüssige Erklärung der Ziele seitens der Politik gestoßen sind, möchten wir hier dieses aus unserer Sicht fehlende „Warum" darlegen.

Die mögliche gute Absicht, die hinter den Zielen der Frauenquote steht, ist:

- mehr Frauen in Führungspositionen etablieren
- mehr Chancen für Frauen im Management schaffen
- die Gleichberechtigung in der Karriere fördern
- der Diskriminierung der Frau entgegen wirken

Wenn man diese Ziele genauer betrachtet, wird bewusst, dass hier der Unternehmenserfolg vollkommen außer Acht gelassen wurde. Das führt zur Schlussfolgerung, dass es nicht weiter verwunderlich ist, dass Unternehmen nicht auf die freiwillige Einführung reagiert hatten.

Und nicht nur das. Paradoxerweise hat uns Frauen das Thema Frauenquote auch noch eine Benachteiligung hinsichtlich unserer anerkannten Qualifikationen und unserem Image eingebracht. Denn egal wie sehr eine Frau für eine Position auch qualifiziert sein möge, es würde ihr immer der Ruf anhaften, dass sie den Job ausschließlich bekommt, weil sie dem passenden Geschlecht zugehörig ist. Und das geht an jeglicher Chancengleichheit vorbei. Womit wieder einmal bewiesen wäre, dass das Gegenteil von gut gemeint ist.

Aus unserer Sicht hätte das Ziel der Frauenquote sein können:

- das Unternehmen zu stärken
- aus der Wertung und Diskriminierung nach Geschlecht wegzukommen
- Chancengleichheit anstatt Gleichstellung
- ganzheitliche Führung
- sinnvolle Ergänzung des Führungsverhaltens

Da wir überzeugt sind, dass Frauen eine wertvolle Bereicherung im Management darstellen, möchten wir aufzeigen, welche Vorteile Unternehmen haben, wenn sie die weibliche Führungsressource richtig einsetzen.

4.3 Positive Auswirkungen von Frauen im Management auf Unternehmen

Die Auswirkungen für Unternehmen, wenn die Einführung des Frauenanteils nicht optimal gelingt, können zum Bumerang werden. Viele mögliche positive Effekte der weiblichen Führungsqualitäten würden in den bisherigen Strukturen keinen Platz finden und sich nicht entfalten können. Dadurch können dem Unternehmen wertvolle Ressourcen verloren gehen.

Derzeit liegt der Fokus in Unternehmen zu einseitig auf den Zahlen, wodurch die menschliche Komponente in den Hintergrund rückt. Das führt letztendlich zu geringerer Motivation oder innerer Kündigung der Mitarbeiter, was sich in einer steigenden Fluktuation, in vermehrten Krankenständen oder sogar in immer häufiger werdenden Burnout-Fällen niederschlägt. All dies führt letztendlich zu unnötig erhöhten Kosten, die den Erfolg eines Unternehmens beträchtlich schmälern können.

„Josef Zotter, Chocolatier, wurde zum Thema Werte im Unternehmen interviewt. Auf die Frage, welchen Werte er seine aktuelle Auszeichnung zum Entrepreneur of the Year verdankte, antwortete er: ‚Es geht darum, dass die Leute gerne bei uns arbeiten. Auch wenn wir ein Schoko-Laden-Theater und einen essbaren Tiergarten haben, am Ende ist es ja auch hier Arbeit. Wir müssen es schaffen, dass die Firma wie Urlaub für die Leute ist'" (Hlinka 2015).

Der Mensch ist das Unternehmen und trägt das Unternehmen. Leider ist dieser zu einer Nummer und austauschbar geworden. Nicht die Qualität des Mitarbeiters steht im Vordergrund, sondern seine Kosten. Nicht der gezielte Einsatz seines Potenzials, sondern die Unterdrückung der ausgelebten Entfaltung – welche eine große Bereicherung für das Unternehmen wäre.

Es geht darum, ein Gleichgewicht zu finden und zu entwickeln, das das Unternehmen am Markt unwiderstehlich werden lässt. Denn der Einsatz der passend eingesetzten, Ressourcen bringt letztendlich mehr Produktivität, Effizienz sowie Output hervor.

Natürlich wird ein Unternehmen an Zahlen gemessen, die für ein gewinnorientiertes Fortkommen ohne Zweifel essentiell sind. Allerdings sollte man nicht übersehen, dass diese Zahlen von Mitarbeitern erwirtschaftet werden und es daher sehr wesentlich ist, dass diese optimal ihren Talenten entsprechend eingesetzt und gefördert werden. Damit die Mitarbeiter motiviert ihren Aufgaben nachgehen können, muss dies allerdings über das viel zitierte Talentmanagement hinausgehen. Letztendlich bedeutet das für Organisationen geringere Kosten durch Ausfälle und ein verstärktes Employer Branding am Arbeitsmarkt.

Bemerkenswert ist, dass der Fokus zwar auf den Zahlen liegt, jedoch die erhöhten Kosten durch die menschliche Komponente wie z. B. unmotivierte Mitarbeiter, außer Acht gelassen werden. Dies macht deutlich, wie wichtig es ist, den Erfolgsfaktor Mitarbeiter in den Vordergrund zu rücken. Dieser Umstand könnte durch den optimalen Einsatz eines erhöhten Frauenanteils im Management gelingen, wenn ihre weiblichen Fähigkeiten Platz haben dürfen oder geeignete Rollen dafür geschaffen werden.

Eines kann definitiv als Grundlage der weiblichen Fähigkeiten gesehen werden, und zwar der verstärkte Fokus auf einen menschlichen und sozialen Umgang. Nicht umsonst sind die meisten HR-Manager Frauen. Jedoch werden diese Fähigkeiten in vielen Unternehmen nicht nur ausgeblendet, sondern auch vielfach ungern gesehen.

Wie im Beispiel von Anne-Sophie gut zu sehen war, wurde ihr Gefühl für unausgesprochene Konflikte und Spannungen negiert. Dies ist auf Grund der fehlenden Wertschätzung gegenüber den unterschiedlichen Wahrnehmungsqualitäten von Männern und Frauen leider viel öfter der Fall, als man annehmen möchte. Es bedeutet ja nicht, dass Frauen nicht zahlenorientiert führen können und sollen, sondern dass sie einen zusätzlichen wesentlichen Aspekt der Führung mit einbringen können. Wobei es hierbei weniger um die Geschlechterrolle Mann/Frau geht, sondern vielmehr um die weiblichen und männlichen Erfolgsprinzipien sowie Eigenschaften.

Ein modernes Unternehmen kann aber nur dann überleben, wenn es motivierte, mitdenkende Mitarbeiter hat, die den Unternehmenserfolg sichern. Was heute zählt, ist das neue Paradigma, das aus ganz anderen Merkmalen als das alte zusammengesetzt ist. Vertreterinnen des neuen Paradigmas verkörpern weibliche und männliche Erfolgseigenschaften. Sie

haben und verkaufen eine Vision, ein Ideal

nutzen Probleme als Chancen

zeigen Mut

kennen und erfüllen Kundenwünsche

pflegen auf allen Ebenen zwischenmenschliche Beziehungen

hinterfragen alte Regeln und gehen neue Wege

verlieren das Ziel niemals aus den Augen.

(Enkelmann 2002)

4.4 Ein Plädoyer für die Ungleichberechtigung

In Anlehnung zum obigen Zitat ist es uns wichtig zu erwähnen, dass es nicht darum geht, das eine oder andere Extrem zu leben, sondern beide Anteile zu integrieren. Auch wir haben uns Gedanken über die klassischen weiblichen und männlichen Führungseigenschaften gemacht und sind zu folgendem Ergebnis gekommen (vgl. Tab. 4.1).

Wenn sie sich die Tab. 4.1 ansehen, werden sie feststellen, dass es darin Eigenschaften gibt, die anerkannter sind als andere. Aus unserer Erfahrung sind in unserer Gesellschaft die männlichen Eigenschaften positiver besetzt – was Führung und Erfolg anbelangt – als die weiblichen.

Viele Frauen können ihre weiblichen Führungsqualitäten daher nicht ausleben, da sie selbst diese Qualität verlernt haben oder das Gefühl haben, dass diese nicht positiv besetzt sind bzw. keinen Platz in der Führung hatten. Das resultiert auch daraus, dass sie hauptsächlich männliche Rollenvorbilder in punkto Karriere haben bzw. die wenigen weiblichen Führungskräfte ebenfalls sehr stark dem männlichen Erfolgsprinzip folgen. Für viele Frauen bedeutet die Annahme einer Managementposition die stillschweigende Akzeptanz der männlichen Spielregeln, die sie auf Dauer viel Energie kosten, weil diese nicht ihrem natürlichen Führungsprinzip entsprechen.

Und genau das sollte sich im Sinne einer ganzheitlicheren Führung verändern. Es sollten sowohl die weiblichen als auch die männlichen Eigenschaften die gleiche Wertschätzung erfahren dürfen. Das bedeutet nicht Gleichberechtigung. Denn Gleichberechtigung bedeutet, dass Frauen nach männlichen Eigenschaften funktionieren müssen und auch nach diesen bewertet werden. Wobei Frauen hier nur verlieren können: Entweder mit ihrer Gesundheit, weil sie ihr Naturell nicht leben dürfen, oder mit ihrer Karriere, weil sie sich nicht anpassen können oder wollen. Daher plädieren wir für die „Ungleichberechtigung", was bedeutet, dass die unterschiedlichen Eigenschaften gleich wertgeschätzt werden und nicht, dass wir berechtigt oder verpflichtet sind gleich zu sein.

Tab. 4.1 Weibliche und männliche Führungseigenschaften

Weibliche Eigenschaften	Männliche Eigenschaften
Soziale Ausrichtung	Zahlenorientiert
Empathisch/Einfühlungsvermögen	Ergebnisse im Vordergrund
Kooperativer Führungsstil	Fokus auf Lösungen
Unterstützend und motivierend	Strategisches Denken
Fokus auf gute Beziehungen	Wettbewerbsorientiert
Guter Überblick über zwischenmenschliche Interaktionen	Starkes Durchsetzungsvermögen
Harmonische Unternehmenskultur	Macht und Erfolg als Motor für Motivation
Flache Hierarchien – Führen auf Augenhöhe	Umsetzungsstärke
Mensch ist im Vordergrund	Problemlösung durch Ausblenden
„Wir" ist stärker ausgeprägt	Seilschaften bilden

Paradoxerweise sind wir bemüht andere Kulturen wertzuschätzen und sie in ihrer Einzigartigkeit anzunehmen, wie zahlreiche Lehrgänge zum Thema Interkulturelles Management beweisen. Jedoch, wenn es um den Unterschied von Mann und Frau geht, versuchen wir eine schier unmögliche Gleichheit anzustreben. Hier wird viel Energie an unnötiger Stelle versenkt.

Um es mit wissenschaftlich belegten Worten von Louann Brizendine zu sagen, „... sitzt die Angst vor einer auf Unterschiede gegründeten Diskriminierung tief und deshalb wurden viele Jahre lang Vermutungen in Zusammenhang mit Geschlechtsunterschieden wissenschaftlich nicht überprüft, weil man befürchtete, dass Frauen deshalb keinen Anspruch auf Gleichberechtigung mit den Männern erheben können. [...] Noch heute wird die Ansicht vertreten, Frauen könnten nur dann die Gleichberechtigung erlangen, wenn alle Unterschiede eingeebnet werden. Aber die biologische Realität sieht anders aus: Das Unisex-Gehirn gibt es nicht" (Brizendine 2008).

Die durchaus gut gemeinte und in vielerlei Hinsicht notwendige Emanzipation und Gleichberechtigung war der wichtige Vorreiter für den nächsten bedeutenden Schritt, der in das bewusste Ausleben der Ungleichberechtigung führt.

Ziel ist es, beide Formen der Führung in ein Unternehmen zu integrieren, um sowohl die wirtschaftlichen als auch die menschlichen Aspekte zu berücksichtigen. Denn letztendlich sind es Menschen und keine Maschinen, die in Unternehmen arbeiten. Viele Mitarbeiter beklagen sich darüber, dass sie nur als Produktionsfaktor, aber nicht als Menschen wahrgenommen werden, was über kurz oder lang zu demotivierten Mitarbeitern führt, die innerlich schon gekündigt haben und daher auch nicht produktiv sind.

Wie am Beispiel von Virgin-Gründer Richard Branson sehr schön zu sehen ist, kann auch ein Mann mit weiblichen Eigenschaften sehr erfolgreich sein. Für ihn stehen die Mitarbeiter immer im Vordergrund, wie auch im folgenden Zitat zu erkennen ist: „**Put your staff first, your customers second and your shareholders third – all three will benefit.**" (Übersetzung: „Stelle deine Mitarbeiter an erster Stelle, deine Kunden an zweiter Stelle und deine Aktionäre an Dritter – alle drei werden davon profitieren.")

4.5   Weibliches Leadership

Was aber bringt Frauen an die Spitze?

An die Spitze führen vor allem Zielklarheit und Konzentration und Selbstvertrauen. Erleichternde Eigenschaften sind auch Entschlusskraft, Durchsetzungsvermögen, die Fähigkeit scharfsinnig und strategisch zu denken, Konfliktfähigkeit und ein geschicktes Beziehungsmanagement. Im Rahmen einer Studie der Unternehmensberatung Accenture mit dem Thema ‚Frauen und Macht – Anspruch und Wirklichkeit‘ wurden diese Attribute einer Führungskraft als wichtig/sehr wichtig eingestuft. Als ganz besonders wichtig sehen die befragten 83 Top-Frauen aus Deutschland, der Schweiz und Österreich Kommunikationskompetenz sowie strategische und analytische Fähigkeiten. Mut, Teamgeist, Selbstdisziplin und Einfühlungsvermögen wurden zwar auch noch häufig genannt, liegen aber im Vergleich zu den anderen abgefragten Eigenschaften doch einigermaßen abgeschlagen auf den hinteren Rängen. (Enkelmann 2002)

Diese Studie zeigt ganz deutlich, dass Frauen bisher nach männlichen Erfolgsprinzipien gehandelt haben, da sie nur so in den Führungsriegen anerkannt wurden. Auch spiegelt sich wider, dass Frauen bisher von Männern gelernt haben, wie Karriere und somit auch Führung funktioniert. Daher wird es höchste Zeit, dass Frauen und Männer endlich weitere Erfolgsattribute, wie zum Beispiel Einfühlungsvermögen, welches im Jahr 2002 (zur jener Zeit, in der das Buch veröffentlicht wurde) noch die hinteren Ränge belegte, anerkannt und gelebt werden.

Weiterhin ist zu erwähnen, dass Frauen nicht primär nach Macht im klassischen Sinn streben. Sie sehen Karriere als Mittel zum Zweck, um an der Spitze ihre Ideen umzusetzen und die Erlaubnis zu haben, etwas bewirken zu können, was ihnen mehr Sinnhaftigkeit gibt. Für Frauen stehen Qualität und zwischenmenschliche Beziehungen in einem gewinnorientierten Unternehmen, im Vergleich zu einer rastlosen Gewinnmaximierung durch Billigproduktion und Pricedumping, im Vordergrund.

Eine Erklärung dafür könnte laut Louann Brizendine sein: „… dass der Cortex cingularis anterior, der bei Frauen größer und leichter aktivierbar ist als bei Männern, entscheidend daran mitwirkt, negative Gefühle vorherzusehen, zu beurteilen, zu steuern und zusammenzuführen. […] Dadurch ergibt sich, dass das weibliche Gehirn generell die Begabung hat die Gedanken, Überzeugungen und Absichten anderer anhand winziger Indizien sofort einzuschätzen. […] Im Gegensatz dazu, verfügen Männer anscheinend nicht über die gleiche angeborene Fähigkeit, aus Gesichtern und Tonfall emotionale Nuancen herauszulesen" (Brizendine 2008).

Dies verdeutlicht sehr schön, welche Vorteile es hat, Frauen gerade in jenen Bereichen einzusetzen, wo es um Beziehungsmanagement geht. Das kann z. B. im Service, im Kundenaufbau sowie -betreuung oder auch in der Mitarbeitermotivation sein.

Daraus ergeben sich für das Unternehmen zahlreiche Nutzen durch weibliches Leadership, wie z. B.:

- kooperativer Führungsstil und ein abteilungsübergreifendes Miteinander anstatt strenge Hierarchien sowie Konkurrenzdenken zwischen den Abteilungen, ganz getreu nach dem Motto: „Wir sind ein Team – nur gemeinsam kommen wir ans Ziel"
- Wahrnehmung und Wissen über zwischenmenschliche Beziehungen, Zusammenarbeit und Situationen. Dadurch ergibt sich die Möglichkeit rascher gegensteuern zu können z. B. bei Arbeitsunfähigkeit eines Mitarbeiters
- rasche Erfassung, was das Team braucht, um seine Aufgaben erfüllen zu können
- Aufbau von Vertrauen und somit starkes Beziehungsmanagement, was zu loyalen und engagierten Mitarbeiter führt
- starke Kundenbindung und (geheimes) Wissen über dessen Ziele und Bedürfnisse
- ausgezeichnetes Qualitätsmanagement, was sich in Kundenzufriedenheit niederschlägt

Wie sich hier zeigt, ist der Weg in die Ungleichberechtigung das Mittel der Wahl für erfolgreiche Unternehmen, in dem gerade die unterschiedlichen Sichtweisen von Männern und Frauen zu einem Ganzen zusammenfließen können.

4.6   Der ganzheitliche Erfolgsansatz

Unser gegenwärtiger Erfolgsbegriff, durch den wir uns in die Erschöpfung, wenn nicht ins Grab treiben – demzufolge Arbeit bis zur völligen Verausgabung und zum Burnout einem zur Ehre gereicht –, wurde von einer männerdominierten Unternehmenskultur eingeführt. Aber dieser Erfolgsbegriff funktioniert für Frauen nicht, und für Männer eigentlich auch nicht. Wenn wir neu definieren, was wir unter Erfolg verstehen, wenn wir neben Geld und Macht eine Dritte Größe in die Definition einführen wollen, dann werden die Frauen dabei führend sein – und die Männer, befreit von der Vorstellung, dass der einzige Weg zum Erfolg die Herzinfarktstrasse nach Stress City ist, werden sich in der Arbeit wie zu Hause dankbar anschließen (Huffington 2014).

Diese Neudefinition ist schon lange überfällig. Bisher wurde der Erfolg eines Unternehmens ausschließlich an Marktanteilen, Umsatz, Gewinn und anderen Kennzahlen gemessen. Deshalb wird es Zeit, über diese Zahlenfokussierung hinauszudenken. Im Zuge der Veränderung, die in eine Neupositionierung führt, wird auch die menschliche Komponente stark berücksichtigt, was ein lebenswertes Unternehmen schafft. Darunter verstehen wir Firmen, die sowohl Zahlen als auch die Lebensqualität am Arbeitsplatz gleichermaßen in den Unternehmenserfolg mit einfließen lassen.

Wie aus jedem Kommunikationstraining bekannt ist, geht es im zwischenmenschlichen zu 80 % um Beziehungsebene und nur zu 20 % um Sachebene, in welcher es um Zahlen, Daten, Fakten geht. Die Frage stellt sich, warum diesen so wichtigen 80 % bis dato in der Unternehmensführung bzw. Menschenführung so wenig Beachtung geschenkt wurde.

Im Rahmen unserer Vision der WomenSuccessPrinciples® haben wir uns der Entwicklung geeigneter Werkzeuge, sowie der Unterstützung von Unternehmen bei der Implementierung dieser angenommen.

Daraus resultiert unsere Mission von **WomenSuccessPrinciples**®:

- Frauen leben ihr authentisches Führungsverhalten und sind ebenso wertgeschätzt, wie ihre männlichen Kollegen
- männliche und weibliche Eigenschaften arbeiten in einer Synergie
- Bewusstsein über die Ungleichberechtigung sowie Unterschiedlichkeit ist vorhanden und akzeptiert
- Zahlen und Menschen sind ausgewogen im Fokus
- Menschen werden entsprechend ihren Talenten, sowie Fähigkeiten und nicht Geschlecht eingesetzt
- Unternehmenserfolg durch passend eingesetzte Mitarbeiter in einer offenen Unternehmenskultur, die zufrieden, loyal und hoch produktiv sind
- Burnout-Fälle sowie Fehlbesetzungen senken

Unser Ansatz für ein neues Leadership-Modell und eine offene Unternehmenskultur

Der Fokus richtet sich zunächst auf ein weiblich geprägtes Leadership und außerdem auf die Etablierung von Schnittpunkten und Synergien zwischen dem weiblich und männlich geprägten Erfolgsmodell.

Was ist zu tun?

- Einstellung, Vision und Haltung der Geschäftsleitung zum Thema
- Raus aus veralteten Strukturen und Denkweisen kommen
- Selbstverständliches hinterfragen
- Synergien zwischen männlichen und weiblichen Erfolgseigenschaften herstellen
- Eigenschaften statt Geschlecht bei der Stellenbesetzung in den Vordergrund stellen
- Unternehmenskultur umsetzen und leben
- Ein attraktiver Arbeitgeber werden, d. h. Fokus auf Employer Branding und Positionierung des Unternehmens am Arbeitsmarkt, sowie bei exzellenten potentiellen Mitarbeitern
- Wertschätzung und das Recht auf Ungleichberechtigung leben

Der Human Empowerment Officer®

Reinhold Baudisch und Michael Doberer, Gründer von durchblicker.at antworteten auf die Frage, welche Maßnahmen sie bezüglich ihrer gelebten Unternehmenswerte setzen: „Wir haben einen internen Tag der offenen Tür, eine ausgeprägte Feedback-Kultur, jeden zweiten Monat unser Management- und Innovation-Breakfast und wir fördern bewusst Widerspruch. Jeden zweiten Donnerstag wird gemeinsam gekocht. Und wir haben einen Chief Happines Officer. Unsere Mitarbeiter sind das Allerwichtigste, unser Asset abseits der Reputation" (Hlinka 2015).

Nicht nur durchblicker.at setzt auf einen Chief Happines Officer. Auch Google Amerika hat 2015 einen Chief Happiness Officer – CHO – eingeführt, der für die menschlichen Aspekte verantwortlich ist.

Dies war eine Bestätigung für unsere Idee des HEO, die bereits 2010 entstanden ist. Im Aufgabenbereich des HEO® – Human Empowerment Officer® – sehen wir allerdings, im Vergleich zum amerikanischen Modell des CHOs, der für den so genannten Glücksfaktor, sowie für das reine Wohlbefinden der Mitarbeiter zuständig ist, ein erweitertes Stellenbild.

In unserem Modell ist der HEO® in der Geschäftsleitung ansässig und sorgt für ein Gleichgewicht zwischen Zahlen, Daten, Fakten sowie der menschlichen Komponente. Der HEO® verantwortet den maßgeblichen Gewinnfaktor jeder Firma: Die Menschlichkeit im Unternehmen, in dem die Mitarbeiter zwei Drittel ihres Lebens verbringen. Das bedeutet, dass die Mitarbeiter nicht nur talentorientiert den zu ihnen passenden Job machen, sondern auch, dass das Unternehmen einen weiteren wertvollen Lebensbereich für jeden Einzelnen darstellt.

Durch die gewonnene Einheit als Unternehmen gewinnen alle Beteiligten. Der Mitarbeiter ist loyal, arbeitet nicht nur gerne, sondern ist auch zu Mehrleistungen im Sinne von Weitblick und erhöhtem Engagement bereit. Da sich dieser als wichtiger Teil der Gemeinschaft fühlt, ist diesem auch bewusst, dass er durch seine Aufgaben einen wesentlichen Teil des Unternehmenserfolges mit trägt und erwirtschaftet.

Des Weiteren ist der HEO® ein Bindeglied zwischen Zahlen und Menschen und kann auch als Beziehungsmanager fungieren. Es ist essentiell, dass ein Mitglied der Geschäftsleitung auch die Zahlen nicht nur versteht, sondern auch im Einklang mit der Menschlichkeit Entscheidungen treffen, dahinter stehen und verantworten kann.

Abteilungen wie z. B. Human Ressources, Interner Kommunikation und Public Relations könnten einem HEO® unterstellt sein.

Josef Zotter erklärt, warum er Menschlichkeit in Unternehmen als einen Gewinnfaktor sieht: [...]Frisch gekochtes Bio-Essen ist für alle Mitarbeiter gratis. Das kostet uns zwar einen Haufen Geld, aber das sparen wir an Krankenstandstagen ein und die Leute sind viel fitter. Wir essen alle gemeinsam an einem riesigen Tisch – mit den Kindern aus dem Betriebskindergarten. Ich habe schon sehr lange einen Satz unter meinen eMails stehen: **„Die Maximierung der Menschlichkeit ist wohl der größte Gewinn.** [...] Die Mitarbeiter identifizieren sich mit den Werten – man muss es eben irgendwie vorleben" (Hlinka 2015).

Folgende Punkte soll der HEO® mit den Zielen des Unternehmens in Einklang bringen und somit auch als Schnittstelle bzw. Beziehungsmanager zwischen diesen zwei Welten fungieren:

- (echtes) Talentmanagement: passende Ressourcen zu passenden Positionen
- Arbeitsplatzgestaltung
- Arbeitsfähigkeit der Mitarbeiter erhalten, sowie Gesundheit am Arbeitsplatz sicherstellen
- Pflege der Unternehmenskultur
- Werte und Ethik ins Unternehmen integrieren
- Employer Branding stärken

Warum Geschäftsführung und nicht Stabstelle oder HR bzw. Betriebsrat?

Ob der CHO – Chief Happiness Officer oder untergeordneter „Feelgood"-Manager ist, ist letztlich eng mit der Frage nach der Unternehmenskultur verknüpft. Und diese lässt sich weder verordnen noch per Knopfdruck einschalten. Kultur ergibt sich implizit und ist massiv davon geprägt, wie die CxO ihre Werte (vor-)leben, sagt Nina Haas, Consultant bei OSB International, im Interview mit der Tageszeitung „Die Presse" vom 14. August 2015 (Köttritsch und Dietl 2015). Weiters meinte sie: „..., dass es daher sinnvoll ist das Thema auf der CxO-Ebene und nicht als Stabstelle anzusiedeln sei".

Um auf unseren Ansatz zurückzukommen, wäre diese Führungsposition eine klassische Funktion, wo es weiblicher Eigenschaften bedarf, da es eine hohe Beziehungskompetenz sowie Denken als Einheit erfordert. Und die Themen Wohlbefinden, Kommunikation sowie gezielter Einsatz von Ressourcen stehen definitiv auf der Seite der weiblichen Erfolgseigenschaften.

4.7 Gegensteuern bevor es zu spät ist

4.7.1 Was ist zu tun, wenn der Anfang schief gelaufen ist?

Der erste wichtige Schritt, um einen schlechten Start auszugleichen, ist die Wahrnehmung bzw. Analyse der bestehenden Situation. Dabei sollte mit Offenheit und ohne Vorurteile betrachtet werden, wie es zum Status quo gekommen ist.

Liegt es tatsächlich an der mangelnden Fähigkeit der weiblichen Führungskraft, dass sie nicht so performt und ihre Leistung erbringt, wie geplant oder sind es vielmehr die Umstände und bestehende Vorurteile, die sie daran hindern ihre Fähigkeiten auszuleben? Hierzu braucht es einen klaren Blick und auch das Sich-Eingestehen von Fehlern von allen Seiten.

Wenn es an vorhandenen Vorurteilen oder nicht etablierter Wertschätzung Frauen gegenüber liegt, sind hier besonderes Fingerspitzengefühl und Kommunikationsgeschick gefragt. Jegliche Form von Schuldzuweisung ist in dieser Situation nicht förderlich und sollte vermieden werden. Denn jeder Paradigmenwechsel erfordert in erster Linie Verständnis, sowie ehrliche und offene Kommunikation mit allen Betroffenen. Aus diesem Grund sollte in diesem Fall so rasch wie möglich ein offenes Gespräch über die Situation gefördert werden, um weitere negative Auswirkungen verhindern zu können.

Darüber hinaus sollte unbedingt auch die Unternehmenskultur, sowie auch das Gedankengut zum Thema weibliche Führung im Unternehmen kritisch betrachtet werden. Sind die Führungskräfte sowie auch die Mitarbeiter positiv oder negativ eingestellt? Ist die Unternehmenskultur weiblichen Führungseigenschaften gegenüber aufgeschlossen oder doch eher von männlichen Führungsverhalten dominiert?

Denn wenn nicht in allen Ebenen ein ganzheitlicher Führungsstil Platz gefunden hat, kann er in der Umsetzung auch nicht erfolgreich sein. Deshalb müssen diese Punkte kritisch geprüft und im Bedarfsfall verändert werden.

Bei der doch sehr intensiven Einführung und Umsetzung von Veränderungen in der Unternehmenskultur, kann auch die Etablierung eines HEO gute Dienste leisten. Natürlich ist es besser, sich bereits im Vorfeld Gedanken zu machen, wie eine weibliche Führungskraft in einem Unternehmen erfolgreich agieren kann.

4.7.2 Vorbeugen und präventiv handeln

Wichtig dabei ist, dass die Einführung des Frauenanteils von der obersten Führungsetage vorurteilsfrei angenommen und umgesetzt wird, da nur so letztendlich auch alle anderen Mitarbeiter eine positive Einstellung dazu haben. Dazu muss von Anfang klar kommuniziert werden, welches Ziel mit der Einführung der Frauenquote verfolgt wird bzw. warum entschieden wurde, dass diese oder jene Management-Position von einer Frau besetzt wird.

Wenn tatsächlich Interesse daran besteht, Frauen im Management einzusetzen, muss man sich dessen bewusst sein, welche Veränderungen es möglicherweise in der bestehenden Unternehmenskultur nach sich zieht. Denn eines muss man sich klar vor Augen halten: Ein ganzheitlicher Führungsstil erfordert und fordert eine andere Form von Unternehmenskultur und die möglicherweise derzeitige männlich dominierte Unternehmensidentität muss sich Neuem gegenüber öffnen.

Es ist nicht damit getan eine Frau in eine Führungsposition zu bringen, wenn das Umfeld ihr nicht den Raum gibt, ihre weiblichen Führungseigenschaften einzubringen. Wenn die Bereitschaft dazu besteht, diesen Weg zu gehen, dann würde die erste Aufgabe darin bestehen, sich zu überlegen, inwiefern sich die Unternehmenskultur, sowie das Gedankengut, vor allem der Führungskräfte, verändern müssen. Die Idee von einem neuen Unternehmenskonzept ist nur dann möglich, wenn die passenden Mitarbeiter mit der gleichen Wertehaltung sowie Ethik mitziehen.

Auf die Frage, wie Microsoft seine gelebte Unternehmenswerte sicherstellt, antwortet Dorothee Ritz, General Manager bei Microsoft Österreich: „Wenn so viele Menschen diese Werte leben, haben sie auch ein Umfeld, das sich selbst reinigt. Schwieriger wird es bei starker Belastung und wenn der Mitarbeiter nicht mehr entscheiden kann, was das Wichtigste ist. Da bin ich als Führungspersönlichkeit gefragt" (Hlinka 2015).

Es ist empfehlenswert sich auch um eine erweiterte Berufsbeschreibung zu bemühen. In dieser sollte für jede Funktion die jeweilig erforderlichen Eigenschaften klar definiert werden. Benötigt es für die jeweilige Position eher weibliche oder männliche Eigenschaften? Selbstverständlich möchten wir hier noch erwähnen, dass diese Eigenschaften nicht an Männern oder Frauen gebunden sind, wenngleich mehr weibliche Eigenschaften bei Frauen vorkommen werden, als bei Männern.

Josef Zotter erklärt, wie er Menschlichkeit im Unternehmen lebt: „Das fängt da an, wo man als Chef sitzt: Weit oben oder unter den Leuten. Aber eigentlich geht es nur um zwei Dinge: Die Aufgabe eines Unternehmens ist, die richtigen Leute in den richtigen Positionen zu haben. Egal wofür sie sich beworben haben" (Hlinka 2015).

Ein weiterer wichtiger Punkt ist der bewusste und reflektierte Umgang mit den klassischen Stereotypen bzw. mit gut etablierten Vorurteilen gegenüber den weiblichen Eigenschaften. Diese können zum Scheitern enorm beitragen, weil sie unser Verhalten steuern und die Kommunikation deutlich erschweren können.

Dorothee Ritz, General Managerin von Microsoft Österreich spricht darüber, „. . . dass die Grundwerte des Unternehmens nicht nur der Grund dafür sind, dass sie sich bei Microsoft so wohl fühlt, sondern auch, dass diese bereits im ersten Bewerbungsgespräch vermittelt werden" (Hlinka 2015).

Nicht nur bei der Einführung von neuen weiblichen Führungskräften sondern generell würde es sich empfehlen, einen gut strukturierten Einführungsprozess in das Unternehmen zu gestalten. Dies erleichtert dem neuen Mitarbeiter einen raschen und effizienten Einstieg in den Unternehmensablauf sowie in die gelebte Unternehmenskultur. Davon profitieren beide Seiten. Ein wichtiger Teil dieses Einführungsprozesses ist eine positive Kommunikation über den Mitarbeiter bereits im Vorfeld.

Dabei könnte ein HEO – Human Empowerment Officer – ebenfalls gute Dienste leisten. Diese könnte neben der Kommunikation auch den standardisierten Einführungsprozess erarbeiten sowie neue Mitarbeiter herzlich willkommen heißen und diese im Unternehmen einführen.

Anleitung für einen erfolgreichen Start:

- klare Stellenbeschreibung einschließlich der erforderlichen Eigenschaften
- bestmöglichen Bewerber auswählen, unabhängig vom Geschlecht
- positive Kommunikation im Vorfeld über den neuen Mitarbeiter (warum hat man sich gerade für diesen Kandidaten/diese Kandidatin entschieden?)
- Rahmen schaffen, in dem Erfolg möglich ist
- optimalen Einführungsprozess für neue Mitarbeiter
- aufmerksam gegenüber möglicher Diskriminierung von weiblichen Führungskräften sein (wie wird intern über die neue Kollegin gesprochen – vor allem hinter vorgehaltener Hand?)
- Kommunikation über mögliche Bedenken aktiv fördern
- Rückhalt seitens des Vorgesetzten muss gegeben sein
- wertschätzender Umgang mit anderen Führungsmethoden und anderer Herangehensweise
- Einsatz eines Human Empowerment Officer

4.8   Wie könnte die Situation für Unternehmen bei einem guten Start aussehen?

Wenn es gelingt, die Frauenquote nicht nur als Muss, sondern als Chance für eine Weiterentwicklung des Unternehmens und der darin arbeitenden Menschen zu sehen, kann dies sehr bereichernd sein. Nicht nur im menschlichen, sondern auch im monetären Sinne. Es gibt bereits einen Aktienindex, der Unternehmen, die von Frauen geführt werden, bevorzugt bzw. ausschließlich solche Unternehmen beinhaltet. Kritische Stimme meinen, dass es keine Garantie dafür gibt, dass diese Unternehmen besser performen als jene, die von Männern geleitet werden.

Aus unserer Sicht ist auch das wieder eine unnötige Ausgrenzung und extreme Sichtweise, die nicht notwendig ist. Ganz nach dem Motto: „Jetzt haben die Männer so lange über uns Frauen geherrscht, jetzt schlagen wir zurück". Das ist nicht zielführend, sondern fördert nur wieder zu Ausgrenzung und Diskriminierung, nur das jetzt eben Männer diskriminiert werden. Wem soll das etwas bringen?

Der einzige zielführende Weg ist es, beide Geschlechter gleichermaßen in Unternehmen einzubinden und sie nach ihren Stärken einzusetzen. Wir müssen endlich dazu übergehen, dass wir berechtigt sind ungleich zu sein und mit der Gleichmacherei Schluss machen. Denn Männer sind nicht die besseren oder schlechteren Frauen und Frauen sind nicht die besseren oder schlechteren Männer.

Was bringt es Unternehmen, wenn es Ihnen gelingt,

- einen ganzheitlichen Führungsstil zu leben
- den Fokus auf Zahlen UND Menschen zu legen sowie
- eine stärkere Einbindung der Mitarbeiter in die Unternehmensziele stattfindet?

Dann profitieren Sie von:

- motivierten und gesünderen Mitarbeitern
- weniger Ausfälle durch Krankenstände und Burnout
- weniger Kündigungen
- loyale Mitarbeiter
- ausgewogene Unternehmenskultur
- bessere Wahrnehmung von schwelenden Konflikten und Missständen
- höherer Wissensaustausch zwischen den Abteilungen
- gute Positionierung des Unternehmens am Arbeitsmarkt durch besseres Employer Branding
- verbesserte Kommunikation
- familienfreundlichere Unternehmensstruktur

Und das alles führt natürlich mit all der schon vorhandenen männlichen Unternehmenspower zu mehr Umsatz und gesunden Unternehmen, die konkurrenzfähig und erfolgreich am Markt agieren können. Es geht uns, wie gesagt, nicht darum, männliche Führungsqualitäten durch weibliche zu ersetzen, sondern sie durch diese zu ergänzen, um einen ganzheitlichen Ansatz für Unternehmen und deren Mitarbeiter zu leben. Wir denken, dass ein ganzheitlicher Erfolg nur durch Integration möglich ist, nicht durch Ausgrenzung.

Zu guter Letzt sehen wir uns an, wie es Anne-Sophie ergangen wäre, wenn das Unternehmen, für das sie tätig war, all dies umgesetzt hätte.

Anne-Sophie und der gelungene Start in ihre neue Berufung
Es war ein herrlicher Frühlingsmorgen, als Anne-Sophie erwachte. Sie war schon ganz aufgeregt, weil sie heute ihren neuen Job als Vertriebsleiterin bei einem sehr interessanten IT-Unternehmen antrat. Sie hatte im Vorfeld schon ihre neuen Mitarbeiter kennengelernt wurde von ihnen freundlich empfangen. Außerdem bekam sie auch alle Informationen, die sie benötige, um sich optimal von Anfang an einzuarbeiten.

Ihr neuer Arbeitgeber hatte auch einen HEO®, den sie ebenfalls schon im Vorfeld kennengelernt hatte und der sie die erste Zeit begleitete. Für Anne-Sophie war das eine gänzlich neue Erfahrung, von der sie von Anfang an sehr begeistert war.

Als sie an diesem Morgen das Firmengebäude betrat, konnte sie es kaum erwarten sich voller Elan auf ihre Tätigkeit zu stürzen. Karl begrüßte sie und brachte sie zu ihrem Arbeitsplatz. Dort erhielt sie alle weiteren Informationen, die sie für ihren erfolgreichen Start brauchte. Sie fand eine Liste mit allen wichtigen Ansprechpartnern auf ihrem Schreibtisch, sowie alle Termine, die in den nächsten Tagen bereits für sie reserviert waren.

Sie durchlief wie jeder neue Mitarbeiter eine Reihe von Aktivitäten, die ihr den Einstieg leichter machen sollte. So wurde sie mit allen Abteilungen bekannt gemacht. Dort lernte sie ihre neuen Kollegen kennen und so wusste sie von Anfang an, an wen sie sich mit welchen Fragen wenden konnte.

Durch die gute Organisation ihrer ersten Arbeitstage war sie innerhalb kürzester Zeit gut eingearbeitet. Es gab sehr viel für sie zu lernen, aber wann immer Fragen auftauchten, half man ihr gerne weiter.

Ihre Mitarbeiter nahmen sie freundlich auf. Natürlich waren sie anfangs skeptisch gegenüber einer weiblichen Chefin, aber da sowohl Karl als auch Maria sehr davon überzeugt waren, dass Anne-Sophie eine sehr qualifizierte Führungskraft war, die auch noch zusätzliche Aspekte für den Verkauf einbringen konnte, hatten sie beschlossen, offen auf die Situation zuzugehen.

So gab es von Anfang an eine gute Basis für eine erfolgreiche und kooperative Zusammenarbeit. Anne-Sophie wollte die Kunden kennen lernen und genau verstehen, mit welchen Situationen ihre Verkäufer im Außendienst konfrontiert waren. Deshalb fuhr sie zu Beginn häufig zu Kundenterminen mit.

Ihr gelang es in den Gesprächen eine gute Beziehungsebene zu den Kunden aufzubauen und sie kam gut bei allen Kunden an. Ihre Mitarbeiter merkten sehr rasch, dass sie in diesem Bereich viel von ihr lernen konnten. Sie waren zwar sehr erfahren und auch erfolgreich, allerdings fehlte ihnen zu manchen Kunden der Zugang. Damit tat sich Anne-Sophie scheinbar viel leichter.

Aus dieser Tatsache heraus entwickelte sich eine hervorragende Zusammenarbeit mit ihren Verkäufern. Wann immer ihre Mitarbeiter das Gefühl hatten, dass sie bei einem Kunden anstanden und nicht weiterkamen, baten sie Anne-Sophie sie zu begleiten und sie zu unterstützen. Mit der Zeit lernten sie so ihre Stärken zu schätzen.

Auch Karl war sehr zufrieden mit der Entscheidung für Anne-Sophie. Das Verkaufsteam konnte mehr Erfolge verbuchen. Durch ihre starke Empathie konnte sie selbst Kunden gewinnen, die als schwierig galten. Sie führte das Team mit viel Fingerspitzengefühl und achtete darauf, dass es jedem ihrer Mitarbeiter gut ging, ohne jedoch die Zahlen dabei aus den Augen zu verlieren.

Das förderte die Motivation und erhöhte ganz nebenbei auch die Verkaufszahlen.

Zu guter Letzt waren alle mit der Entscheidung für Anne-Sophie sehr zufrieden. Es hatte sich, trotz der einen oder anderen skeptischen Stimme, die sich dagegen ausgesprochen hatte, gezeigt, dass eine Frau im Management durchaus auch erfolgreich sein konnte, wenn sie die Möglichkeiten hatte, ihre weiblichen Eigenschaften einzubringen.

4.9 Worum es in Wahrheit geht!

Es geht nicht darum, ob Männer oder Frauen besser oder schlechter sind, es geht darum, dass die Verbindung von weiblichen und männlichen Führungseigenschaften zu einem produktiven Ganzen führt, was am Ende des Tages einfach mehr Erfolg verspricht. Mehr Erfolg für Unternehmen, Führungskräfte und Mitarbeiter. Warum sollte man sich nur mit einer Hälfte zufrieden geben, wenn wir auch das Ganze haben können. Es fordert einfach nur etwas mehr Toleranz, Wertschätzung und Unterschiedsberechtigung auf beiden Seiten.

Wir hoffen, dass wir in diesem Kapitel gut darstellen konnten, dass es für alle Beteiligten von Vorteil ist, wenn wir zu einem ganzheitlichen Führungsansatz finden. Der erste Schritt zur Bewusstmachung wäre hiermit getan. Den nächsten Schritt legen wir vertrauensvoll in Ihre Hände. Wenn Sie eine offene und ehrliche Entscheidung für jene notwendigen Veränderungen in Ihrem Unternehmenskultur treffen, werden Sie Vorreiter für lebenswerte Unternehmen werden, die zukünftig nicht nur attraktive, sondern auch heiß begehrte Arbeitgeber für hoch qualifizierte, motivierte und loyale Mitarbeiter sein werden. So können Sie aktiv die unternehmerische Zukunft mitgestalten und ein Vorbild auch für andere sein. Damit verwandeln Sie den Fluch der Frauenquote in eine einmalige Chance.

Denn aus unserer Sicht sollte nach einem generellen Wertewandel in der Unternehmenswelt keine Frauenquote mehr notwendig sein, da sich die Frage nach dem Geschlecht dann gar nicht mehr stellen wird. Kahn Abdul Ghaffar Khan hat das in seinem Zitat „Wenn Du wissen willst, wie zivilisiert eine Kultur ist, dann schau Dir an, wie sie ihre Frauen behandelt" für uns sehr schön auf den Punkt gebracht.

4.10 Über die Autorinnen

Regina Kmenta war lange Jahre als Führungskraft in der IT-Branche tätig. In dieser Funktion hat sie gelernt, sich als weibliche Führungskraft in einer männerdominierten Branche zu beweisen. Diese Erfahrungen gibt sie nun seit mehr als einem Jahrzehnt als

Trainerin und Coach an Führungskräfte weiter. Ihr Ziel ist es, eine differenzierte Sicht auf das Thema Führung zu vermitteln und die bestehenden Erfolgskriterien neu zu definieren. Weitere Infos unter www.convince.at.

Mag. (FH) **Verena Linhart** ist Business- & LifeDesignerin und hat sich zur Aufgabe gemacht eine Brücke zwischen Menschlichkeit und Unternehmertum zu bauen. Mit ihrer langjährigen Unternehmererfahrung sowie ihrer Life Counseling Expertise verhilft sie Frauen erfolgreich ihre Talente sowie ihre Karriere zu entfalten und ihre Visionen zu realisieren, sodass neue Arbeitswelten mit Wertschätzung und Toleranz entstehen können. Weitere Infos unter www.verenalinhart.com.

Die gemeinsame Vision von Regina Kmenta und Verena Linhart findet sich auf www. lebenswerte-unternehmen.at wieder. Sie beraten Unternehmen in Veränderungsprozessen, wie z. B. bei der Implementierung neuer Werte, Visionen und Unternehmenskultur. Das HEO – Human Empowerment Officer®-Konzept wird mittels Lehrgängen umgesetzt. Mit ihrem Angebot WomenSuccessPrinciples® unterstützen sie Frauen ihr weibliches Leadership wieder zu entdecken und ihre Karriere sinnvoll zu gestalten. Regina Kmenta und Verena Linhart halten darüber hinaus Vorträge zu diesen Themen und stehen auch männlichen Führungskräften beratend mit ihrer weiblichen Sicht auf das Thema Leadership zur Seite.

Literatur

Brizendine, L. (2008). *Das weibliche Gehirn – Warum Frauen anders sind als Männer*. München: Wilhelm Goldmann Verlag, in der Verlagsgruppe Random House.

Deutscher Bundestag (2015a). Bundestag stimmt über die Frauenquote ab. https://www.bundestag. de/dokumente/textarchiv/2015/kw10_ak_frauenquote/363054. Zugegriffen: 3. Dez. 2015

Deutscher Bundestag (2015b). Frauenquote für die Top-Positionen beschlossen. https://www. bundestag.de/dokumente/textarchiv/2015/kw10_de_frauenquote/363058. Zugegriffen: 3. Dez. 2015

Enkelmann, C. E. (2002). *Warum Frauen wirklich besser sind … als sie selber glauben*. Frankfurt/Wien: Redline Wirtschaft bei ueberreuter.

Hlinka, A. (2015) Nach welchen Werten handeln Sie? Kurier, 17.10.2015, Seite 2–3

Huffington, A. (2014). *Die Neuerfindung des Erfolges*. München: Riemann Verlag.

Köttritsch, M., Dietl, A. (2015) Professionelle Glücksbringer in der Chefetage. Die Presse, 14. August 2015, Seite K1

Männern Sie noch oder frauen Sie schon? Oder: Wie Unternehmen am besten durch Kondratieffs sechste Lange Welle navigieren

5

Christina Kock

Zusammenfassung

Wir stehen vor großen Herausforderungen, die nur bewältigt werden können, wenn es uns gelingt neue Erfolgsparameter zu identifizieren und sie als Ressource nutzbar zu machen. Auf dieser Grundlage hat sich die Welt in der Vergangenheit weiterentwickelt und wird es auch in Zukunft tun. Für den Entwicklungsschub, der vor uns liegt, braucht es weniger neue Tools – wie Feuer, Rad, Elektrizität usw. – sondern Fähigkeiten, die in uns Menschen selbst zu finden sind. Nach der Entwicklung von den Schwerstarbeitern des 18./19. Jahrhunderts zu den Kopfarbeitern des 20. Jahrhunderts, sind in der Zukunft tendenziell Menschenarbeiter gefordert, um mit dem Change der fortschreitenden Globalisierung und der Veränderung von Industrialisierung zur Service- und Dienstleistungsgesellschaft gut zurechtzukommen. Und da gibt es noch viel ungenutztes Potenzial – vorrangig im weiblichen Teil unserer Bevölkerung. Insofern ist die Frauenquote keine Frage der gesellschaftlichen Akzeptanz, sondern eine Antwort auf die vor uns liegenden Herausforderungen in den kommenden Jahrzehnten.

Liebe Leserin, lieber Leser, Sie sind eine Frau und suchen Bestätigung für Ihr Empfinden, dass „das mit der Quote" so nicht sein darf bzw. endlich ganz genauso sein muss? Nun mit Ersterem kann ich nicht dienen, wohl aber mit Argumenten, die Ihre Haltung aufbrechen werden, dessen bin ich mir sicher bzw. Letztere unterfüttern und manifestieren.

Oder Sie sind ein Mann, Führungskraft oder Manager, tragen strategische Verantwortung für die Zukunft – nicht nur für den Business Plan des nächsten Jahres – und suchen eine managementadäquate Haltung, die Ihnen gute Argumente dafür liefert, Frauen in Zukunft in Führungspositionen sehen zu wollen oder zu installieren, auch wenn Sie bislang immer noch eher skeptisch dem Ganzen gegenüberstehen?

C. Kock (✉)
DOM CONSULTING, Köln, Deutschland
E-Mail: kock@dom-consulting.com

© Springer Fachmedien Wiesbaden 2016
P. Buchenau (Hrsg.), *Chefsache Frauenquote*, DOI 10.1007/978-3-658-12183-9_5

Nun, die amerikanische Hirnforscherin Louann Brizendine hat diese Zweifel nicht. Sie konstatiert, Frauen realisierten beispielsweise Schwächen der Konkurrenz besser, das männliche Gehirn arbeite dafür fokussierter. Und sie legt sich fest: Um beides nutzen zu können, sei in den Führungszirkeln eine „kritische Masse" von 25 bis 30 % Frauen nötig (Brizendine 2011). Und ich stimme ihr zu 100 % zu. Nun wissen Sie, verehrte Leser, auf was Sie sich bei mir einlassen. Als Managerin bis zum Bankvorstand habe ich mich viele Jahre unter anderem mit Strategien rund um die Personal-Wertschöpfungskette befasst und bin dabei zu dem Schluss gekommen, dass das Potenzial der Frau als Führungskraft für die Zukunft der Industrie 4.0 unbedingt notwendig ist.

Doch waren es ausgerechnet Frauen, die Frauen an den sogenannten Schalthebeln der Macht, die dabei viele Jahre gegen eine feste Quote votiert haben und auf die Flexiquote setzten. Sowohl unsere Bundeskanzlerin als auch ihre Familienministerinnen sprachen sich sehr lange vehement gegen Zwangsmaßnahmen aus. Doch mit der Übernahme durch die SPD kippte die Stimmung, und das Bundeskabinett beschloss die Quote Ende 2014 für 2016 verbindlich.

5.1 Fluch oder Segen? – Rationale Notwendigkeit!

Und das war auch gut so! Warum ich das so sehe? Das möchte ich Ihnen gerne auf den folgenden Seiten etwas näher bringen. Denn egal, ob Sie Frau oder Mann sind, ob Sie bislang für die Quote oder dagegen waren, es gibt für alle pragmatische Gründe, die keinen anderen Schluss zulassen, als diesen Weg zu gehen. Diesen Weg, der vom Ziel her führt. Im wahrsten Sinne des Wortes. Ich will es mir zwar nicht mit Konfuzius verscherzen, doch entgegne ich ihm in Bezug auf unsere Thematik:

Nein, hier ist nicht der Weg das Ziel. Sondern das Ziel muss unseren Weg bestimmen. Das Ziel, die Hälfte der Menschen in Führungspositionen adäquat prozentual abzubilden, weil wir nur so die Aufgaben der Zukunft werden stemmen können. Weil diese Menschen, die Frauen, die Schlüsselqualifikationen mit(ein)bringen werden, die wir in den nächsten Jahrzehnten so dringend brauchen. Weil es auf Basis des Nationalökonomen Kondratieff, den ich Ihnen in Abschn. 5.3 eingehender vorstellen werde, die Jahrzehnte der Biotechnologie und der psychosozialen Gesundheit sein werden. In unserer Industriegesellschaft stehen Produktivitätsverbesserungen für Wirtschaftswachstum. Außerdem kam es bislang vorrangig auf den effizienten Einsatz von Maschinen und Energie an. Der Maschinenbediener spielte dabei eine eher untergeordnete Rolle. In der heutigen und zukünftigen Informationsgesellschaft stehen hingegen nicht mehr die Maschinen, sondern die Produktivität des Menschen im Vordergrund. Die hängt im Wesentlichen von Fach- und Methodenkompetenz, Zusammenarbeit und Einsatzbereitschaft ab.

Und Letzteres müsste jeden Manager aufhorchen lassen und vor allem zur Handlung animieren. Darauf habe ich in den letzten Jahren gewartet. Ich war sicher, die Erkenntnis würde sich durchsetzen, dass wir mit „weiter so" in alten, gewohnten Bahnen den Anschluss verlieren oder andere uns gar überholen. Wer unternehmerische Verantwortung

ernst nimmt, entweder als CEO oder Aufsichtsrat, darf sich dieses Themas nicht verschlie-
ßen, wenn er seine Rolle ernst nimmt. Aber dafür müssen sich die Herren mal intensiv mit
der mittel- und langfristigen Zukunft und den Veränderungen auseinandersetzen.

Es kommt in Zukunft vor allem darauf an, die Potenziale im Menschen zu mobilisieren,
die Ausdruck seiner Kompetenz sind, einen wertschätzenden Umgang mit sich selbst und
mit anderen Menschen zu pflegen. Diesen Qualifikationen wurde in der Vergangenheit in
der freien Wirtschaft häufig eine schon diskriminierend anmutende Zweitrangigkeit beige-
messen – ein alter Chef von mir hat das mal als Sozialromantik bezeichnet. Im Gegensatz
dazu wurden Arbeitsfelder, die Freundlichkeit und Sensibilität benötigen, wie zum Beispiel der sozialpädagogische Bereich, zu vorwiegend schlechtbezahlten Frauenberufen.
Denn lange galten viele der Fähigkeiten, die Frauen dort einbringen, nicht mal als Qualifikationen. Sie wurden weder mitvergütet, noch als besondere Kriterien für eine berufliche
Karriere herangezogen. Das ändert sich, aber es ändert sich zu langsam.

Wir benötigen neben der logischen Kenntnis, dass die gesamte Person am Arbeitsplatz
präsent ist, die Erkenntnis, dass die berufliche Ausbildung vornehmlich die Vermittlung
fachlicher Qualifikationen leisten kann, aber weniger bis gar nicht die Formung der Persönlichkeit. Und warum auch etwas künstlich versuchen zu implementieren, wenn wir
einen Pool Menschen haben, dem diese Humanqualifikationen anhaften. Dabei ist es zunächst einmal egal, ob sie ihnen in die Wiege gelegt oder sozialisierend vermittelt wurden.
Sie sind da! Und die vor uns liegenden Herausforderungen brauchen diese von Frauen mit-
gebrachten sozialen Qualifikationen. Sie bilden in Zukunft wichtige Bestimmungsgrößen
für den eigenen beruflichen Erfolg und damit für den Erfolg des Unternehmens. Die he-
terogene Vielfalt ist der Schlüssel zur Generierung erheblicher wirtschaftlicher Vorteile.
Langfristiges Ziel muss deshalb die Schaffung maximaler Chancengleichheit in jeder Hinsicht sein. Darunter fällt auch der Abbau der unbewussten Vorurteile, die Männer daran
hindern, möglichst viel Zeit mit der Familie zu verbringen, sowie die Durchmischung am
Arbeitsplatz hinsichtlich Rasse, Alter, Bildung und Erfahrung sowie – des Geschlechts.
Daraus ergeben sich nicht nur erhebliche soziale und wirtschaftliche Vorteile – es ist für
den Zug der Zeit zwingend erforderlich. Für diesen gilt es so schnell wie möglich die Weichen zu stellen. Deshalb bin ich für die Frauenquote, weil ohne diesen exogenen Schock
die sowieso unausweichliche Anpassung über den demografischen Wandel noch 100 Jahre dauern würde. Bis dahin gibt es Aufgaben, von denen wir heute noch keine Ahnung
haben. Aber unsere heutigen und die von morgen kennen wir oder sollten sie kennen
und – so blöd es sich anhört – für diesen zwanghaften Anpassungsprozess sogar dankbar
sein. Auch wenn es mir persönlich sehr schwer fällt, denn ich war ohne Abitur und ohne
Studium schon im Alter von 37 Jahren Bankvorstand.

5.2 Status quo

51 % der deutschen Bevölkerung sind Frauen. Auf der Anteilseignerseite der Aufsichtsräte und in den Vorständen der DAX, MDAX, SDAX und TecDAX-Unternehmen sind
aber jeweils nur 3 % Frauen vertreten. So der Women-on-Board-Index 2015 von FidAR
(2015) (Frauen in die Aufsichtsräte e. V.). Lange galt die Devise, den Unternehmen viel
Zeit zu geben, sich darum zu bemühen, proaktiv geeignete weibliche Führungskräfte bei
der Karriereplanung für höhere Ebenen vorzubereiten. Doch das magere Ergebnis rund
um die Frage nach Chancengleichheit zwischen den Geschlechtern empfanden die Ver-
fechter einer Frauenquote irgendwann als zu schwammig und sorgten mit dem *Gesetz für
die gleichberechtigte Teilhabe von Frauen und Männern an Führungspositionen in der
Privatwirtschaft und im öffentlichen Dienst* für mehr Klarheit.

Gesetze für Frauenrechte gab es immer schon. Oder sollte ich sagen, bedurfte es immer schon? Vor 96 Jahren erkämpften sich die Frauen das Wahlrecht; bis 1957 benötigten
sie nach geltendem Recht die Erlaubnis ihrer Ehemänner, wenn sie arbeiten wollten. Den
Führerschein konnte ab 1909 jeder erwerben, unabhängig des Geschlechts, doch bedurfte
es dafür bis 1958 – Sie ahnen es – der Genehmigung ihrer besseren Hälfte. Ein eigenes
Bankkonto? Wo denken Sie hin – ohne Zustimmung des Mannes war auch das bis 1962
nicht möglich zu eröffnen. Und als geschäftsfähig wurde eine Frau erst nach 1969 angesehen.

Nun gut, seitdem hat sich einiges getan. Das gestiegene Bewusstsein für frauenspezi-
fische Anliegen und Probleme in unterschiedlichen Kontexten ist heute allgegenwärtig –
weltweit. Ende der 1990er-Jahre wurde die Strategie des Gender Mainstreaming als verbindliche Vorgehensweise für die Mitgliedstaaten der UN beschlossen. Die EU-Staaten
haben sich mit dem Amsterdamer Vertrag 1999 verpflichtet, in diesem Sinne eine aktive
Gleichstellungspolitik zu verfolgen. Seit 2001 gilt das neue Bundesgleichstellungsgesetz.
Ziel dieses Gesetzes ist die Gleichstellung der Frau in der Bundesverwaltung und bei den
Gerichten des Bundes. Die Neuregelung sollte die tatsächliche Durchsetzung der Gleichberechtigung von Frauen und Männern fördern und bestehende Nachteile beseitigen. Und
was resultierte daraus?

Der Gesetzentwurf der Bundesregierung vom Dezember 2014 für die gleichberechtigte
Teilhabe von Frauen und Männern an Führungspositionen in der Privatwirtschaft und im
öffentlichen Dienst gibt die Antwort: „Der Anteil weiblicher Führungskräfte in Spitzenpositionen der deutschen Wirtschaft und der Bundesverwaltung ist nach wie vor gering: 2013
waren nur 15,1 % der Aufsichtsratspositionen der Top-200-Unternehmen in Deutschland
mit Frauen besetzt. Der Anteil von Frauen an Führungspositionen im Bundesdienst lag
2012 bei 30 %, in den obersten Bundesbehörden sogar nur bei 27 %. Der in Artikel 3 Absatz 2 Satz 1 des Grundgesetzes (GG) niedergelegte Gleichberechtigungsgrundsatz von
Frauen und Männern ist damit auch heute noch keine Realität."

Den Dax gibt es seit 1988, die erste Frau hat es dann doch schon 16 Jahre danach geschafft in einen seiner Vorstände zu kommen … 2010 waren es vier Frauen und 2014
besetzten 38 Frauen die entsprechenden Posten – Tendenz fallend. Den Stuhl einer Vor-

standvorsitzenden hat gerade mal eine Frau besetzt: Frau Anke Schäferkordt ist CEO der RTL Group Luxemburg.

Die Schlussfolgerungen sind so klar wie ernüchternd: Frauen bedurften seit jeher für die wichtigsten Errungenschaften ihrer Freiheit Gesetze, und Frauen sind intelligent, bestens ausgebildet und auch zahlenmäßig auf Augenhöhe, aber auf die Top-Positionen dringen sie nur äußerst langsam vor. Wir sind quasi immer noch Rucksacktouristen in einem Land, das über den Transrapid verfügt. Und diese Erkenntnis lässt nur den einen Schluss zu: Bist du nicht willig, benötigst du – Zwangsmaßnahmen. Das scheint heute noch nicht so viel anders zu sein als vor 96 Jahren.

Viele deutsche Unternehmen tun hingegen immer noch so, als gäbe es das in Rede stehende Gesetz gar nicht. Es fordert für Neubesetzungen in den Aufsichtsräten ab Januar 2016 eine feste Frauenquote von 30 %. Betroffen sind ca. 100 Großunternehmen. Findet sich keine weibliche Spitzenkraft, darf der Stuhl nicht männlich besetzt werden, er bleibt leer. Da auch die Zahl der Managerinnen in den Vorständen eher sinkt denn steigt und äußerst mager ist, müssen sich außerdem mehr als 4000 weitere Unternehmen selbst eine eigene Zielvorgabe für die Erhöhung des Frauenanteils stecken. Dessen Überprüfung findet nach einem Jahr statt. Sanktionen bei Nichterreichen sind bislang nicht vorgesehen, doch steht wage eine Gesetzesnovelle im Raum, auch dort eine starre Quote einzuführen, sollte sich eine Vermeidehaltung herauskristallisieren. Es wird spannend sein, das zu beobachten. Denn die genannte Erhebung von FidAR ergab, dass 54 % der befragten Unternehmen, die sich laut Gesetz selbst ein Ziel für die Erhöhung des Frauenanteils in Aufsichtsrat und Vorstand geben müssten, weder bislang eine entsprechende Zielgröße formuliert haben, noch wenigstens in der Planungsphase sind. Auch planen sie diese nicht in näherer Zukunft.

Und wie sieht es bei den 100 betroffenen „zwangsnominierten" Unternehmen aus? Dieser Tage fiel mir ein Zeitungsartikel mit bizarrer Thematik in die Hände. Er trug die Überschrift: „Männerzertifikate statt Frauenquote" (n-tv 2015). Dabei handelte es sich nicht um eine satirische Posse, sondern war der einfachen Tatsache geschuldet, dass das Inkrafttreten des „Frauenquotengesetzes" bei etlichen Konzernen offenbar immer noch nicht weit oben auf der Agenda steht und sie deshalb Gefahr laufen, die geforderte Quote nicht erfüllen zu können. Damit wird das Gesetz weniger sinnvolle Verheißung für Karrierefrauen, denn viel eher ein drohendes Damoklesschwert über den Köpfen der Entscheider. Denn gelingt es diesen nicht, die Posten weiblich zu besetzen, drohen nicht nur Strafgelder, sondern ganz gewiss auch der mediale Pranger. Die Öffentlichkeit wird in Zukunft sehr genau darüber informiert werden, inwieweit das Gesetz auf fruchtbaren Boden gefallen ist. Da, wo das Ziel zu erreichen, alle geforderten Posten mit Frauen zu besetzen, aussichtslos erscheint, kamen findige Ökonomen nun auf die Idee *Männerzertifikate* auszugeben. Unternehmen, die es bis Januar 2016 nicht geschafft haben, rechtzeitig qualifizierte Frauen in ihr Unternehmen zu locken, sollen sich demnach im Gegenzug durch den Erwerb eines dieser Zertifikate freikaufen können. Jedem Unternehmen, das die Quote übererfüllt, solle das Recht zukommen, ihr Engagement zu Geld zu machen. Nach dem Motto: Ich habe zwei Frauen, wo nur eine gesetzlich vorgeschrieben ist, also verkaufe ich dir einen der weiblichen Aufsichtsratsposten und du darfst nach wie vor einen Mann installieren – denn die Gesamtquote von 30 % bleibt dadurch ja erhalten.

Nun könnte man den imaginären Ankauf von Männerposten ja marktschreierisch bejubeln. Ich liebe sie auch durchaus, die Kreativität, die unsere freie Marktwirtschaft kennzeichnet; oder nennen wir es, die Freiheit des Denkens und Handelns, die immer wieder in neue Ideen mündet, Wege aufzeigt und gangbar macht. Doch negierte die Ausführung dieser Idee natürlich den Sinn und Zweck des Gesetzes zur Frauenquote komplett. Ja, sie machte es lächerlich. Also beschäftigen wir uns lieber mit den Argumenten rundherum. Denn die Meinungen zur Frauenquote sind vielfältig und divergieren immens.

Meine Meinung dazu ist klar: Wir können es uns nicht leisten, auf das weibliche Potenzial zu verzichten. Warten wir ab, verschenken wir wertvolle Zeit, in der die nicht minder wertvollen Impulse für unsere Wirtschaft ausbleiben, die Frauen mit ihren besonderen Fähigkeiten setzen können. Denn die Diversität heterogen zusammengesetzter Führungsgremien gewährleistet bessere Entscheidungsprozesse und damit in logischer Konsequenz auch adäquat bessere wirtschaftliche Ergebnisse. Das ist nicht nur meine Meinung, basierend auf Erfahrungswerten, sondern dies belegte unter anderem 2004 die *Catalyst Studie* (Catalyst 2004): Unternehmen mit Frauen in Top-Management-Positionen erzielten höhere Aktien- und Eigenkapitalrenditen. 2004, also vier Jahre nach der Selbstverpflichtung der Unternehmen zur Erhöhung des Frauenanteils in Führungspositionen. Ein kleiner Erfolg, doch keineswegs ein Katapult für die Unternehmen, daraus zu lernen und ambitioniert den Weg zu gehen, aus dieser Erkenntnis noch mehr Kapital zu schlagen. Die Frauenförderprogramme wurden in Folge nicht weniger, doch die Frauen in Führungspositionen auch nicht mehr.

Sieht man sich die Sichtweisen der Aufsichtsratsvorsitzenden zum Thema näher an, so hat Dr. Rolf Dahlems, Partner bei Signium International, im Rahmen derer Initiative „100 Frauen in die Aufsichtsräte" (Signium International 2010) herausgefunden, dass

- 46 % der Aufsichtsratsvorsitzenden der Meinung sind, es gebe zu wenig qualifizierte Frauen,
- 21 % mehr oder weniger lapidar feststellen, es gebe keine oder nur wenige Frauen im in Frage kommenden Netzwerk,
- 14 % sich mit Abwarten zufrieden geben, bis ein Platz frei wird, um ihn dann gegebenenfalls weiblich neu zu besetzen,
- 9 % persönlich keine passend qualifizierte Frau kennen,
- 5 % dem Thema Frauen im Aufsichtsrat noch überhaupt keinen Raum geben,
- 3 % grundsätzlich Männern die besseren Fähigkeiten zu- und natürlich damit den Frauen absprechen und immerhin noch
- 2 % überhaupt noch nicht darüber nachgedacht haben, dass ja auch mal eine Frau an ihrer Seite sitzen könnte.

Soweit die Ansichten von Männern, die an den Schalthebeln wirtschaftlicher Macht sitzen. Die täglich strategische Entscheidungen mit weitreichenden Auswirkungen zu treffen haben. Die nicht eingleisig denken dürf(t)en, sondern innovativ und raumgewinnend. Und die bislang im Grunde die Einzigen waren, die an der eklatanten Unterbesetzung freiwillig hätten etwas ändern können. Ist daran zu glauben, dass sie das in naher Zukunft getan hätten? Mir fällt dies außerordentlich schwer. Ein Hinderungsgrund für „Frau ganz oben" also: die augenblicklichen, manifesten maskulinen Strukturen.

Einen anderen Grund sehe ich allerdings auch nach wie vor in den manifesten, über Jahrhunderte gewachsenen gesellschaftlichen Strukturen. Mann und Karriere sind seit Jahrhunderten siamesische Zwillinge. Frau und Karriere stehen daneben heute noch eher wie Stiefgeschwister oder um das Bild noch mehr zu schärfen, wie das Verhältnis leibliches Kind zu einem Adoptivkind. Männliche Karrierevorbilder oder Staatenlenker gibt es wie Sand am Meer. Weibliche große Namen nehmen sich da eher die Ausnahmekarte. „Leuchtturmfrauen" wie Angela Merkel untermauern ganz wunderbar den Spruch, dass Ausnahmen die Regel bestätigen, doch als Beispiel für eine gelungene Emanzipation taugen sie keineswegs.

5.3 Entweder – oder?

Entscheidend scheint mir jedoch nach wie vor zu sein, dass die Frage: „Entweder – oder?" heute wie vor Jahrzehnten in Relation eine klassische Frauenfrage ist. Kennen Sie auch nur einen Mann auf dem Weg zum Akademiker, der sich vielleicht schon im Studium die Frage stellt: Wann wird der beste Zeitpunkt für mich sein, ein Kind zu bekommen? Gibt es den überhaupt? Oder muss ich nicht eher abwägen, welcher der am wenigsten schlecht geeignete Zeitpunkt ist? Die Frage, wie sich ein Kind in den Karriereweg integrieren lässt, stellen sich Männer doch normalerweise allerfrühestens mit dem Eintritt einer Frau in ihr Leben, die sie gerne als Mutter ihrer Kinder sähen. Und realistisch betrachtet wohl meistens erst mit diagnostizierter Schwangerschaft – wenn überhaupt. Frauen hingegen werden anatomisch immer dafür zuständig bleiben, Kinder auszutragen. Wer weiß, vielleicht kommt ja mal irgendwann die Zeit gesellschaftlicher Akzeptanz, dass zumindest die neun auf die Entbindung folgenden Monate jeder Vater selbstverständlich für die Betreuung zuständig ist. Doch möchte ich mir die andere Frage, ob eine derartig schematische Denkweise für Kind und Eltern überhaupt wünschenswert wäre, ersparen. Mir geht es hier vielmehr darum, den langen evolutionär anmutenden Weg der Emanzipation, am reinen archaischen Grundprinzip der menschlichen Arterhaltung deutlich zu machen. Wirklich zu hundert Prozent taugliche, karriereadäquate und absolut kindgerechte Kombinationsangebote gibt es noch immer nicht. Viele Kompromissangebote werden deshalb als „faul" angesehen und ausgeschlagen. Und so bleibt es für viele Frauen bei der Entweder-oder-Frage und sie entscheiden sich immer häufiger, wegen der nicht nur vermeintlichen Hürden, bewusst gegen ein Kind. Aber auch da, wo es nicht um Organisation und/oder abgebrochene Karrierewege geht, bleiben die grundsätzlichen Unterschiede noch eine ganze Weile erhalten, weil sie noch im kollektiven Denken eine Rolle spielen.

So mangelt es Frauen vielfach an traditionellen Aufstiegsfähigkeiten, die sie aus Netz-werkaktivitäten und guter Selbstvermarktung generieren könnten. Außerdem scheint der Drang Karriere zu machen zwar zuzunehmen, doch ist er noch keineswegs so „natürlich", wie dies beim Mann zugrunde liegt. Haben wir oben gesehen, dass Männer sich die Ent-weder-oder-Frage gar nicht, selten oder später stellen, habe ich von der Befürchtung eines Mannes, er müsse in einer Führungsposition mehr leisten als eine Frau, noch nie gehört. Sie? Und wie oft ist Ihnen diese Sorge aber schon weiblicherseits angetragen worden? Und wie oft zu Recht? Es ist nicht allein Vorurteilen geschuldet, dass es einen höheren Erwartungsdruck an Frauen gibt, dass sie stärker beobachtet und verglichen werden. Das sind Fakten. Und das bedeutet, eine Frau muss schon vor dem ersten Schritt auf die Kar-riereleiter, das Potenzial für ein unerschütterliches Selbstbewusstsein mitbringen, während es in Männern viel mehr Zeit hat zu reifen und zu wachsen.

Typisch männliche Rituale sind auch ein wichtiger Punkt. Spielt man sie mit, wird man zum „Mannweib" oder ignoriert man sie, hebelt sie gar aus? Oder versucht eigene zu im-plementieren, und wenn ja, weibliche? Aber, was ist darunter überhaupt zu verstehen? Macht es tatsächlich Sinn männliche und weibliche Führungskompetenzen zu sezieren und gegeneinanderzustellen oder gar – auszuspielen? Letzteres wohl nicht, doch sich die-ses Thema einmal sehr genau anzusehen, ist in der Tat sinnvoll.

5.4   Frauen sind anders, Männer auch

Von mir werden Sie hier keinen Abgesang auf die Unterschiede zwischen Mann und Frau in Gendermanier lesen. Keine feministischen Heilsversprechen, die den Anhängern einer Frauenquote die Befreiung von ihren traditionellen Geschlechterrollen versprechen. Die den Mann als Unterdrücker sieht oder in einem Patriarchat den Untergang des Abend-landes. Ich glaube nicht an eine Diskriminierung der Frau per se. Die Unterschiede zwi-schen den Geschlechtern lassen sich jedoch genauso wenig leugnen, auch wenn einige das immer wieder versuchen. Menschen sind nun mal nicht gleich, weder geschlechts-übergreifend noch auf andere Art und Weise. So sagt man dem Mann nach, sein Status- und Machtdenken und sein Anspruch daran, seien stärker ausgeprägt, als das der Frau. Und egal, ob dies nur eine anerzogene und aufoktroyierte Geschlechterrolle ist oder eine genetische Veranlagung – Fakt ist, wir haben mit den Männern mehr als genug Menschen, die das Machtstreben ganz oben auf ihrer Agenda stehen haben. Sollte es nun darum ge-hen, sich dem anzupassen, dem nachzueifern? Den Männern diese Dominanz auf Teufel komm raus streitig zu machen, um dann diese Vakanz zu füllen? Sollten wir gar anstre-ben, die Konnotation von Macht zu verändern? Sie zu „verweiblichen"? Sie nicht mehr primär als Mittel zur eigenen Zielerreichung anzusehen, sondern als alleiniges Katapult für gemeinschaftliche Zwecke?

Ich denke – nein. Das wäre absurd. Umgekehrt wird ein Schuh daraus: Es wird zuneh-mend wichtiger, nicht die zugewiesene weibliche Geschlechterrolle, sondern die Weib-lichkeit an sich, mit all ihren Besonderheiten, in den täglichen Businessalltag zu implementieren. Die Balance zu finden bzw. sie zunächst einmal wirklich nachhaltig zu suchen! Sich dessen bewusst zu werden, dass in der Bipolarität eine riesige Chance steckt. Doch statt diese Chance zu nutzen, schreien viele nach wie vor Zeter und Mordio und sehen in einer Quotenfrau jemanden, die es nur ganz nach oben geschafft hat, weil sie ist, was sie ist: eine Frau. Dies führt sogar so weit, ihr Führungsqualitäten und fachliche Qualifikationen abzusprechen. Mal ehrlich, wer wollte da schon Quotenfrau sein? Glücklicherweise gibt es sie, jene, die bereits über genug Selbstbewusstsein und natürliche Kompetenz verfügen, über derlei unsinnigen Vorurteilen zu stehen. Sich weder stigmatisiert noch privilegiert zu sehen, nicht mal als Vorkämpferinnen, sondern ganz einfach als das was sie sind: qualifiziert – zum Wohle der Wirtschaft. Und das nicht obwohl, sondern weil sie eine Frau sind!

2008 gab es eine weitere Studie, die *Woman Matter 2* (2008), mit dem untermauernden Ergebnis: Frauen führen anders als Männer. Teilhabe an Entscheidungen und Inspiration stehen dabei ganz oben auf der Prioritätenliste. Selbstverantwortung und Selbstmanagement kennzeichnen die Zielvorgaben. Vielleicht der Führungsstil einer ganzen Generation? Man sagt den Vertretern der Generation Y nach, sie wollten ihren Job nicht mehr nur nach Diktat aus-leben, sondern ihn mittels eigener Denkansätze bewusst be-leben. Ohne den Blick auf diese Altersgruppe zu verengen und gleichzeitig in Bezug auf jene zu verallgemeinern, was nie funktioniert, ist doch eines allgegenwärtig erkennbar: Die Mitarbeiter „von heute" wollen mitentscheiden, die Bereitschaft vorfinden, ihr Arbeitsumfeld kreativ mitgestalten zu dürfen; es macht sie nicht zufrieden, einfach nur „abzuarbeiten" und „am Ende des Tages" erwarten sie nicht nur ihr Salär, sondern vor allem Anerkennung. Daraus nährt sich wiederum ihr Engagement und dies alles mündet zunächst einmal theoretisch in einen Kreislauf der ökonomischen Aufwärtsspirale. Margret Klein-Magar, Sprecherin der leitenden Angestellten im Aufsichtsrat der SAP formuliert das so: „Die Führungskraft der Zukunft muss eher ein Coach sein. Jemand, der nicht über Kommando und Kontrolle führt, sondern die Mitarbeiter befähigt, ihr Potenzial auszuschöpfen, kreativ zu sein und Entscheidungen gegebenenfalls auch selbst zu treffen."

Woran erinnert Sie das? Dieses: Menschen „zu befähigen"? Ich denke, insbesondere Mütter wissen, wie man dies tut. Nun sind nicht alle weiblichen Arbeitskräfte (bereits) Mütter. Doch geht es nicht alleine darum, dieses vielleicht in uns angelegte genetische Programm bereits abgespult zu haben. Ist es vorhanden, ist es auch ansonsten abrufbar. In einer Studie der HayGroup wurde als eine der fünf Schlüsselqualifikationen 2030 „das Führen heterogener und vielfältiger Teams" genannt (Vielmetter und Sell 2014). Was haben Frauen über Jahrtausende getan – schauen Sie sich mal Ihre Kinder oder die Familie an sich an, wer „führt und steuert" hier? Wer trägt hier eher diese Kompetenz in sich und muss nicht aufwändig und teuer trainiert werden? Sind Frauen damit sozial intelligenter als Männer? Zumindest sind sie darin (noch) besser geschult und erfahrener als Männer. „Manager müssen umdenken, wenn sie auch künftig erfolgreich sein wollen. Dabei kommt es besonders auf einen neuen Führungsstil an. Wir brauchen künftig keine egozentrischen Alpha-Tiere mehr, sondern altrozentrische Führungskräfte, die die Umwelt als Ganzes im Blick haben," sagt Georg Vielmetter dazu (Hay Group 2014). Er leitet die

Practice „Leadership and Talent" von Hay Group in Europa und ist Mitglied deren europäischen Managementteams.

Eine der wichtigsten Voraussetzungen für ein erfolgreiches Unternehmen, ist die Klärung der Frage, welche Kompetenzen und Schlüsselqualifikationen erfolgreiche Manager haben sollten. Die HayGroup hat diese in ihrer genannten Studie folgendermaßen bestimmt: Unabdingbar sind konzeptionelles und strategisches Denken. Ethische Grundsätze, als Fundament einer jeden Beziehung, dienen auch in der Wirtschaft als eine solide Basis. Erfolgreichen Führungskräften gelingt es, sich in andere Menschen hineinzuversetzen und deren Stimmungen zu erkunden. Dadurch können sie positive Gefühle und Einstellungen verstärken. Die Folge ist Loyalität: Die Mitarbeiter unterstützen die Aktivitäten ihrer Vorgesetzten effizienter.

Sieht man in Zukunft einen noch höheren Bestand an interkulturellen Teams, so bedarf es zu der Führung dieser heterogenen und vielfältigen Gruppen auch einer besonderen Kompetenz. Die der Handlung auf Basis umfassenden kulturellen Wissens, einer ausgeprägten Kommunikations- und Konfliktlösungsfähigkeit, sowie die der inneren wertschätzenden Haltung, die sich in ausgeprägter Ambiguitätstoleranz ausdrückt. Ob es sich nun um kulturelle oder anders zu verortende Widersprüche im Rahmen der Teamarbeit handelt, Menschen, die die Fähigkeit haben, diese nicht zur zu ertragen, sondern als selbstverständlich hinzunehmen und damit zu arbeiten, sogar deren Vorteile herauszufiltern, verfügen über eine besonders wertvolle Kompetenz. Auch da ist es von Vorteil, diese nicht erst über einen kognitiven oder perzeptuellen Prozess erwerben zu müssen, sondern bereits als Persönlichkeitseigenschaft sein eigen zu nennen. Nicht zuletzt ist die Maßgabe, Teamwork als solches zu begreifen und mit Leben zu füllen, eine Schlüsselqualifikation, die immer wichtiger wird. Nicht mehr der Chef, sondern das Team steht im Mittelpunkt. Das ist es, was Vielmetter mit „altrozentrischer Führung" meint. Und das ist es, was Frauen mitbringen – siehe oben.

5.5   Stimmt das wirklich?

Oder lösen sich da nicht zwei Stereotype gegenseitig ab? Werden da aus jahrhundertelang skandierten weiblichen Schwächen, plötzlich Stärken gemacht? Die Frau als Knetmasse der augenblicklichen Ansprüche der Businesswirklichkeit? Oder erwacht hier endlich das fortschrittliche Gedankengut zum Leben, das die langjährige These: „Die Frau muss zum Mann werden, um erfolgreich zu sein" ablöst. Denn die sogenannten Soft Skills stehen den Hard Skills nicht nur in nichts nach, sondern lösen sie sogar im Wettlauf um die erfolgreichsten Qualifikationen mehr und mehr ab. Wie kam es dazu?

Gehen wir eine Weile zurück: Die Dichotomie weich/hart diente einst dazu, Frauen von technologisch durchdrungenen Arbeitsbereichen zu trennen, da es sich dabei oft um schwere körperliche und/oder mechanische Tätigkeiten handelte. Mit zunehmender Entwicklung der Arbeitswelt, der Verdrängung der Körperlichkeit und Entwicklung hin zu immer mehr Kopfarbeit, hob man die Gliederung nach zwei Gesichtspunkten nicht auf, sondern verlagerte sie hin zu: Kopf/Bauch. Der logisch denkende, männliche Kopf, stand so im Bild der weiblichen Irrationalität aus dem Bauch heraus getroffener Entscheidungen gegenüber. Daran hat sich bis heute nicht viel geändert. Jungs unterliegen einer weitestgehend einseitigen Prägung, indem sie zum Wettbewerb erzogen werden. Will man einen „ganzen Kerl" großziehen, müssen wohl oder übel Eigenschaften hinten anstehen, die man eher weiblich definiert. Gleichzeitig sozialisiert die Gesellschaft in ein Mädchen, ob bewusst oder unbewusst, genau diese hinein: Empathie und Zurückhaltung statt Durchsetzungskraft und Wettbewerbsfähigkeit.

Letztere münden geradewegs in das heute vorherrschende männliche Managerbild, welches ich oben schon angerissen habe: eine große Bereitschaft zum Konkurrenzkampf, eine starke Erfolgsorientierung und Einzelkämpfermentalität. Die Hierarchie dient dem Mann dazu sich selbst in den Mittelpunkt des Interesses zu rücken, mit dem Endziel sie eines Tages anzuführen. Die Wirtschaft, historisch von Männern gemacht und heute immer noch in deren fester Hand, schreibt für Karrieristen auch männliche Regeln aus.

Lange herrschte das Bild vor, wollte eine Frau da vordringen, ging dies nur über Adaption männlicher Verhaltensbilder. Dies jedoch deshalb, weil dies eben auch lange Zeit tatsächlich galt. Weil in den Unternehmen eine Command- und Control-Struktur vorherrschte. Führung legte den Fokus auf eine Methode, nicht so sehr auf den Menschen – weder den Führenden noch die zu Führenden. Die jeweiligen individuellen verhaltenspsychologischen Ausprägungen der Führungspersonen hatten sich dem Gesamtbild eines Führungsanspruchs unterzuordnen, der von oben nach unten delegierte und dabei viel Wert auf Formalismen und straffe Organisation legte.

Nicht dass dies heute gänzlich aufgehoben wäre. Und natürlich ist nicht jeder Schematismus schlecht, doch befinden wir uns in einer Entwicklung, da sich Prozessoptimierung zunehmend an Fachkompetenz festmacht, die Raum zur Entfaltung braucht, suchen darf und bekommt. Man erkennt aber auch: Die alten Strukturen machen weder aus Männern die besseren, noch aus Frauen die schlechteren Führungskräfte, im Gegenteil! Es geht also gar nicht mehr darum herauszufinden, was zuerst da war, Huhn oder Ei. Ob eine Frau in ihrer Weiblichkeit in ein Korsett aus Rollenbildern und Klischees gezwängt wurde, die sie im Laufe der Zeit verinnerlichte und über einen Sozialisationsprozess auch aus sich selbst heraus weiter perfektionierte. Ob sie sie gar nicht hat, sondern man sie ihr nur zuweist, oder ob es sich tatsächlich um eine Art weiblichen genetischen Code handelt. Fakt ist, der Bedarf an Kräften, die Mitarbeiterführung vergemeinschaftend verstehen, wächst – und zwar rasant!

Ich höre immer wieder das Argument, eine Quote ersetze die Intelligenz zur Erkenntnis wesentlicher Modernisierungen. Und auch wenn dies eigentlich ein Argument gegen die Quote sein soll, so stimme ich dem voll und ganz zu. Ja, wir brauchen dieses Umdenken. Wir brauchen Manager, die ihre Unternehmen strategisch sinnvoll auf die Zukunft vorbereiten. Und so lange das Umdenken nicht aus eigenem Antrieb heraus erfolgt, muss es eben oktroyiert werden. Wobei ich nicht mal mangelnde Intelligenz anmahne, sondern Behäbigkeit. Eben mangelhafte strategische Ausrichtung. Der Fokus zu stark auf dem gegenwärtigen operativen Geschäft und dabei blind für die Herausforderungen von morgen. Ja, Deutschland steht wie Persil am Himmel. Gemessen am Human Development Index (HDI 2014), der den Entwicklungsstand eines Landes auf einer Skala von 0 bis 1 beschreibt, liegt Deutschland mit einem Wert von 0,920 gegenwärtig auf Rang fünf – weltweit. Spitzenreiter ist übrigens Norwegen – ein Quotenland …

Wenn es aber Deutschlands Wirtschaft augenblicklich so gut geht, warum dann dieser „Aufstand der bzw. für die Frauen"? Läuft dann der Hinweis auf die höheren Gewinnmargen durch Frauen generiert nicht ins Leere? Nun, in einer kapitalistisch orientierten Welt kann es wohl eines nie genug geben und das ist der monetäre Erfolg! Doch spielt ein anderes Kriterium eine weitaus wichtigere Rolle und das ist der Blick über den Horizont hinaus.

5.6   Die Kondratieffzyklen

Was wird die Zukunft bringen? Ein Blick in die Glaskugel bleibt uns verwehrt und dürfte auch ineffektiv enden. Doch gibt es eine wissenschaftlich fundierte Methode, die es uns erlaubt, einigermaßen verlässliche Prognosen für die Zukunft zu gewinnen: die Kondratieffzyklen.

Kondratieff, ein russischer Ökonom (1892–1938), analysierte die nationalökonomischen Statistiken kapitalistischer Systeme unter dem Gesichtspunkt ihrer wirtschaftlichen Entwicklung. Er kam zu der Erkenntnis, dass sie seit dem 18. Jahrhundert zyklisch über einen Zeitraum von 45–60 Jahren verläuft. Diese verhältnismäßig lange Zeit verleitete ihn zu der „Theorie der Langen Wellen". Kondratieff stellt darin fest, dass kurze Konjunkturphasen von längeren – den Langen Wellen – überlagert werden. Diese sind von einer anfänglichen Auf- und anschließenden Abschwungphase geprägt. Seine Ergebnisse beruhen allein auf volkswirtschaftlichen Daten; zu erklären, was diese Wellen auslöst, darum ging es Kondratieff nicht.

Schumpeter, ein österreichischer Nationalökonom griff 1939 Kondratieffs Idee mit seiner Arbeit „Konjunkturzyklen" auf und gab ihnen eben jenen Namen. Am Anfang einer Langen Welle steht immer eine besondere, neuartige und flächendeckende Innovation, die man sogar als revolutionär bezeichnen kann, da sie nicht nur die Wirtschaft, sondern auch das Miteinander der Menschen nachhaltig beeinflusst. Diese sorgt zunächst für den Aufschwung der Konjunktur, bis sich irgendwann das Angebot-Nachfrage-Verhältnis ändert, das Angebot die Nachfrage übersteigt und die Konjunktur sinkt. Die immer mangelhaftere Kosten-Nutzen-Maximierung führt in sinkende Steuereinnahmen und aus einer allgemeinen Unzufriedenheit ergibt sich die Notwendigkeit, nach einer neuen, bahnbrechenden Erfindung zu suchen und entsprechende Forschungen voranzutreiben. Eine neue revolutionäre Basisinnovation kennzeichnet den Beginn eines neuen Kondratieffzyklus. Wer das Muster der Kondratieffzyklen kennt und sie frühzeitig identifiziert, kann sich früh genug positionieren, sich an die Spitze von Entwicklungen setzen und von dem Schwung der Langen Welle am meisten profitieren. Bis heute wurden fünf Zyklen ausgemacht:

Die Entwicklung der Dampfmaschine (ca. 1780–1830/50), die Verarbeitung des Stahls (ca. 1830/50–1880/1900), die Anwendung von Elektrizität und Chemie (ca. 1880/1900–1920/35), die Nutzung des Automobils (ca. 1920/35–1950/80) und als fünfter Zyklus: die Informationstechnik (ca. 1950/80–2000/05). Aber was kommt jetzt? Für den Zukunftsforscher Leo Nefiodow wird das Zeitalter des sechsten Kondratieff durch den Gesundheitssektor und wachsende Religiosität und Spiritualität geprägt sein. Ein Paradigmenwechsel, der oberflächlich betrachtet weg führt von der primären Ausrichtung auf Wirtschaftswachstum und Innovation, hin zu einer Phase der intensiven Sinnsuche und Ganzheitlichkeit.

Bei näherer Ansicht schlägt das reine Wohlfühl-Pendel jedoch ganz schnell wieder zurück, denn es wird ganz pragmatisch darum gehen, Gesundheit auf allen Ebenen „zu denken und umzusetzen"; wenn der Lebensstandard erhalten bleiben soll, indem sich die Gesellschaft derart selbstverwirklichende Gedanken leisten kann, muss das Wirtschaftswachstum erhalten bleiben bzw. ausgebaut werden. Das braucht ein Innovations-Potenzial, das im Hinblick auf die zunehmende Sensibilität für Umweltzerstörung, negative Technologiefolgen, Mobbing am Arbeitsplatz und übermäßige Stressreize, aktiv wird. Naturwissenschaftliche, technische und betriebswirtschaftliche Kompetenzen bleiben als Wachstumsquellen wichtig, nehmen aber im neuen Kondratieffzyklus nicht mehr die höchste Priorität ein. Denn unsere gegenwärtig akutesten Probleme resultieren (noch) nicht aus einem Mangel an Energie, basieren nicht auf naturwissenschaftlichen Defiziten oder fehlender Hardwaretechnologien. Viel wichtiger: Viele hundert Milliarden Euro verliert unser Wirtschaftssystem jedes Jahr durch innere Kündigung, Dienst nach Vorschrift, Burnout, Boreout oder Mobbing. Diese Liste ließe sich beliebig verlängern. Und dahinter steht beileibe kein Mangel an Fachwissen. Das Gute an der Situation ist jedoch, dass der Mensch die größte Ressource zur Lösung der Probleme darstellt. Deshalb kommt es in Zukunft darauf an, die entsprechenden Potenziale zu mobilisieren. Ein ausgeprägter Sinn für Gerechtigkeit, Menschlichkeit, Beziehungsorientierung, Intuition und Einfühlungsvermögen sind da alles andere als hinderlich. Die Fähigkeit zum Konsens, basierend auf Kooperationsbereitschaft und der Fähigkeit Situationen gut zu erfassen, gepaart mit einer hohen Kommunikationsfähigkeit – all diese, einer Frau zugeschriebenen Eigenschaften, werden in den nächsten Jahrzehnten gebraucht. Dies gilt es im reinen Wortsinn wahrzunehmen.

5.7 Die Langen Wellen und der „exogene Schock"

Was bedeutet dies für unsere Wirtschaft? Wir brauchen belastbare Work-Life-Balance-Modelle, die einerseits das Arbeiten um zu überleben auf einem Level gewährleisten, das Luft lässt für den Freiraum im Privaten. Und andererseits bereits im Job die Lebensmotivationen der Menschen abbildet. Das heißt derartige Modelle, die gekoppelt sind mit gleichgestalteten Karriereoptionen, um hochqualifizierte Frauen langfristig in Fach- und Führungspositionen zu bringen und sie unter der Maßgabe ihrer oben angesprochenen besonderen Qualifikationen für dieses neue Arbeits- und Führungsumfeld, dort langfristig zu binden. Dafür brauchen wir Unternehmen und Unternehmer, die selbstkritisch ihre bisherige Arbeitskultur hinterfragen und nicht nur offen für die umfassende gleichgeschlechtliche Öffnung sind, sondern diese auch aktiv angehen und gestalten wollen. Diese weitblickenden Unternehmer haben wir noch nicht. Jedenfalls noch nicht genug. Die Qualifikationsrate von Deutschlands Frauen ist hoch. Lassen Unternehmen diesen Pool brach liegen, schneiden sie sich in ihr eigenes Fleisch – gerade, aber nicht nur unter den Vorzeichen des prognostizierten Fachkräftemangels. Erst dann zu agieren, wenn der Zeitpunkt tatsächlich gekommen ist, an dem unsere Wirtschaft in eine Schieflage gerät, bedeutet einerseits eine enorme Minderung des Aktionsradius. Dann werden die Unternehmensverantwortlichen zu Getriebenen, die nicht mehr vernünftig agieren, sondern nur noch reagieren können. Was strategisch nie eine gute Ausgangposition ist. Hat es gerade Klick gemacht, lieber männlicher Leser?

Wenn Unternehmen das Thema Zukunftsgestaltung und -ausrichtung ernsthaft angehen wollen, dann kommen sie um das Thema „Frauen in Führungspositionen" nicht herum. Sie dürfen es nicht so nebenher mitnehmen, sondern müssen es strategisch behandeln. Einzelne Frauenfördermaßnahmen sind selbst im Katalog weder zielführend noch zeitgemäß. Der Ansatz muss über die gesamte Unternehmenskultur erfolgen. Diese gilt es von Grund auf zu verändern. Es muss *das* Topthema der Unternehmensleitung werden, damit sie ganz konkrete Schritte im Personalmanagement einleitet und umsetzt. Die Frauenquote hilft dabei. Sie ist nicht zuletzt eine aus strategischen Gründen wichtige Maßnahme, da Aufsichtsräte im weitesten Sinne mit politischen Körperschaften vergleichbar sind. Sie sind es, die über den Vorstandsvorsitz entscheiden. Der entscheidet über die Vorstandsposten usw. Die Quote für die Aufsichtsräte war deshalb richtig und vorerst auch ausreichend, da diese zu besetzen quantitativ durchaus möglich ist und es sich dabei nicht um einen Eingriff in die direkte Unternehmensführung handelt. Doch wird dieser „exogene Schock" zu einem Weckruf werden und zu der oben beschriebenen Kaskadenwirkung führen. Frauen in Führungspositionen werden „nichts Besonderes" mehr sein. Sie werden zum normalen unternehmerischen Alltag dazugehören und besser noch, irgendwann gar nicht mehr wegzudenken sein.

Denken wir sie weiter, sehe ich im Fortgang einen Einfluss auf die Recruiting-Strategie der Unternehmen. Welche Mühe es zunächst mal macht, eine Quote von außen, quasi künstlich aufgesetzt, umzusetzen, sehen wir an den eingangs geschilderten Gedanken, sie mit obskuren Ideen á la „Männerzertifikaten" zu ummanteln. Will man nicht langfristig auf ihr herumschlittern, wie auf glattem Eis, hat man nur die Chance, sie organisch durch die eigene Belegschaft wachsen zu lassen. Und Wachstum beginnt immer ganz unten. Mittels eines ausgesäten Samenkorns bzw. angemessener Pflege. Die Sourcing-Strategien sind dabei ebenso elementar für Absolventen wie die empfundene Anziehungskraft auf die Arbeitnehmer mit Berufserfahrung. Natürlich können externe Dienstleister und Personalberater helfen und werden auch immer ein Beschaffungsinstrument bleiben, doch ist der Aufbau eigener „Gewächse" am effizientesten. Diese Erkenntnisse werden sich aber erst Bahn brechen, wenn der Druck sich damit auseinanderzusetzen, steigt. Das meine ich mit exogenem Schock. Sicher sind etwa 150 Frauen nicht vergleichbar mit einem Wechsel in der Energiepolitik nach Fukushima oder den Herausforderungen der Flüchtlingskrise, die die Gesellschaft zu spalten droht, und vor immense Probleme, aber auch Chancen stellt. Doch ist der Zwang, dem die Herren der Führungsetagen nun ausgesetzt sind, nicht zu verachten. Denn letztlich geht damit eine Rüge einher. Nicht nur der Fingerzeig der Gesellschaft, sondern der lange Arm des Gesetzes greift nach den Herren, die sich doch im Grunde für unantastbar hielten. Nun spuckt man ihnen in die Suppe und packt sie an ihrer empfindlichsten Stelle: Man zerrt ihre Unfähigkeit, Verantwortung an den richtigen Stellen zu verorten und mit Leben zu füllen, an die Öffentlichkeit. Man führt sie vor. Und wollen sie nun erreichen, dass dies nicht weitere Kreise zieht, gilt es Veränderungen zu initiieren, die wieder ihrer Eigenverantwortung den nötigen Raum geben. Und viele von ihnen werden sich vielleicht jetzt erst fragen, warum musste es soweit kommen? Warum haben wir uns diesen peinlichen „Moment" nicht erspart?

5.8   Warum funktionierte die Quote nicht auf freiwilliger Basis?

Organisationen und Menschen in Organisationen werden durch Entwicklungen des Rechtssystems, der Gesellschaft und der Wirtschaft beeinflusst – und umgekehrt. Gleiches gilt für den permanenten gesamtgesellschaftlichen Wandel: Im Zuge dessen bewegen sich die Bedingungen der alltäglichen Konstruktionen und Modifikationen der Beziehungen zwischen Mann und Frau untereinander und im Rahmen ihrer beruflichen Verflechtungen, so stetig wie behäbig. Alles eine Frage des Blickwinkels – insofern alles relativ. Doch keineswegs relativ, sondern in absoluten Zahlen zu belegen, ist die Tatsache, dass in Führungspositionen ja nun mal eine statistische Unterrepräsentation von Frauen herrscht. Das werden Sie nun schon das ein oder andere Mal, nicht nur bei mir, gelesen haben. Und ohne Korrelation und Kausalität zu verwechseln, kann man nüchtern betrachtet feststellen, dass auch in 2015 irgendein Prozess Frauen noch vor Erreichen einer Führungsposition aussortiert. Um welchen „Prozess" handelt es sich? Führungskräfte aller Ebenen spielen gewiss eine Schlüsselrolle in der Kommunikation und Umsetzung. Und die haben bislang ganz offenbar trotz der angesprochenen und auch in den Führungsetagen bekannten Studien zur diversiven Belegschaft als entscheidendem Erfolgsfaktor, versagt. Also, woran hapert es? Dies zu beantworten würde helfen, die geschilderte notwendige Initiativzündung, nach dem Kaskadenverlauf top down oder besser noch parallel dazu, zu starten. Das Thema Frauenförderung nicht nur seitens der Unternehmen zu befeuern, sondern bereits viel früher.

Woran liegt „es" also? Vielleicht hat die Genderideologie ja (doch) Recht und es liegt an der Erziehung? Müssen wir vielleicht schon ganz früh damit anfangen, stereotype Erziehungsmuster zu „verhindern"? Die Realität zeigt, dass das hier betrachtete Problem nichts oder nicht viel damit zu tun hat. Denn Mädchen besuchen überdurchschnittlich oft Schulen, die zu einem höheren Schulabschluss führen. Der Mädchenanteil betrug an Gymnasien und Waldorfschulen 2012/2013 52 %. Bis zur Sekundarstufe II erhöht sich der sogar auf 54 %. Im Zehnjahresvergleich wird deutlich, dass bei Mädchen die Qualität der Schulabschlüsse angestiegen ist (Statistisches Bundesamt 2014). Danach nehmen zwar gleich viele junge Frauen und Männer ein Studium auf. Bei Studienfachwahl und beruflicher Ausbildung zeigen sich jedoch Unterschiede – Studentinnen studieren am häufigsten Sprachkultur und Sozialwissenschaften, Studenten favorisieren dagegen Ingenieurwissenschaften. Die sogenannten MINT-Fächer, die Fachbereiche Mathematik, Informatik, Naturwissenschaft und Technik, dominieren. Liegt darin der Störfaktor auf dem Weg nach oben? Vielleicht, doch liegt die Wertschöpfung eines Unternehmens ja nicht nur bei den MINT-Fächern. Mitarbeiterschulung im mittleren und oberen Management kann teilweise als Unterstützungsprozess in der Gesamtwertschöpfung mehr Gewinnaussicht erzeugen, als zusätzliche Expertise in den reinen Naturwissenschaften und spätestens dort sind Frauen in Unternehmen nicht unterrepräsentiert.

Doch sehen wir uns die Zahlen nach dem Studium an, denn da kommt der Bruch. Die Anteile der Frauen in den höheren Stadien der akademischen Laufbahn sind nach genannter Quelle vergleichsweise gering: Deutschland liegt mit 45 % sogar unter dem Durchschnitt der 28 EU-Staaten, der bei 47 % angesiedelt ist! Warum ist das so? Wollen viele Frauen vielleicht gar keine Karriere, weil ihnen andere Ziele vorrangig wichtiger sind? Ist diese Frage nun spannend oder (reißerisch) ketzerisch? Egal, sie gehört anknüpfend an meine obige Darstellung zu den starren, sich nur sehr langsam verändernden Gesellschaftskonzepten gestellt. Und ich bespreche das in meinen Seminaren auch mit den Frauen direkt, indem ich ihnen sage, wie gut sie es (noch) haben. Wir leben nach wie vor in einer Welt, die es gesellschaftlich von einem Mann erwartet, für den Lebensunterhalt (s)einer Familie zu sorgen. Selbst wenn es die Möglichkeit zu väterlicher Auszeit mittlerweile gibt, sie wird anteilmäßig in so verschwindend geringer Zahl angenommen, dass sie nicht ins Gewicht fällt.

Dass Frauen sich immer noch primär um den Nachwuchs kümmern, wird regelmäßig durch Gerichte in Scheidungsfällen bestätigt. Für jeden Fall gibt es natürlich auch Ausnahmen, doch kommt die Akzeptanz bzw. das Benennen von menschlichen Unterschieden nicht automatisch einer Diskriminierung gleich. Ergo: Frauen stehen in der Hauptverantwortung für das familiäre Umfeld und Karriere bleibt somit „Männersache". Tun sie dies freiwillig? Darauf ein ganz klares: Jein. Das öffentliche Bewusstsein dafür, Frauen nicht länger zu benachteiligen, nimmt stetig zu. Sie sollen arbeiten können, sie sollen Karriere machen und werden gefördert.

Und es gibt spezielle Anforderungen des Arbeitsmarktes – spezielle Anforderungen, die an die Führungskultur gestellt werden. Die von weiblichen Führungskräften besonders gut erfüllt werden können. Aber dafür gibt der Arbeitsmarkt mehr als genug „willige" karrierebegeisterte Frauen her und das Argument, Frauen wollten en gros gar nicht ge- oder befördert werden, läuft somit ins Leere. Der Aufriss zeigt also mehrere Ansätze auf, die der Begründung für die Unterrepräsentanz dienen können. Aber welche Konsequenzen ziehen wir daraus? Kann und sollte man die klare strukturelle Diskriminierung von Frauen wirklich durch eine Quote bekämpfen, da sie doch bereits ganz am Anfang in den Köpfen der Menschen beginnen müsste? Es mag so sein und vielleicht sogar so bleiben, dass

Kinder in Teilen geschlechtsspezifisch erzogen werden und alles so „von unten" kaskadenartig nach oben seinen Lauf nimmt. Dies „top down" anzugehen, dies politisch gewollt auf andere Schienen zu setzen, ist jedoch sinnvoll, da niemand ernsthaft fordern würde, in die privaten Erziehungsmodelle unserer Familien einzugreifen. Dies kann und darf nur einem Veränderungsprozess unterliegen, der nicht mehr über Projektionen und Prägungen eigener Kindheit verläuft, sondern von den Erfahrungen profitiert, die im Berufsleben gemacht werden. In einer beruflichen Welt, die Hierarchien schrittweise aufbricht und neu strukturiert. Und die dann in das private Umfeld getragen werden, so dass sich ein Bewusstseinswandel vollzieht.

5.9 Flankierende Maßnahmen

Die Familienphasen werden also nach wie vor in erster Linie von Frauen übernommen. Habe ich zuvor der Frauen bestimmte Soft Skills gepriesen, so wäre es nun inkonsequent, mich vehement für so etwas einzusetzen, wie eine analoge „Väterquote". Genauso wie Frauen für immer und ewig die Kinder austragen werden, könnte es möglicherweise so sein, dass sie als Mütter in der ersten Zeit die besseren Hauptbezugspersonen für das Kind sind. Doch darum, das zu beurteilen, geht es mir nicht. Mir ist wichtig: Geht die Frau in eine Familienzeit, so darf oder sollte dies nicht gleichbedeutend mit einem Abbruch der Karriere sein. Ist dieser Weg bislang immer noch steinig, sollten Unternehmen vermehrt dafür Sorge tragen, die Frauen dabei zu unterstützen. Der Grund ist so einfach wie einleuchtend: Brechen Frauen ihre Karriere aus familiären Gründen ab, heißt dies für die Firmen neue Mitarbeiter zu suchen, einzuarbeiten und aufzubauen. Das kostet Kraft und bindet Ressourcen. Werden die Arbeitsplätze hingegen so ausgestaltet, dass Kinder einer Karriere nicht im Wege stehen und sowohl für Männer als auch für Frauen mit Kindern gangbar sind, rechnet es sich unter dem Strich für Unternehmen. Je qualifizierter, umso mehr. Wer hingegen familienbedingte Auszeiten mit geringerem Karriereinteresse automatisch gleichsetzt, verschenkt enormes Potenzial. So wird die Vereinbarkeit von Familie und Beruf zu einem Rechenmodell, welches den Weg bereiten hilft, für flexiblere Arbeitszeitmodelle und andere innovative Ansätze, die den Menschen ganzheitlich wahrnehmen. In seiner beruflichen Ambition und gleichzeitigen familiären Ausrichtung.

5.10 Die Quote ist notwendig, aber ist sie auch gerecht?

Was bleibt ist die Frage, ob ein staatlicher Eingriff in die Freiheit der Männer geduldet werden darf. Stimmt, des einen Vorteil ist ganz häufig des anderen Nachteil – zunächst einmal. Denn auch hier komme ich ganz schnell zu dem Schluss, dass der Vorteil, den die Frauenquote für unsere Wirtschaft generieren wird, auch an der Männerwelt und ihren ganzheitlichen Chancen nicht spurlos vorrübergehen wird. Natürlich haben der Leistungsgedanke und der Wettbewerb unserem System zu seinem Erfolg verholfen und darf der

Einzug von Regularien nur punktuell geschehen und nicht inflationär ausarten. Doch sind wir davon einerseits weit entfernt, denn die 30 % Aufsichtsrätinnen sind wohl kaum ein Frauen-Tsunami. Und andererseits ist im Leistungsgedanken auch so etwas enthalten wie eine „Hauruckmentalität". Das, was ich im Verlauf immer wieder mit dem die deutschen Managementabteilungen wachrüttelnden, exogenen Schock bezeichnet habe. Nachdem nun viele, viele Jahre die Frau einen Tritt nach dem anderen eingesteckt, verstanden und umgesetzt hat, sich zerrissen in Kinderfürsorge, häuslicher Arbeitsteilung und gleichzeitiger beruflicher Weiterbildung, ist es jetzt an der Zeit, der Gesellschaft auch mal einen solchen zu verpassen. Nach dem Motto, bist du nicht willig, brauch ich ein wenig – mehr Nachdruck. Bei der Forderung nach der Frauenquote, darf es sich nicht um eine Kleinigkeit handeln, bei der es lediglich darum geht, ein paar wenige Frauen in ausgewählte und herausragende Führungspositionen zu bugsieren. Vielmehr geht es um einen weitreichenden und notwendigen Umbau der Gesellschaft. Und damit diese ihren Weg nehmen kann, ist es wichtig vorerst ein Stigma der Quotenfrau hinzunehmen: Denn eine Quote suggeriert immer zunächst einmal, dass dafür jemand anderer „aus dem Weg geräumt" wurde; dass sie nicht selbst ihres Glückes Schmied war, sondern das Gesetz das Eisen geführt hat. Diese Kröte gilt es zu schlucken. Denn die Alternative ist eine weitaus schlechtere. Die bedeutete, weiterhin zu warten. Darauf, dass die Geschichte ihren Gang geht. Darauf, dass alle Seiten freiwillig aufeinander zugehen und ihre Arbeitsplatzbeschreibungen erst anpassen, wenn sie ihre Stellen nicht mehr anderweitig besetzen können. Dieser Art Pragmatismus haben wir Jahrzehnte, nein Jahrhunderte gelebt. Und ja, nun haben wir das Diktat einer Zahl. Das ist korrekt und hört sich erst einmal danach an, als würde Freiheit durch Gleichmacherei ersetzt. Doch ich sehe darin eher die Kombination aus beidem, die im Ergebnis in Gerechtigkeit mündet. In eine Gerechtigkeit, die allen Beteiligten nutzt.

5.11 Fazit

Ich hoffe Sie haben gemerkt, dass ich alles bin – nur keine Feministin. Ich bin eine Managerin. Und als solche gewohnt strukturelle Fehlentwicklungen zu erkennen, zu entlarven und in bessere Bahnen zu lenken. Sachlich, rational, pragmatisch. Und insofern weiß ich: Frauen müssen auch weiterhin hart an sich arbeiten, eine akademische Laufbahn absolviert, sich fortgebildet, entsprechende Vorposten inne gehabt haben … Ja, sich „durchgeboxt" haben, ganz genau so, wie es ihre männlichen Mitbewerber auf den Posten mittels Vita nachweisen müssen. Frauen sind damit nicht weniger kompetent, dass ihnen bzw. nun erst mal einigen wenigen per Gesetz eine Tür geöffnet wird. Und das Gesetz öffnet die Tür sowieso nur einen winzigen Spalt weit – aufstoßen müssen sie die Frauen komplett autark! Es mag generalisiert betrachtet eine Trittleiterfunktion einnehmen, doch individuell ändert sich im Grunde gar nichts. Die, die es früher auch ohne Quote geschafft haben, werden dies auch weiterhin tun. Aber jede einzelne Frau mehr an den sogenannten Schalthebeln der Macht, ist ein Gewinn. Denn niemand wird wirklich auch nur im Ansatz heute noch behaupten wollen, es fehle den Frauen an der notwendigen Qualifikation. Das ist lange widerlegt. Nein, es fehlt unseren Frauen an gar nichts. Sie müssen kein zusätzliches „Für" mit- oder aufbringen, sondern die vornehmlich männlichen Entscheidungsträger, müssen ihr „Wider" ablegen. So bringen wir alles überein. Die reale Situation des vorhandenen Angebotes, die Aufgaben der Zukunft und die Wünsche der Frauen.

Im Hinblick auf die rasant auf uns zukommenden Veränderungen wünsche ich mir Entscheidungsträger in der Wirtschaft, die in ihrem Denken geschmeidiger werden und dass sich der dringend benötigte Bewusstseinswandel so schnell freiwillig vollzöge, wie wir es benötigen. Ich kann mich nur wiederholen: Die Digitalisierung unseres Lebens, der technologische Wandel, die deutliche Zunahme des globalen Wettbewerbes, die Veränderung hin in eine Service- und Dienstleistungsgesellschaft, die die Arbeit am Schreibtisch sucht und findet und nicht mehr vorrangig am Fließband, all das stellt uns vor völlig neue Herausforderungen. Unternehmensleitungen, die dies nicht erkennen wollen und die sich einer Neuorientierung in der Führung versagen statt sie rechtzeitig und strategisch klug einzuleiten, werden von diesen Trends überrollt werden. Die Führungskultur unserer Unternehmen muss zu einem völlig anderen und absolut eigennützigen Verhalten finden. In der Praxis dürfen in richtiger Strategie aufgestellte Unternehmen nicht nur an Frauen in der Führung interessiert sein, weil sie der gesetzlich normierte Druck in eine Quote zwingt. Nein, durchschlagendstes Argument ist das wirtschaftliche Eigeninteresse. Die Schlüsselfaktoren der Geschlechter ergänzen sich hervorragend. Und selbst wenn die jeweiligen Attribute geschlechtsübergreifend vorhanden sind, so schafft der unterschiedliche Nährboden, die verschiedenen intrinsischen Kombinationsmöglichkeiten einen fulminanten neuen Multiplikator. Denn Kommunikationsfähigkeit, Einfühlungsvermögen und Lösungsorientierung sind nun mal in einer Frau häufig anders ausgeprägt, als im Mann, genauso, wie der Mut zum Risiko und dessen Ausläufer, das unternehmerische Wagnis … nicht nur im Mann beheimatet sind, aber in weiblicher Verknüpfung mit anderen Attributen eben vielleicht etwas anders aufblitzt. Gerade Grenzgänger der unterschiedlichen Lebensmotivationen können sich hervorragend gegenseitig beflügeln. Und es ist immer wieder interessant zu beobachten, in welche Potenziale es mündet, wenn Mann und Frau miteinander agieren, entscheiden und voneinander lernen.

Was wird sich also ändern mit dem „Quotengesetz"? Viel! Es werden dann insgesamt ca. 150 Frauen bedeutende Positionen in Führungsriegen bekleiden. Rein zahlenmäßig werden auch diese Frauen zwar noch so etwas sein, wie „Leuchtturmfrauen". Doch werden sie die richtigen Signale senden. Nicht mehr die von „Ausnahmen, die die Regel bestätigen", sondern stark leuchtende Lichtquellen, die dafür sorgen, dass die Wirtschaft nicht an den Klippen künftiger Herausforderungen zerschellt.

5.12   Über die Autorin

Allein unter Männern: **Christina Kock** ist ein untypische Karrierefrau, die es in einer männerdominierten Finanzwelt schon mit 37 Jahren zum Vorstand brachte. Ohne Abitur und Studium und vor allem – ohne blaue Flecken auf der Stirn aufgrund der gläsernen Decke.

Eine Wunderfrau? Nein. Ihr ist es gelungen, ihre Vorstellung von Banking umzusetzen. Dafür hatte sie starke Treiber: ein Elternhaus, das ihr als Ziel die eigene Unabhängigkeit mit auf den Weg gegeben hat und einen eigenen starken Willen, der in den Ehrgeiz mündete, Ziele durchzusetzen und auch Niederlagen als Bausteine für den Erfolgsweg zu nutzen.

Heute berät sie Führungskräfte bei selbstmotivierten und fremdmotivierten beruflichen Veränderungsprozessen von Karriereberatung über Outplacement bis zu inversem Headhunting.

Weitere Infos unter www.dom-consulting.

Literatur

Brizendine, L. (2011). *Das männliche Gehirn: Warum Männer anders sind als Frauen*. München: Goldmann Verlag.

Catalyst (2004). The Bottom Line: Connecting Corporate Performance and Gender Diversity. http://www.catalyst.org/system/files/The_Bottom_Line_Connecting_Corporate_Performance_and_Gender_Diversity.pdf. Zugegriffen: 30. Dez. 2015

FidAR (2015). Frauen in die Aufsichtsräte. http://www.fidar.de/webmedia/documents/wob-index/150611_Studie_WoB-Index_XX_end.pdf. Zugegriffen: 30. Dez. 2015

Hay Group (2014). Neue Publikation: Megatrends und die Manager von morgen. http://www.haygroup.com/de/press/details.aspx?id=43581. Zugegriffen: 30. Nov. 2015

Human Development Index. (2014). http://www.bib-demografie.de/SharedDocs/Publikationen/EN/Chart_Month/2014_03_hdi_development.pdf?__blob=publicationFile&v=2. Zugegriffen: 30.11.2015 n-tv (2015). Ökonomen wollen Handel mit Frauen-Posten. http://www.n-tv.de/wirtschaft/ Oekonomen-wollen-Handel-mit-Frauen-Posten-article15886426.html. Zugegriffen: 30. Nov. 2015

Signium International (2010), www.signium.de/PressCorner/ AhundredWomenonBoardofDirectorPositions/tabid/2152/language/de-DE/Default.aspx. Zugegriffen: 10.10.2015

Statistisches Bundesamt (2014). Auf dem Weg zur Gleichstellung? https://www.destatis.de/DE/ PresseService/Presse/Pressekonferenzen/2014/Gleichstellung/begleitheft_Gleichstellung_ 2014.pdf?__blob=publicationFile. Zugegriffen: 30. Nov. 2015

Vielmetter, G., & Sell, Y. (2014). *Leadership 2030: The Six Megatrends You Need To Understand To Lead Your Company Into The Future.* New York: Amacom.

Women Matter 2 (2008) https://www.mckinsey.de/sites/mck_files/files/Women_Matter_2_ brochure.pdf. Zugegriffen: 30.11.2015

Frauenquote oder das Märchen von der Gleichberechtigung

6

Katja Maaß

Zusammenfassung

Was benötigen Frauen, um ihr volles Potential im Beruf gleichberechtigt leben zu können? Mit Sicherheit kein neues Gesetz, denn bereits seit 1949 ist die Gleichberechtigung in Artikel 3 des Grundgesetzes schon verankert. Doch auch 70 Jahre später ist Gleichberechtigung in der Berufswelt für die Autorin immer noch ein Märchen. Doch eine Frauenquote ist nicht die Lösung. Sie schadet Frauen eher, als sie zu fördern. Statt einer Bevorzugung per Gesetz brauchen Frauen faire Chancen auf dem Arbeitsmarkt. Das Credo von Katja Maaß lautet: bei der Besetzung von Führungspositionen sollte „great system" an Stelle von „great man" gelten. Führen sollen diejenigen mit der besten Qualifikation und den besten Führungsqualitäten, unabhängig vom Geschlecht.

Der Beitrag setzt sich mit den geschlechtsspezifischen Unterschieden, dem Phänomen der „gläsernen Decke", dem Selbstmarketing der Frauen und Diversity als strategisches Unternehmensziel auseinander.

6.1 Frauen an die Macht!?

Nach jahrelangem Streit hat der Bundestag die Frauenquote ab 2016 beschlossen. Elf Buchstaben, die Deutschland polarisieren und zu lebhaften, teils sogar aggressiven Diskussionen führen. Für die einen ist diese Quote ein Erfolg für die Gleichberechtigung und wird als historischer Moment gefeiert. Für die anderen ist es statt Segen eher ein Fluch, denn sie befürchten, dass dann Geschlecht Qualifikation schlägt und Frauen zukünftig in machtvollen Positionen bevorzugt werden.

K. Maaß (✉)
Mainz-Kastel, Deutschland
E-Mail: kmaass@maass-coaching.de

© Springer Fachmedien Wiesbaden 2016
P. Buchenau (Hrsg.), *Chefsache Frauenquote*, DOI 10.1007/978-3-658-12183-9_6

Dass mit diesem Gesetz ein Ruck durch Deutschland geht und die Frauen das Zepter übernehmen, halte ich für ausgeschlossen. Nur diese Quote allein wird unsere Wirtschaft noch nicht spürbar verändern oder die Frauen an die Macht katapultieren. Ebenso wenig glaube ich daran, dass dann ein anderer Wind durch die Chefetagen weht. Selbst wenn 30 % der Aufsichtsräte weiblich besetzt wären, würden immer noch 70 % der Stühle von Männern gehalten. Wozu dann also dieser Aufstand?

6.1.1 Gesetzliche Grundlage

Was das Gesetz für die gleichberechtigte Teilhabe von Frauen und Männern an Führungspositionen in der Privatwirtschaft und im öffentlichen Dienst (FührposGleichberG) bewirken soll, ist die anhaltende Benachteiligung der berufstätigen Frauen erst einmal aufzubrechen und die Gleichstellung von Mann und Frau in Gesellschaft, Politik und Wissenschaft zu erreichen.

Das wiederum bedeutet, dass in unserem modernen, freiheitlichen und aufgeklärten Land eine Ungleichstellung von Mann und Frau überhaupt gegeben ist! Fast 70 Jahre nach dem in Artikel 3 Absatz 2 Satz 1 des Grundgesetzes niedergelegten Gleichberechtigungsgrundsatzes von Frauen und Männern kommt das einer Bankrotterklärung der Politik gleich und ist sicher kein Grund zu feiern.

Warum besinnt sich der Staat jetzt, nach fast 70 Jahren, endlich darauf, dass er gemäß Artikel 3 Absatz 2 Satz 2 des Grundgesetztes die Verpflichtung hat, die tatsächliche Gleichberechtigung von Frauen und Männern zu fördern und auf die Beseitigung bestehender Nachteile hinzuwirken?

6.1.2 Das Gesetz

Die Basis der Quotenregelung ist die allgemeine Umsetzung der Frauenrechte, welche vom UN-Ausschuss über wirtschaftliche soziale und kulturelle Rechte (CESCR) regelmäßig überprüft wird. In den abschließenden Bemerkungen zur Prüfung des fünften Staatenberichtes von Deutschland ist der Ausschuss nach wie vor besorgt über den geringen Anteil von Frauen in Führungspositionen im öffentlichen Dienst und in der Privatwirtschaft. Außerdem wird bemängelt, dass trotz des Diskriminierungsverbots aufgrund des Geschlechts und des Grundsatzes der Lohngleichheit in den Rechtsvorschriften Deutschlands, noch immer beträchtliche Einkommensunterschiede bestehen.

Der Ausschuss fordert Deutschland nachdrücklich auf, die Gleichheit von Männern und Frauen bei der Besetzung von Führungspositionen in allen Sektoren zu fördern. Dazu schlägt er vor, dies durch die Annahme von Quoten im öffentlichen Sektor und durch die Schaffung wirksamer Mechanismen zur Überwachung der Einhaltung der Rechtsvorschriften in der Privatwirtschaft eine Gleichbehandlung und Nichtdiskriminierung zu erreichen.

Dieser wirksame Mechanismus zur Geschlechtervielfalt in Aufsichtsräten, Vorständen und den obersten beiden Führungsebenen für die Privatwirtschaft ist nun auch in Form einer Quotenregelung erlassen. Das Gesetz ist am 01. Mai 2015 in Kraft getreten, Artikel 5 Nummer 2 und 3 sowie die Artikel 11, 13 und 14 sind am 1. Januar 2016 in Kraft getreten. Es setzt an drei Bereichen an:

1. Feste Frauenquote von 30 % für Aufsichtsratsgremien der gut 100 börsennotierten **und** voll mitbestimmungspflichtigen Unternehmen. Das heißt bei Amtszeitende von Aufsichtsräten müssen die frei werdenden Stellen mit Frauen besetzt werden, bis die Quote von 30 % erreicht ist. Gibt es keine Kandidatinnen, müssen die Stühle unbesetzt bleiben.
2. Börsennotierte **oder** mitbestimmungspflichtige Unternehmen (ca. 3500–4000) müssen sich Ziele für Frauenquoten selbst setzen und über die Fortschritte jährlich berichten.
3. Die Bundesverwaltung muss sich konkrete Ziele zur Erhöhung des Frauen- oder Männeranteils setzen.

Wirklich betroffen von der Neuregelung ab 2016 und gesetzlich durchsetzbar sind also vorerst nur die Aufsichtsratsposten von gut 100 börsennotierten und mitbestimmungspflichtigen Unternehmen. Gremien also, die nur wenige Tage im Jahr zusammen kommen. Heißt: wir reden nur über gut 170 Frauen, die als Aufsichtsräte benötigt werden. Das wird den Unternehmen nicht allzu schwer fallen, zumal heute schon solche Mandate gerne an Top-Managerinnen aus dem Ausland vergeben werden. Und bei einer durchschnittlichen Amtszeit von 4 Jahren kann es sich noch etwas hinziehen, bis die ersten Frauen eingesetzt werden **müssen**. Bereits vor mehr als einem Jahrzehnt hatte sich die Wirtschaft verpflichtet, für eine Gleichstellung zu sorgen. Dennoch ist der Anteil der Frauen in Führungsgremien in den letzten Jahren kaum gestiegen. So viel zu den Selbstverpflichtungen.

Bei der großen Menge der börsennotierten oder mitbestimmungspflichtigen Unternehmen gibt es keine konkreten Vorgaben, wie das selbst gesteckte verbindliche Ziel des Frauenanteils beschaffen sein muss. Theoretisch könnten Firmen auch den bisherigen Anteil festschreiben, also auch das Ziel Null als Quote setzen, um damit den Frauenanteil lediglich nicht abrutschen zu lassen. Sanktionen sind bislang nicht vorgesehen, daher wird diese Selbstverpflichtung genauso „effektiv" sein wie die bisherige.

Von über 3,6 Mio. Unternehmen in Deutschland verfügen nur knapp 10 % über mehr als 10 Mitarbeiter und nur ca. 2 % über mehr als 50 Mitarbeiter (Statistisches Bundesamt 2015a). Daraus folgt, dass über 3 Mio. Unternehmen beim Umdenkprozess gar nicht berücksichtigt sind. So ist z. B. der Wirtschaftsmotor Mittelstand bislang nicht einmal für Empfehlungs- oder Förderprogramme berücksichtigt.

Kein Grund also sich über die Quotenregelung aufzuregen und Angst zu haben, dass Männer künftig auf der Strecke bleiben. In unserem modernen, aufgeklärten und weit entwickelten Industrieland sollte das Verständnis für die Gleichberechtigung doch bereits mit der Muttermilch aufgesogen sein und keine Ängste schüren.

6.2   Gleichberechtigung – ein Märchen

6.2.1   Gleiche Qualifikation – gleiche Chancen?

Mit Wirkung vom 13. Mai 1949 heißt es in Artikel 3 des Grundgesetzes: „Männer und Frauen sind gleichberechtigt." Wozu brauchen wir dann fast 70 Jahre später überhaupt eine Quotenregelung für Frauen? Wieso haben wir nicht bereits natürlicherweise 50 % weibliche Führungskräfte auf allen Ebenen? Schließlich sind über 50 % der Abiturienten (Statistisches Bundesamt 2014), der Studierenden und Uni-Absolventen in Deutschland weiblich (Statistisches Bundesamt 2015b). Am Ausbildungsstand kann es also nicht liegen. Warum strömen diese gut ausgebildeten und zumeist auch sehr gut weitergebildeten Frauen nicht gleichberechtigt in die Chefetagen? Ein Teil der Bevölkerung würde sagen, weil sie das gar nicht wollen und ein anderer Teil, weil das System sie nicht lässt. Die Wahrheit liegt sicher irgendwo dazwischen.

6.2.2   Rollenbilder

Eine Erklärung für das Phänomen könnte sein, dass die Arbeitswelt lange Zeit durch Männer geprägt war. Dadurch konnte sich die Vorstellung etablieren, dass eine erfolgreiche Karriere ausschließlich auf einer ununterbrochenen Erwerbstätigkeit basiert. Dazu kommt, dass unsere Wirtschaft und Gesellschaft immer noch in tradierten Rollenbildern lebt und denkt.

In unseren aufgeklärten, modernen Köpfen sind Männer immer noch die starken Jäger und Ernährer, Frauen sind schwach, ängstlich und zu emotional. Dabei war die Frau schon in der Steinzeit nicht nur die Sammlerin und Hüterin des Feuers, sondern nahm selbstverständlich auch an der Jagd teil. Ein Baby war dabei kein Hindernis, es wurde einfach auf den Rücken geschnallt. Die Fähigkeit zu Emotionen war in dieser Zeit ein Überlebensfaktor, denn zu den Emotionen gehört auch die Intuition. Rechtzeitig fühlen zu können, ob Gefahr droht, sicherte das Überleben. Heute wird diese Fähigkeit von den Männern eher als Hemmschuh gesehen, denn sie bremst die Risikobereitschaft. Die urzeitlichen Stereotypen von Mann und Frau sitzen noch sehr tief in den Köpfen, leider auch in den weiblichen. Trotz aller Erkenntnisse über den Erfolg eines kooperativen Führungsstils werden Führungspositionen und Führungsverhalten immer noch Eigenschaften wie Dominanz, Durchsetzungsstärke, Selbstsicherheit und Ehrgeiz zugeschrieben. Und diese Eigenschaften werden immer noch eher mit Männern als mit Frauen assoziiert. Das heißt, man traut es den Frauen weniger zu. In Bezug auf den Punkt Selbstsicherheit in Form von Selbstdarstellung mangelt es der Masse der Frauen leider wirklich. Auch hier ein Ergebnis der tradierten Rollenbilder, nach denen eine selbstbewusste Frau, die ihre Leistungen offen vorträgt, als anstößig betrachtet wird.

6.2.3 Arbeitsteilung in Haushalt und Familienleben

Eine weitere Erklärung für die Notwendigkeit einer Frauenquote kann sein, dass Frauen die Hauptlast der Organisation des Familienlebens und der Hausarbeit tragen müssen. Das gilt laut einer aktuellen Studie des Rheinisch-Westfälischen Instituts für Wirtschaftsforschung und der Bergischen Universität Wuppertal (Procher et al. 2014) auch für Ehen, in denen beide Partner berufstätig sind. Demnach leisten Frauen 75 % der Hausarbeit. Damit leben sie vor, dass diese Aufteilung selbstverständlich ist. Demzufolge hat sich die Erziehung über die Jahrzehnte auch nicht wirklich geändert. Noch immer werden Jungs und Mädchen von den Eltern unbewusst oder bewusst anders behandelt und dieses Bild von Generation zu Generation weiter gegeben. Von Jungen wird viel weniger erwartet, sie werden von ihren Müttern geschont.

Viele der modernen, jungen Partnerschaften scheitern daran, dass die Männer sich auch in einer Beziehung wie im „Hotel Mama" verhalten, obwohl ihre Partnerin berufstätig ist. Solange der Hormonrausch der Verliebtheit noch anhält, findet die Frau das auch noch in Ordnung. Lassen jedoch die Liebes-Hormone nach, lässt auch das Verständnis für die Bequemlichkeit des Mannes von Seiten der Frau nach. Der Ärger ist vorprogrammiert! Die Frau fühlt sich ausgenutzt und fordert erst dann vom Partner ein, sich an der Hausarbeit gleichberechtigt zu beteiligen. Für den Mann kommt das völlig überraschend. Er versteht die Welt nicht mehr. Macht er doch nichts anders als zuvor. Das fehlende Verständnis für den Sinneswandel der Partnerin führt unter Umständen dazu, dass die Ehe in eine Krise gerät. In den Augen des Mannes ist die Partnerin nörgelig, er zieht sich beleidigt zurück und fühlt sich nicht mehr geliebt.

In Bezug auf das Familienleben kommt den Frauen die Hauptverantwortung für die Fürsorge der Kinder zu. Schließlich gibt es noch keine andere Möglichkeit Kinder auf die Welt zu bringen als durch die Frau. Das ist für sie von Natur aus mit einer Erwerbsunterbrechung und oftmals anschließendem Arbeitsplatzverlust verbunden. Bis heute habe ich nicht verstanden, warum Vorgesetzte, Familienväter oder nicht, es als Affront empfinden, dass eine Mitarbeiterin schwanger wird. Umgehend wird sie dann zur „persona non grata" erklärt und möglichst direkt nach der Rückkehr gekündigt, da angeblich keine Teilzeitstelle zur Verfügung steht. Die Kreativität der Unternehmen wird voll in den Aufbau von Argumentationsketten und Beweisen gesteckt, dass eine Teilzeit nicht möglich ist. Man überlegt nicht, wie es durch eine andere Organisation des Arbeitsplatzes möglich wäre, eine gute, eingearbeitete Kraft zu behalten. Hinzu kommt, dass Frauen mit Kindern unter 16 Jahren nur sehr ungern eingestellt werden, so dass auch hier die Möglichkeiten eingeschränkt werden einen Beruf auszuüben.

Wenn Frauen das Glück haben im Job bleiben zu können, dann werden sie zerrieben durch die unterschiedlichen Erwartungen in Beruf, Familie und Freundeskreis. Da bleibt keine Kraft und Zeit mehr für abendliche Esseneinladungen oder Meetings. Viele Frauen fühlen sich hin- und hergerissen zwischen beruflichen Anforderungen und privaten Verpflichtungen. Anders bei den Männern. Hier wird von der Außenwelt selbstverständlich darauf Rücksicht genommen, dass „Mann" so hart arbeiten muss. Von ihm wird nicht erwartet, dass er seiner berufstätigen Partnerin einen gerechten Anteil der Hausarbeit und Einkäufen abnimmt. Stattdessen wird ihr von ihren Umfeld vorgehalten, dass sie ihn mehr unterstützen muss, damit er erfolgreich sein kann. Und damit ist nicht gemeint, dass sie eine Putz-, Wasch- und Bügelhilfe vom Familieneinkommen bezahlt.

6.2.4 Erwartungshaltungen und Umgangsformen

In dem Denken und der Erwartung, dass ein Arbeitnehmer komplett und rund um die Uhr der Firma zur Verfügung steht, liegt vermutlich die Hauptursache, dass wir überhaupt über Work-Life-Balance so viel diskutieren müssen und Burnout an der Tagesordnung ist. War früher der Zusammenbruch eines Mannes wegen Überforderung ein Makel und sein Karriereaus, so ist es heute fast ein Qualitätsmerkmal. Allein die Bezeichnung „Burnout" schönt den Fakt als Beweis für den übergroßen Einsatz des Mannes. Dass dieses Burnout häufig erst durch mangelnde Kompetenz des Mannes entsteht, tut nichts zur Sache. Eine mehrfach belastete Frau hat auch keinen Burnout, sondern wird weiterhin schlicht und einfach als überfordert abgestempelt.

Das Streben nach höher, schneller und weiter hat auch unsere Umgangsformen verändert. War früher ein Job das Mittel, um den Lebensunterhalt zu verdienen, so ist er heute zum Lebensmittelpunkt oder Lebensinhalt geworden. Vor allem beim Kennenlernen hat sich die Unsitte eingebürgert, bereits vor den ersten Höflichkeitssätzen die Frage nach dem beruflichen Status zu stellen. Schnell wird danach entschieden, ob es überhaupt lohnend ist sich mit dem Gegenüber weiter zu beschäftigen oder ob man sich lieber schnell einem anderen, gegebenenfalls förderlicheren Gesprächspartner zuwendet. Wir definieren uns zunehmend nur noch über den Beruf. Da sind Frauen, die sich „nur" um die Familie kümmern, schnell aus dem Rennen. Selbst die Werbung suggeriert uns, dass es viel interessanter ist, sich besser den Titel „Managerin eines kleinen Familienunternehmens" zu geben statt sich als Hausfrau und Mutter vorzustellen.

6.2.5 Familienstand

Hat eine Frau keine Kinder, gewollt oder ungewollt, so wird sie entweder als egoistisch, auf dem Selbstverwirklichungstrip, lesbisch oder karrieregeil eingeordnet. Was auch immer eine Frau in dieser Beziehung tut oder lässt ist falsch. Ein Mann ohne Kinder wird niemals hinterfragt, sondern darf ungestört seinem Job nachgehen.

Eine Frau wird in Bezug auf ihre Familiensituation stets angeklagt. Entscheidet sie sich für Kinder und bleibt zu Hause, um die Kinder zu erziehen, dann ruht sie sich auf Kosten des Mannes aus.

Geht sie trotz Kindern arbeiten, so ist sie eine egoistische Rabenmutter. Ein Mann hingegen erfüllt seine Vaterrolle bereits dadurch, dass er für das Familieneinkommen sorgt. Von ihm wird auch nicht erwartet, dass er für die Kinder da ist. Niemand käme auf die

Idee ihn als Rabenvater und verantwortungslos zu beschimpfen, weil er seine Kinder kaum sieht. Dabei hat die Forschung schon lange den Einfluss der Väter in der Erziehung als sehr wichtige Größe für eine gesunde Kindesentwicklung erkannt. Tausende Kinder von „alleinerziehenden" Müttern in Ehen mit erfolgreichen Männern erleben ihre Väter allerhöchstens kurz am Wochenende oder im Urlaub. Doch niemand regt sich über diese emotionale Verwahrlosung auf. Im Coaching erlebe ich nur zu oft die Folgen dieser rudimentären Vater-Kind-Beziehungen. Männer, die sich um ihre Kinder kümmern sind nicht nur zufriedener, sondern auch gesünder. Und die Kinder sind dann glücklicher und weniger verhaltensauffällig.

Bei Männern hingegen wird Familie als Stabilitätsfaktor gewertet. Es wird vorausgesetzt, dass er als treusorgender Ehemann und Vater im Beruf alles geben wird, um seiner Familie ein schönes Leben zu ermöglichen. Nur wenige kommen auf die Idee zu hinterfragen, ob er bei weiteren Kindern in Erziehungsurlaub geht oder bei Krankheiten der Kinder zu Hause bleiben würde.

Eine Erklärung für diese unterschiedlichen Wertungen ergibt sich wiederum aus den tradierten Rollenbildern. Und daran kann auch die neue Quotenregelung nichts ändern, sondern nur ein Umdenken in der Gesellschaft.

6.2.6 Geschlechtsspezifische Lohnungleichheit (Gender Pay Gap)

Laut Meldung der Verdienststrukturerhebung des Statistischen Bundesamts (Statistisches Bundesamt 2010) verdienen Frauen durchschnittlich 22 % weniger als Männer in vergleichbaren Positionen und das ist seit 2002 annähernd konstant. Im europäischen Vergleich der geschlechtsspezifischen Gehaltslücke liegt Deutschland im Spitzenfeld. Besonders auffällig ist die Tatsache, dass mit der Höhe der Hierarchieebene auch die Größe des Verdienstunterschiedes zwischen Männern und Frauen steigt.

Eine Rolle bei den Gehaltsunterschieden spielen selbstverständlich auch die Unterschiede in den Erwerbsbiografien der Frauen. So entstehen oft Lücken oder Brüche durch Teilzeitarbeit oder Ausfallzeiten wegen Kindererziehung oder anderer familiärer Verpflichtungen. Logisch, dass in einer solchen Situation der geringer Verdienende seinen Job aufgibt. Durch die unmittelbare Diskriminierung ist das fast immer die Frau. Diese Unterbrechung wiederum führt zu einem nicht wieder aufholbaren Karriereeinbruch. Bei gleicher Bezahlung würde sicher öfter die Diskussion in Familien geführt werden, warum ausgerechnet sie für die Pflege der Schwiegereltern ihren Job aufgeben soll. Warum kann nicht auch der Mann seine kranken oder alten Eltern pflegen? Wenn man die Lücken und Unterschiede durch Teilzeitarbeit herausrechnet, ergibt sich immer noch eine Lücke von 7 % (Statistisches Bundesamt 2013). Schlimm genug, dass der Unterschied künstlich klein gerechnet wird, gerechter wird diese Lücke dadurch nicht.

Gerade das Frauen im Vergleich deutlich weniger Gehalt bekommen als Kollegen, verstößt besonders schwer gegen den Grundsatz der Gleichberechtigung und macht den Frauen das berufliche Fortkommen schwer.

Zum einen können durch die schlechtere Bezahlung auch weniger Dienstleistungen in Anspruch genommen werden. Diese sind aber ein wichtiger Baustein, um die Mehrfachbelastung von Frauen durch Berufsleben, Haushalt, Kinder, Privatleben und Partnerschaft abzumildern. Fehlende Kinderbetreuungsangebote und deren unflexible, zu kurze Öffnungszeiten zwingen zu privat bezahlten Lösungen z. B. in Form einer Tagesmutter oder eines Au-Pair.

Zum anderen können Frauen in Partnerschaften durch die schlechtere Bezahlung manche Karrierechancen nicht ergreifen, sofern ein Ortswechsel damit verbunden wäre. Das hätte dann zur Folge, dass der nachziehende Mann seinen besser dotierten Posten aufgeben müsste. Das passiert faktisch kaum. In über 75 % der Beziehungen ist der Mann der Hauptverdiener (Statistisches Bundesamt 2015c).

Zu den großen Gehaltsunterschieden kommt es auch, weil Frauen, insbesondere in Teilzeit, häufig bei Beförderungen übergangen werden.

Außerdem spielen natürlich auch die jeweiligen Branchen für das Gehaltsniveau eine große Rolle. Frauen arbeiten häufig in sozialen und Dienstleistungsberufen, in denen die Löhne niedrig sind. Über 70 % aller Niedriglohnjobs werden von Frauen ausgeübt (IAB-Kurzbericht 2008), was die weibliche Altersarmut noch verschärft. Männer hingegen arbeiten meist in den besser bezahlten Industrieberufen. Sind also die Frauen selbst schuld an ihrem schlechten Einkommen, weil sie die falschen Berufe und Branchen wählen? Warum führen wir keine Männerquote in diesen schlecht bezahlten Berufen wie Erzieher, Grundschullehrer, Reinigungskraft oder Krankenpfleger ein? Wäre doch spannend zu sehen, was mit unserer Wirtschaft passiert, wenn plötzlich solche Stellen solange unbesetzt bleiben müssten, bis ein Männeranteil von 30 % erreicht wäre. Doch eine Quote braucht man hier nicht, weil Männer nicht aktiv ausgeschlossen werden, sondern sich aufgrund der schlechten Bezahlung und des damit verbundenen schlechteren Images nicht bewerben. Von einer finanziellen Aufwertung dieser für die Gesellschaft so wichtigen Branchen und Berufe würden mehr Menschen profitieren als von der Einführung des Mindestlohns.

Natürlich ist auch ein Fakt, dass Frauen sich bei Gehaltsverhandlungen übervorteilen lassen. Frauen ist der Traumjob meist wichtiger als die Gehaltsverhandlung. Dafür verkaufen sie sich unter Wert. Hinzu kommt, dass Frauen nicht wissen, was Kollegen in gleichen Positionen verdienen, weil ihnen die Männernetzwerke und männliche Mentoren als Austausch fehlen. Das wiederum könnte man über Gehaltstransparenz in den Unternehmen lösen. Es muss ja nicht gleich das Schwedische Modell der finanziellen Transparenz in jeglicher Beziehung sein. Es würde schon reichen, wenn bei Stellenangeboten der Gehaltsrahmen mit angegeben werden müsste. Wie oft hört man in der Wirtschaft den Satz, dass Frauen ihren Job genauer als ein Mann erledigen, dafür jedoch nur die Hälfte des Geldes beanspruchen.

Und ja, es gibt leider auch viel zu viele Frauen, die die Herausforderung eines Führungsjobs gar nicht haben wollen oder ihn sich nicht zutrauen. Auch das liegt für mich wieder in den über die Jahrhunderte gelernten Rollenbildern begründet. Warum soll ich für eine Führungsposition meine Weiblichkeit aufgeben, nur weil Führung in unseren Köpfen mit männlichen Attributen besetzt ist? Warum muss man sich immer noch nach oben kämpfen anstatt sich nach oben zu arbeiten? Auch ein Mann sollte nicht ununterbrochen kämpfen müssen. Vielmehr wäre es zielführend die naturgegebenen Verhaltensunterschiede der Geschlechter als Bereicherung zu sehen. Ein Ungleichgewicht, egal zu welcher Seite, ist immer die schlechtere Lösung.

Doch neben allen Erklärungen bleibt der Fakt, dass Frauen in Unternehmen schlechter bezahlt werden. Eine Beurteilung der Leistung und Bewertung der Arbeit bleibt in fast allen Berufen subjektiv und ist beeinträchtigt von den geschlechtsspezifischen Rollenbildern und den damit zugeschriebenen Fähigkeiten.

Männer haben kein schlechtes Gewissen, wenn sie Männer fördern. Unwohl fühlen sie sich jedoch, wenn sie Frauen fördern. Den Mann als Haupternährer zu unterstützen ist gelerntes Verhalten. Die konkurrierende Frau wird mit leeren Versprechen oder Scheinposten abgespeist. Ihr bleibt ja immer noch die Möglichkeit sich einen gut verdienenden Ernährer zum Ausgleich suchen. Eine Frau zu fördern und ihr den gleichen Lohn wie einem Mann zu zahlen bedeutet, sich auf ungewohntes Terrain zu begeben. Niemand verlässt gerne seine Komfortzone. Es sei denn, dass ihm daraus ein großer Vorteil entsteht oder ein großer Nachteil droht. Die politische Forderung nach transparenten Lohnstrukturen könnte daher geeignet sein zumindest die unerklärbaren verbleibenden 7 % zu eliminieren und zu mehr Lohngerechtigkeit zu führen.

6.2.7 Wertmaßstäbe

Seit 1979 bin ich berufstätig und seitdem hat sich an der Ungleichbehandlung von Männern und Frauen nicht viel geändert. Was sich jedoch verändert hat, ist die gesellschaftliche Bewertung von Fehlverhalten. War Richtig und Falsch oder Gut und Böse früher klar definiert, so verschwimmen heute diese Bewertungen zunehmend. Je nach Ansehen der Person wird Fehlverhalten unterschiedlich gewertet. So wird zum Beispiel Steuerhinterziehung bei einem Herrn Hoeneß als Kavaliersdelikt entschuldigt, weil er mit dem hinterzogenen Geld ja nur Gutes tun wollte. Bei einer Frau Schwarzer ist es ein Kapitalverbrechen.

Im beruflichen Bereich ist das nicht anders. Schauen wir uns nur mal Martin Winterkorn an. Für seine Arbeit als Vorstandsvorsitzender beim Automobilhersteller Volkswagen erhielt er für das Jahr 2014 ein stolzes Gehalt in Höhe von 15,86 Millionen Euro (Volkswagen Konzern 2014). Das entspricht ungefähr 200 Arbeitsplätzen, eine große Verantwortung also. Die Frage nach der Rechtfertigung für die Höhe der Gehälter im Verhältnis zur übernommenen Verantwortung ist wiederum ein Thema für sich. Wie schon bei anderen Fällen in der Wirtschaft, z. B. Thomas Middelhoff, zeigt auch ein Herr Winterkorn keinen Sinn für die übernommene Verantwortung und seine Verfehlung, sondern fordert ungerührt weiter sein Gehalt bis 2017 ein. Entschuldigt wird das dann auch noch mit Unwissenheit. Völlig egal, ob er wirklich unwissend war oder nicht, seinen Job hat er in jedem Fall nicht gewissenhaft ausgeübt. Eine Frau an seiner Stelle wäre in den Medien komplett zerrissen worden und von den Firmen aller weiterer Ämter enthoben. Beruflich würde sie ins Aus gestellt. Mal sehen, wie das bei Herrn Winterkorn läuft und in welcher Firma er zukünftig seine gewichtige Kompetenz einbringen darf. Mit 68 Jahren ist er ja noch „viel zu jung" für den Ruhestand. Ob sein Salär auch einer Frau gezahlt worden wäre bleibt zweifelhaft. Abgesehen davon frage ich mich, ob eine Frau überhaupt so weit gegangen wäre. Das ist nur eine rein hypothetische Frage, denn unter derzeit 8 Vorstandsmitgliedern von VW sitzt ja keine und unter den 20 Aufsichtsräten sitzen auch nur 2 Frauen.

Im Laufe der Zeit habe ich viel Kraft im Kampf gegen diese Ungerechtigkeiten gelassen ohne viel zu bewirken. Bei mir hat es lange gedauert, diesen Fakt als gegeben hinzunehmen und meine Einstellung zu ändern. Ich begann meinen Fokus auf Führungskräfte zu richten, die vor Frauen keine Angst haben, sondern sie schätzen und fördern. Glücklicherweise fand ich sie dann auch. Danke Peter, Jens und Dirk, dass ihr mir gezeigt habt, dass es auch anders geht! Die Zusammenarbeit mit solchen Chefs hat mich gelehrt, dass auch erfolgreiche und visionäre Führungskräfte und Unternehmer gut mit einer 40-50-Stunden-Woche auskommen können, um auch Zeit mit ihren Familien zu verbringen. Und dass eine vertrauensvolle, gleichberechtigte Zusammenarbeit zwischen Männern und Frauen extrem bereichernd und überaus erfolgreich ist.

Heute treffe ich bei meinen Interim Management Engagements häufig noch auf traditionelle und hierarchische Strukturen, gehe aber mit einer anderen Einstellung daran. Trotzdem macht es mich nach wie vor wütend, wenn ich miterlebe, wie unterschiedlich Frauen und Männer im Job behandelt und beurteilt werden. Und das nicht nur von männlichen Chefs. Der größte Feind der Frau ist die Frau! Gerade Frauen in Führungspositionen, die sich selbst, im wahrsten Sinne des Wortes, durchgebissen haben, sind die schärfsten Kritiker von anderen Frauen. Wer nicht in ihr Bild von Selbstaufgabe und Durchsetzungsvermögen passt wird sofort als Feind eingestuft. Gefangen in ihrem Weltbild wie eine erfolgreiche, durchsetzungsstarke Businessfrau zu sein hat, arbeiten und entscheiden sie härter als ihre männlichen Kollegen und Chefs. Getrieben vom Ehrgeiz oder dem Streben nach Anerkennung verausgaben sich diese Frauen oft so sehr, dass entweder die Gesundheit oder das soziale Leben auf der Strecke bleiben. Rückblickend muss ich mir leider eingestehen, dass ich lange Zeit meiner Laufbahn auch nicht anders reagiert habe. Erst durch meine Ausbildung zum Coach habe ich mich ernsthaft mit meinen inneren Antreibern auseinandergesetzt und die Motive hinterfragt. Ich habe andere Blickwinkel bekommen und dadurch veränderte Arbeits- und Verhaltensweisen an den Tag gelegt, die meinen persönlichen Werten entsprechen. Ich weiß, dass ich, auch ohne mich komplett zu verausgaben und meine Ellenbogen einzusetzen als Frau erfolgreich sein kann und darf.

Wird die Quote an Ungleichbehandlungen etwas ändern? Möglicherweise, wenn sie tatsächlich irgendwann komplett umgesetzt wäre. Für mich fängt Gleichberechtigung da an, wo Mann und Frau sich gegenseitig mit Respekt und Verständnis begegnen und unabhängig vom Geschlecht werten. Dazu müssen beide Geschlechter ihren Beitrag leisten.

6.3   Gläserne Decke

Seit Jahren bleibt die Zahl der Frauen im Top-Management annähernd gleich schlecht (HoppenstedtStudie 2012). Von der Soziologin Ann Morrison 1987 geprägt, beschreibt das Phänomen der gläsernen Decke die nicht eindeutig identifizierbaren Prozesse und Faktoren, die qualifizierte Frauen von Führungspositionen fernhalten, obwohl sie diese Positionen wirklich wollen (Morrison et al. 1987). Der Level also, ab dem es für Frauen mit der Karriere nicht weitergeht, ohne dass greifbare Gründe vorliegen. Hinter geschlossenen Türen wird darüber gesprochen, dass man Frauen das raue Leben in der Führungsspitze nicht zumuten kann und dass Frauen nicht „tough" genug seien. Dabei weiß jeder Mann, der bei einer Geburt dabei war, wie belastbar und widerstandsfähig Frauen sind. Es gibt keinen wissenschaftlichen Beweis dafür, dass Frauen die besseren Führungskräfte wären, aber es gibt auch keinen Beweis, dass Männer den Frauen hierin überlegen sind.

Für die Mehrheit der hochqualifizierten Frauen ist im mittleren Management Schluss. Das heißt, sie bleiben in den Ebenen hängen, in denen die Quote nicht gesetzlich durchsetzbar ist, sondern in denen die freiwillige Selbstverpflichtung gilt. Dass eine solche Selbstverpflichtung nicht zu einer Veränderung führt, haben wir die letzten Jahrzehnte erlebt.

Ein Grund wird sein, dass Frauen, wenn sie es bis in diese Ebenen geschafft haben, um die 30 Jahre alt sind. Genauso wie ihre männlichen Kollegen ist dies meist auch der Zeitpunkt, an dem sie die Sinnhaftigkeit ihres Jobs hinterfragen. Spätestens dann stellt sich die Frage der Familienplanung und die gelernten Rollenbilder kommen zum Tragen. Während der Mann jetzt in den Versorger-Modus einsteigt und sich mit Vollgas der Karriere widmen kann, hält ihm seine Frau den Rücken frei. Selbstverständlich bekommt ihre Karriere durch die Kinderpause einen Knick. Das wiederum verstärkt das Geschlechterungleichgewicht, und die Kultur im Unternehmen wird mehr und mehr männlich.

Viele Frauen fühlen sich in der Männerkultur der Unternehmen nicht mehr wohl und hören deshalb auf oder machen sich selbständig. Diejenigen, die weiter im Beruf bleiben, fühlen sich genauso unwohl und stellen sich dann oft selbst in Frage. Doch sobald ich beginne, an mir zu zweifeln, ist das der Anfang vom Ende. Selbst die Frauen, die sich in der Unternehmenskultur wohl fühlen sind potenziell durch Schwangerschaft ausfallgefährdet. Teilweise herrschen in den Unternehmen immer noch eigenartige Ansichten. Da wird blumig erklärt, dass die Firmen ja so viel Geld in junge qualifizierte Frauen stecken und dann werden sie schwanger und sind weg. Vergessen wird bei dieser Argumentation schlicht die Tatsache, dass die Frauen deshalb weg sind, weil ihnen bei der Rückkehr direkt der Aufhebungsvertrag überreicht wird mit der Begründung, man hätte jetzt gerade leider keinen passenden Job zur Hand.

Wirtschaftlich sinnvoller wäre es, sich Gedanken darüber zu machen, wie man Frauen während der Elternzeit weiter an das Unternehmen binden kann. Der Kontakt reißt in dieser Phase meist komplett ab. Mütter wären sehr glücklich, wenn sie mit Informationen zu Projektfortschritten versorgt würden oder auch bei dem einen oder anderen Thema mit ihrem Rat und ihrer Meinung einbezogen würden. Außerdem würden vorab konkrete Pläne und Vereinbarungen helfen, wie man die Frau nach der Babypause schnell wieder ins Berufsleben eingliedern kann.

Die vorherrschende männliche Monokultur in deutschen Unternehmen prägt die Gewohnheiten männlicher Vorgesetzter im Denken, Fühlen und Handeln. Diese Prägung lässt sie vor allem Männer fördern. Zudem manifestiert diese Bevorzugung den männlichen Status und sichert die aktuellen Verhältnisse in der Verteilung der Führungspositionen. Frauen sind und bleiben so in der Minderheit der Führungsverantwortlichen. Sie werden bewusst aus den männlichen Netzwerken und von Infokanälen ausgeschlossen. Noch heute ist es Usus, dass männlicher Zusammenhalt durch gemeinsame Erlebnisse in gewissen Etablissements und dem Einfluss von großen Mengen Alkohol entsteht. Da ist Frau als Minderheit einfach aus dem Spiel, auch wenn ich zur Ehrenrettung der Männer sagen muss, dass ich nach Abendveranstaltungen netterweise jedes Mal noch sicher ins Hotel gebracht werde, bevor diese weiter ziehen. Zumindest am nächsten Morgen macht sich dieser Ausschluss in der Kommunikation bemerkbar. Völlig menschlich, dass man eher denjenigen fördert, der meine intimsten Geheimnisse kennt und teilt, als jemanden, der mir weniger nahe steht.

Ist es auch in jüngster Zeit einigen Frauen gelungen in den Vorstand von Dax-Unternehmen zu kommen, so waren sie doch relativ schnell wieder weg. Haben sie als Einzelkämpferinnen überhaupt eine Chance mit den jeweiligen Firmenkulturen und den Widerständen in der Unternehmung zurecht zu kommen? Diese Exotenrolle macht es den Frauen schwer sich dort nach dem Durchstoßen der gläsernen Decke auch zu halten. Als Minderheiten in der Unternehmensführung können davon z. B. Eva-Lotta Sjöstedt, Marion Schick, Brigitte Ederer, Angela Titzrath oder Elke Strathmann sicher ein Lied singen. An mangelnder Kompetenz bei diesen Damen wird es wohl kaum liegen, denn unter diesem Gesichtspunkt müssten eher sehr viele Herren ihren Posten sofort freiräumen. Tatsächlich ist es wohl eher die Mauer in den Köpfen der männlicher Entscheidungsträger, die verhindert andere, ungewohnte Sichtweisen in Betracht zu ziehen. Insofern wäre es zu begrüßen, wenn mehr Frauen den Weg ins Top-Management schaffen – mit oder ohne Quote. Allein unter Männern kann eine Frau kaum das Denken der Gruppe ändern.

6.4 Mangelndes Selbstmarketing

Als Begründung dafür, warum sich über Jahre hinweg so wenig getan hat, wird oft das mangelnde oder fehlende Selbstmarketing der Frauen ins Feld geführt. Leider stimmt das zu einem großen Teil auch. In vielen Unternehmen gibt es Frauen, die zu Höherem berufen sind, aber so nicht wahrgenommen werden. Wer Karriere machen will, braucht Aufstiegskompetenz. Das bedeutet, seine Leistung, Einsatz und Motivation gegenüber Entscheidungsträgern zu demonstrieren, was insbesondere für Konzerne gilt. Frauen, auch wenn sie über erstklassige Führungskompetenz verfügen, lehnen dieses Schaulaufen oft ab.

Frauen neigen dazu sich oft mehr als Männer zu hinterfragen und Fehler zuerst bei sich zu suchen. Und sie wollen gebeten werden. Sie arbeiten gewissenhaft und fleißig und bringen gute Ergebnisse. Irgendwann **muss** das ein Chef doch sehen und mit einem besseren Job dotieren. Dieses Denkmodell legen leider immer noch viele Frauen an den Tag. Frei nach dem Motto: Das Warten hat ja bei Dornröschen auch geklappt. Nur vergessen sie dabei, dass im Dornröschenschlaf das Leben für 100 Jahre still stand. So warten sie und werden nicht wachgeküsst, sondern in der Zwischenzeit nur älter.

Häufig ist es auch noch so, dass Frauen zögern die Macht zu übernehmen. Sie nehmen sich selbst in ihrer Sprache zurück, weil sie nicht zu machtbewusst, karrieregeil oder ehrgeizig wirken möchten. Männer sehen es als selbstverständlich an, dass ihnen Macht zusteht und fordern diese auch ein. Sie stören sich nicht daran, was andere über sie denken. Denn wie sollte ein Chef erfahren, dass ich für Karriereoptionen offen bin, wenn ich das nicht selbst kundtue? Für größere Aufgaben ist es zwingend notwendig sichtbar zu werden, ob beim Netzwerken auf Kongressen, durch Vorträge auf Konferenzen bzw. Firmentagungen oder über zusätzliche abteilungsübergreifende Projekte.

Zum Sichtbarwerden gehört als wichtigster Punkt das Kontakteknüpfen. Frauen nutzen wenig die Möglichkeiten zum Netzwerken. Sich „einfach mal so" mit Leuten zum Essen zu treffen wird von Frauen als Karriereförderung total übersehen. Wie oft entstehen aus diesen Begegnungen Ideen, man erhält gute Tipps und manchmal ergeben sich auch neue Projekte. Frauen beschäftigen sich leider auch weniger damit, welches berufliche Netzwerk für sie förderlich sein könnte. Auch Online-Netzwerke wie XING, LinkedIn und Facebook lassen sich gut nutzen, um mit Menschen in Kontakt zu bleiben und sich in Erinnerung zu rufen.

Diese ganze Thematik der Selbstvermarktung haben die Männer bislang besser im Griff. Da schadet es ihnen auch nicht, wenn wir Frauen uns über ihr Gockelgehabe lustig machen. Letztlich kommen die Herren damit weiter.

6.5 Geschlechtervielfalt – Gender Diversity

Die Geschlechtervielfalt ist nur eine Ausprägung der möglichen Diversity-Dimensionen und bezieht sich auf das soziale Geschlecht eines Menschen, welches bestimmte, geschlechtsspezifische Eigenschaften, Fähigkeiten und Rollen zuschreibt. Im Allgemeinen wird unter dem Begriff ein von sozialen und kulturellen Umständen abhängiges Geschlecht und damit eine soziokulturelle Konstruktion verstanden – also Stereotypen. In meinen Augen reicht es allein nicht aus für ein ausgewogenes Verhältnis der Geschlechter in Führungsrollen zu sorgen und schon ist das Unternehmen erfolgreich. Neben den geschlechtlich heterogenen Führungsstrukturen braucht es auch Vielfalt in anderen Dimensionen, wie z. B. Kultur, Religion und vor allem Alter. Wir beschweren uns über Fachkräftemangel, sind aber nicht bereit für erfahrene Mitarbeiter mehr Geld zu bezahlen. Stattdessen wundern wir uns, dass die Sparkonzepte nicht zu mehr Produktivität führen. Woher sollen Berufsanfänger, auch wenn sie erfolgreich studiert haben, das Wissen über

Arbeitsabläufe erhalten, wenn nicht durch erfahrene Kollegen? Klar können sie sich das Wissen durch Versuch und Irrtum erarbeiten. Doch das dauert. Ich stelle zunehmend fest, dass gerade die ganz jungen Kollegen viel Wert auf fachliche Begleitung legen. Oft wird das Unternehmen genau aus dem Grund gewechselt, weil sie nichts lernen können, obwohl sie sich weiter entwickeln möchten. Die älteren Arbeitnehmer ziehen sich zudem in die innere Kündigung zurück, wenn sie feststellen, dass Erfahrung nichts mehr zählt, sondern eher behindert. Auch nicht gerade förderlich für das Betriebsergebnis. Der Jugend- und Sparwahn führt dann auch noch zu einer homogenen Struktur, die per se langfristig nicht erfolgreich sein kann.

Menschlich ist es, sich gerne mit Leuten zu umgeben, die ähnlich ticken wie man selbst. Im Privatleben mag das sogar das Leben viel leichter machen. In Unternehmen führt solche Homogenität schnell dazu hinter der Konkurrenz zurück bleiben. Neue Ideen können nicht entstehen, wenn alle gleich denken – Energie entsteht durch Reibung.

6.5.1 Umsetzung nach Männerart

Bis zum 30. September 2015 lief die Frist für die freiwillige Festsetzung der Zielgrößen für die Geschlechtervielfalt in deutschen Unternehmen aus. Dennoch hat der größte Teil der durch die Zielgrößenfestlegung betroffenen Unternehmen noch keine Zielgröße festgeschrieben oder eine Zielgröße unterhalb des aktuellen Frauenanteils im Unternehmen festgelegt (hkp 2015, S. 6). Das heißt, die gesetzlichen Vorgaben werden vorerst ignoriert. Die Strategie der Unternehmensentscheider lautet wohl „erst mal aussitzen". Schließlich sind ja keine Sanktionen zu befürchten und die unternehmerische Freiheit soll gewahrt werden. Frei nach dem Motto: mir sagt keiner, wie ich mein Unternehmen führen soll. Top-Management definiert sich über Macht und diese wird mit allen Mitteln verteidigt.

Was also wird die Überprüfung nach einem Jahr und zum Stichtag im Juni 2017 bringen? Wenn dann festgestellt wird, dass eine freiwillige Festsetzung der Zielgrößen nicht erfolgt ist oder die Zielgröße nicht erreicht wurde, welche Maßnahmen will die Gesetzgebung bei der schwammigen Formulierung dann beschließen? Vermutlich wird dann erst mal wieder viele Jahre über die verpflichtende Einführung eine Quote diskutiert. Und wenn man sich dazu entscheidet, bis zu welchem Level runter wird diese dann definiert?

6.5.2 Vorteil Gender Diversity im Top-Management

Die Analyse von 353 Fortune 500 Unternehmen der USA hat gezeigt, dass der Börsenwert umso höher ist, je mehr Frauen im Top-Management sitzen (Catalyst 2004). Auch eine Untersuchung des Wirtschaftsprüfungs- und Beratungsunternehmens Ernst & Young bei den 300 größten börsennotierten Unternehmen Europas kommt zu dem Schluss, dass Unternehmen mit Frauen in der Führungsetage erfolgreicher wirtschaften (Ernst und Young GmbH 2012). Überraschen dürfte das kaum, denn dass Frauen anders an Dinge herangehen, ist unbestritten. Nur wurde dieses andere Herangehen bisher landläufig als unproduktiver eingeschätzt. Doch wer immer nur das Gleiche tut, wird auch immer die gleichen Ergebnisse erzielen. Variation ist schon in der Natur das beste Selektionskriterium, wohingegen Inzucht langfristig eher schadet. Daher kann Variation in Denken und Entscheiden auch nur fruchtbar sein. Frauen wollen schnelle Ergebnisse, gehen dafür aber meist weniger Risiken als Männer ein. Dazu kommt, dass Frauen mehr im Team kommunizieren und ein Vorstand ist ja auch ein Team. Das natürliche soziale Gespür wirkt sich positiv auf die Gruppenprozesse aus und sorgt damit für mehr Umsatz und Gewinn.

Obwohl dieser Zusammenhang zwischen dem Unternehmenserfolg und dem Anteil weiblicher Führungskräfte im Unternehmen den meisten Führungskräften inzwischen bewusst ist, hat sich an der Anzahl der Frauen in Spitzenpositionen wenig geändert. In den Vorstandsetagen beläuft sich der Anteil auf gut 5 % (Ernst und Young GmbH 2015) und in Deutschlands Aufsichtsräten der Top-200-Unternehmen sind Frauen nur mit 18,4 % (DIW 2015) vertreten.

Wenn diese Zusammenhänge für den Unternehmenserfolg doch so offensichtlich sind, warum tut sich Geschlechtervielfalt in Führungspositionen dann in der Unternehmenskultur immer noch so schwer? Vielleicht ist die Angst vor der Veränderung einfach ein schlechter Berater. Nur bei gut einem Viertel der befragten Unternehmen hat das Thema strategische Bedeutung. Bei einem Drittel der befragten Unternehmen gehört Gender Diversity nicht mal zu den zehn wichtigsten Prioritäten. Dabei klagt fast jedes Unternehmen über Fachkräftemangel.

Gender Diversity, wie auch andere Dimensionen, sollte fest in der Unternehmenskultur verankert werden. Diese tiefgreifende Veränderung gelingt nur, wenn die Unternehmensführung hinter dem Konzept steht und dieses aktiv fördert. Diese Unternehmen setzen, auch ohne verpflichtende Quote, im Schnitt fünf Maßnahmen zur besseren Rekrutierung und Förderung von Frauen um. Dazu gehören unter anderem individuelle Entwicklungsprogramme für Frauen mit Trainings, Coachings, Mentoring und der Aufbau von Netzwerken innerhalb der Unternehmen. Solche Unternehmen zeigen weiblichen Nachwuchskräften ihre Möglichkeiten auf und fördern ihre Karriere. Zudem werden Personalprozesse vom Recruiting bis zur Beförderung modelliert, welche die gewünschte Vielfalt berücksichtigen. Rahmenbedingungen sind in diesen Unternehmen so gestaltet, dass Mitarbeiterinnen und Mitarbeiter Beruf und Familie optimal unter einen Hut bringen können.

6.6   Ist eine Frauenquote die Lösung?

Eine Frauenquote macht Sinn, weil Chancengleichheit in Deutschland leider nicht von allein entsteht. Historisch gesehen völlig logisch, denn erst seit 1969 wurde eine verheiratete Frau als geschäftsfähig angesehen und durfte sogar ein Konto eröffnen. Bis 1977 musste der Ehemann, gemäß Bürgerlichem Gesetzbuch, seiner Frau erst erlauben zu arbeiten, und bis 1958 konnte der Mann den erlaubten Anstellungsvertrag seiner Frau nach eigenem Ermessen und ohne deren Zustimmung einfach wieder kündigen. Und da erwarten wir gut 30 Jahre später, dass ein Umdenken stattgefunden hat und Männer die Frauen als gleichwertig erachten. Nachhaltige Veränderungen in einer Gesellschaft haben sich immer erst nach mehreren Generationen ergeben. Schließlich arbeitet die Natur bei der biologischen Entwicklung in weit größeren Abständen als Äonen.

6.6.1 Pro Quote

Führungskräfte sehen sich selbst als gut an und suchen folglich Leute aus, die so sind wie sie selbst. Mit anderen Worten: Männer bevorzugen Männer. Kein Mensch würde zugeben, dass er nach solchen Kriterien auswählt bzw. diskriminiert. In seiner Welt sucht er objektiv den Besten für den Posten aus – aber eben nur in **seiner** Welt. Diese homosoziale Vervielfältigung erklärt, warum Frauen es schwerer haben, im Job aufzusteigen. Und je weniger Frauen in Führungspositionen zu entscheiden haben, desto schlechter stehen die Chancen für andere Frauen aufzusteigen. Das bringt die wenigen Frauen, die es schaffen, in eine Außenseiterrolle. Wer sich in diese gedrängt fühlt, passt sich an – unabhängig vom Geschlecht. Eine kritische Masse, durch die sich etwas bewegen lässt, beginnt ab etwa 30 %, weshalb die Quote wohl genau auf diesen Wert gelegt wurde. Eine Quote ist der Katalysator, um diesen Wert schneller zu erreichen. Fakt ist auch, dass mit einer 30-Prozent-Quote immer noch 70 % der Führungsposten von Männern bleiben besetzt bleiben, was in keiner Weise dem repräsentativen Schnitt der Bevölkerung entspricht.

Durch die Einführung der Quote wird es Frauen gelingen auf Posten zu kommen, auf die sie ohne Quote nicht gelangt wären. Das ist ja auch der Zweck der Quote. Schauen wir doch mal nach Skandinavien. Hier sorgte eine 40-Prozent-Quote dafür, dass Frauen in die Verwaltungsräte aufgenommen werden **mussten**. Spätere Untersuchungen zeigten, dass diese Frauen die formal höheren Qualifikationen hatten als ihre männlichen Kollegen (Teigen et al. 2010). Theoretisch hätten sie also bereits vorher schon ihrer Qualifikation gemäß berufen werden müssen. Ich denke nicht, dass es diesbezüglich in Deutschland zu anderen Ergebnissen käme.

2001 verpflichtete sich die deutsche Wirtschaft Frauen mehr zu fördern. Festgeschrieben wurde das in der „Vereinbarung zwischen der Bundesregierung und den Spitzenverbänden der deutschen Wirtschaft zur Förderung der Chancengleichheit von Frauen und Männern in der Privatwirtschaft" (BMFSFJ 2001). Geführt hat es jedoch nur zu marginalen Veränderungen in der Verteilung der Positionen. Schrieben wir den Trend der Jahre 2006 bis 2010 fort, so wären wir im Jahr 2050 erst bei 20 % weiblichen Vorständen (DIW 2015). Eine Frauenquote könnte dafür sorgen, dass die Chancen steigen und es schneller ginge.

Für eine Quote spricht auch, dass Frauen nicht die Ochsentour machen und sich nicht verbiegen und den Männern anpassen müssten.

Alles gute Gründe dafür, und dennoch bin ich gegen diese feste Quote.

6.6.2 Kontra Quote

Und um nichts anderes als Chancengleichheit sollte es auch gehen. Und das heißt nicht, Frauen mit Gewalt auch in Jobs bei der Müllabfuhr oder in der Stahlgießerei zu bringen. Ebenso wenig wie man Männer in Erzieher oder Grundschullehrerjobs zwingen sollte. Wichtig ist nur, dass jeder dort arbeiten kann, wo er will und nicht aufgrund seines Geschlechtes ausgeschlossen wird.

Eine feste Quote kann tatsächlich Männer in Firmen mit großem Männeranteil benachteiligen. Liegt die Quote höher als der Anteil der Frauen in einem Unternehmen, bekommen Frauen überproportional viele Führungspositionen. Und diese Bevorzugung aufgrund des Geschlechts schränkt wiederum die Chancengleichheit, diesmal die der Männer, ein. Und das führt nur zu einem Kampf Mann gegen Frau und nicht zu der besten Lösung.

Zudem gilt die jetzige Quote nur für die wenigen Aufsichtsratsposten. Die freiwillige Selbstverpflichtung der Wirtschaft wird daran auch nicht viel ändern. Wenn schon Quote, dann sollte es sich in meinen Augen über alle Führungsebenen hinweg ziehen, damit spürbar etwas passiert. Jede erfolgreiche Revolution begann an der Basis. Wo sollen denn Aufsichtsrätinnen und Vorständinnen herkommen, wenn von unten kaum eine Frau die Chance hat über die Abteilungs- oder Bereichsleiterebene hinaus aufzusteigen? Überspringt sie diese Stufen und wird sie qua Quote in diese Aufgaben gebracht, wird ihr ein großes Stück der Erfahrung im Handling der neuen Aufgaben fehlen. Ein Scheitern ist dann sehr wahrscheinlich. Niemand stellt sich bisher die Frage, warum es sich bei den wenigen Frauen, die es in die Top-Etagen geschafft haben, meist um Frauen aus dem europäischen Ausland handelt, die diese Erfahrung mitbringen. Andere Länder gehen viel entspannter mit dem Thema um und haben eine Chancengleichheit bereits umgesetzt. Hier gilt, dass Führungsjobs an die besten Leute gehen, gleichgültig des Geschlechts.

Die Quotenregelung wird dazu führen, dass Frauen ganz offen den Stempel Quotenfrau aufgedrückt bekommen. Wobei die Quote als Belohnung für Leistungsschwäche eingeschätzt wird. Und das empfinde ich als genauso kränkend und unwürdig wie die Verunglimpfungen in früheren Zeiten. Da wurde noch hinter vorgehaltener Hand getuschelt, sie hätte sich hochgeschlafen. Eigenartig nur, dass niemand die beteiligten Männer der angeblich „unrechtmäßig erworbenen Beförderung" als Schlampe betitelt und gemobbt hat.

Die Einführung der Frauenquote in ihrer jetzigen Form wird nur beweisen, dass die Berufung der ca. 170 Aufsichtsrätinnen nichts an der Verteilung über die breite Masse der Führungspositionen ändert. Frauen sollen nicht bevorzugt und nicht benachteiligt werden.

Ein weiterer Punkt, warum ich die Quote für den falschen Weg halte, ist die Tatsache, dass Druck immer Gegendruck erzeugt. Und was wir für unsere Wirtschaft brauchen ist kein Geschlechterkrieg, sondern ein respektvolles Miteinander. Wenn Unternehmen erst einmal die Vorteile von vielfältig besetzten Führungskräften erkannt haben, wird sich der Frauenanteil von selbst erhöhen.

6.6.3 Quote und Gerechtigkeit

Größter Diskussionspunkt des Themas ist die Frage nach den Auswahlkriterien von Personal. Einigkeit herrscht nur in dem Punkt, dass die Qualifikation der alleinig ausschlaggebende Punkt sein sollte. Doch bisher wird nicht in Frage gestellt, dass es durchaus viele Männer in eine gute Position geschafft haben, die objektiv betrachtet nicht die beste Qualifikation hatten. Dass sie trotzdem erste Wahl waren, liegt eher an den Faktoren wie z. B. den „Old-Boys-Netzwerken". Kein Aufschrei ging durchs Land, wenn ein niedriger qualifizierter Bewerber einer objektiv höher qualifizierten Frau vorgezogen wurde.

Einen großen Schritt in Richtung Gerechtigkeit und Chancengleichheit wäre, wenn wir bereits bei Bewerbungsverfahren eine Neutralität geschaffen würden. Dazu gehört die Abschaffung des in Deutschland noch üblichen Fotos, ebenso die Altersangabe. Auch der Vorname darf keine Rückschlüsse auf das Geschlecht zulassen, der erste Buchstabe würde absolut ausreichen. Ein rein tabellarischer Lebenslauf könnte so über die Einladung zu Gesprächen entscheiden.

6.7 Was brauchen Frauen statt der Quote?

Was Frauen brauchen, ist ein Aufbrechen der Rollenkonzepte. Frauen sollten nicht länger als Belastung für die Wirtschaft angesehen werden. Dazu gehören die Vorurteile und Stereotypen über Kompetenzen, welche wir unbewusst mit Männern und Frauen verbinden. Anforderungen und Eigenschaften an eine Führungskraft dürfen nicht länger mit typisch männlichen Verhaltensweisen wie Dominanz und Selbstbewusstsein in Verbindung gebracht werden. Dominanz sagt nichts über Führungs- oder Durchsetzungsstärke aus. Eine selbstbewusste Frau kann trotzdem sehr weiblich sein.

Beide Geschlechter sollten sich bei neuen Karrierechancen fragen, ob sie sich den Job zutrauen und ob sie bereit sind, den Preis dafür zu zahlen. Das gilt insbesondere auch für Männer, die in ihrem Job als Fachkraft oder Spezialist glücklich sind und die in einer Führungsaufgabe häufig verkümmern. Leider gibt es dadurch viele schlechte Führungskräfte, weil deren Kernkompetenzen nicht in den Führungsqualitäten liegen.

Frauen brauchen die Vereinbarkeit von Familie und Beruf. Im Zuge der Mitarbeiterbindung hilft es sehr, Frauen nach ihren Wünschen zu fragen. Dazu gehört in jedem Fall eine Infrastruktur, um Familie und Beruf zeitgleich zu managen. Wichtig ist vor allem, eine durchgängig flächendeckende Ganztagsbetreuung für Kinder ab einem Jahr zu schaffen. Mütter brauchen mehr Flexibilität bei Ort und Zeit der Erbringung der Arbeitsleistung. Zumindest so lange, bis auch Väter gleichberechtigt für den Nachwuchs sorgen. Teilzeitarbeit und Home-Office-Arbeitsplätze helfen hierbei immens.

Besonders brauchen Frauen sehr viel mehr Toleranz von Seiten anderer Frauen. Jede Frau soll ihr Leben selbst planen und die bewusste Entscheidung treffen können, zu arbeiten oder auch nicht. Eifersüchteleien auf berufstätige Frauen sind genauso unangebracht, wie auf Vollzeitmütter. Und ja, Frauen dürfen auch Frauen fördern, wenn sie die beste Wahl für einen Job sind.

Dazu brauchen Frauen Transparenz in der Bezahlung, damit sie sich nicht weiter unter Wert verkaufen. Wenn Frauen gleichberechtigt verdienen, dann würden auch mehr Väter Erziehungsurlaub nehmen können, ohne dass die Familie große Einkommensdefizite hinnehmen muss.

Frauen brauchen mehr Wertschätzung für die geleistete Arbeit. Mit welcher Berechtigung bekommt ein Müllmann guten Lohn wegen harter körperlicher Arbeit und eine Kranken- oder Altenpflegerin, bei auch extremen psychischen und körperlichen Leistungen, nicht?

Ein weiterer Punkt ist der Frau die gleiche Ausstattung wie ihren männlichen Kollegen zuzugestehen. Bezüglich auf Vergütung, technische Mittel, Budget und Manpower. Männer fordern für jedes zusätzliche Projekt sofort diese Dinge ein und bekommen sie auch ganz selbstverständlich.

Eine weitere wesentliche Möglichkeit Veränderungen herbeizuführen, ist auf Mentoren und Vorbilder zurückzugreifen, die lehren. Frauen machen anderen Frauen Mut, wenn sie sehen, dass Familie und Karriere gut miteinander vereinbar sein können. Die von der Kirche über Jahrhunderte geprägten Rollenbilder haben ausgedient.

Männer reagieren auf Anreizsysteme wie Macht oder Geld. Motiviert durch monetäre Zielvereinbarungen, ließen sich Männer eher überzeugen Frauen zu fördern. Und Frauen brauchen Männer, die keine Angst haben, ihnen auf Augenhöhe zu begegnen. Solch selbstbewusste Männer erkennen ihren Vorteil aus gemischten Teams und sehen Frauen nicht als Machtverlust und unnötige Konkurrenz auf dem Arbeitsmarkt an.

6.8 Fazit

Frauen brauchen faire Chancen auf dem Arbeitsmarkt. Doch die Quote in der jetzigen Form schadet ihnen dabei eher, als dass sie ihnen helfen wird. Richtet sich doch der Fokus in den Diskussionen um das Thema vor allem auf die Bevorzugung von Frauen. Qualifizierte Frauen wollen den nächsten Schritt aufgrund ihrer Leistungen machen und nicht aufgrund der Quotenregelung. Eine Quote widerspricht jedoch dem Leistungsprinzip und setzt die Leistungen derer herab, die auch ohne Quotenregelung Karriere gemacht haben.

Die Quote setzt nicht an den eigentlichen Ursachen für eine immer noch zu geringe Anzahl von Frauen in Führungspositionen an und bleibt daher langfristig wirkungslos. Vielmehr schürt sie nur den Geschlechterkampf und jeder Kampf kostet Kraft. Diese Kraft jedoch sollten wir lieber in den Weg für ein gleichberechtigtes Miteinander investieren, damit Gleichberechtigung kein Märchen bleibt.

Wir brauchen dringend kompetente Frauen und Männer in den Führungspositionen unserer Wirtschaft, und zwar auf **allen** Hierarchieebenen. Und dafür brauchen wir ein anderes Denken in der Gesellschaft, das beiden Geschlechtern gleiche Chancen einräumt. Eine florierende Wirtschaft braucht zwingend alle Ressourcen. Sie braucht Vielfalt in jeder Beziehung und kann es sich nicht mehr leisten, qualifizierte Mitglieder aufgrund von unlogischen Kriterien auszuschließen.

Deutschland wird immer älter und es fehlen immer mehr Fach- und Führungskräfte. Wir brauchen die qualifizierten Frauen. Daher ist es wichtig, alle Talente zu fördern und das teuer ausgebildete „Humankapital" Frau mit mehr Flexibilität in der Unternehmensorganisation auch durchgängig zu nutzen. Dieser Faktor würde auch den Männern zu Gute kommen. Sogar als Führungskraft kann man Teilzeit arbeiten und mehr Zeit für die Familie haben. In Skandinavien funktioniert das ohne Probleme. Wo steht geschrieben, dass man nur mit einer 60-80-Stunden-Woche erfolgreich sein kann?

Viele Männer und Frauen wollen den mit einer Karriere verbundenen Stress nicht. Sie stören sich an Machtspielen, interner Politik und dem Druck. Ihre Ansprüche an ein erfülltes Leben liegen in der Balance von Leben und Arbeit. Hier setzt die Aufgabe der Politik an. Sie muss Rahmenbedingungen schaffen, die es Männern und Frauen erlaubt, Arbeitsmodelle zu entwerfen, die auf ihre momentane Lebenssituation zugeschnitten sind. Dazu gehört insbesondere die Kinderbetreuung, die es beiden Elternteilen erlaubt, ihren Beruf weiter auszuüben. Dazu brauchen wir einen Kulturwandel, der Erfolg nicht nur an Job und damit verbundenem Einkommen und Status bemisst. Unter starkem Druck und übersteigertem Einsatz kann keine Kreativität entstehen. Menschen, die mit Freude ihrem Job nachgehen, sind leistungsstärker und ideenreicher. Das könnte Deutschland in Bezug auf Produktivität und Innovationskraft sehr gut tun.

Unternehmensstrukturen werden zunehmend als Matrixorganisationen aufgebaut. Das bedeutet, wir brauchen Mitarbeiter, die Matrix-Fähigkeiten mitbringen. Dazu gehört zeitgleich mit mehreren Weisungsbeziehungen, Schnittstellen, Projekten und Kulturen umgehen zu können – kurz Teamfähigkeit. Frauen sehen die Welt mit anderen Augen als Männer und sie bringen andere Erfahrungen mit. So entstehen in gemischten Teams mehr Diskussionen und damit mehr Ideen. Die Teams werden produktiver und kreativer. Ein wichtiger Grund, warum Unternehmen mit Frauen in Führungspositionen überdurchschnittlich rentabel sind. Neben dem dialogorientierteren Führungsstil trägt sicher auch die weniger ausgeprägte Risikobereitschaft der Frauen bei. Gender Diversity als strategisches Ziel müsste aus betriebswirtschaftlicher Sicht in jedem Unternehmen Chefsache und implementiert sein.

Führungskräfte werden heutzutage stark gefordert, und sie müssen schnell in verschiedene Rollen schlüpfen können. Sie sind abwechselnd als Stratege, als Mediator, als Experte oder als Trainer gefragt. Sie sollen unterschiedliche Informationen, Gedanken, Kenntnisse und Handlungsmuster verschiedener Nationalitäten, Generationen und Fachbereiche zusammenführen können. Eine hoch komplexe Anforderung, die auch Frauen sehr gut bewältigen können.

Wir haben genügend kompetente Frauen, die bereit für große Aufgaben sind. Doch dafür brauchen Frauen neben gleichen Chancen auch den Mut, sich diese Aufgaben zuzutrauen. Wenn Frauen sich ihrer Kräfte bewusst werden und ihren Fähigkeiten mehr vertrauen, werden sie automatisch ihren Weg machen und ihren fairen Anteil an der wirtschaftlichen Macht erhalten.

Mein Credo ist „great system" an Stelle von „great man". Führen sollten diejenigen mit der besten Qualifikation und den besten **Führungsqualitäten**, unabhängig von Geschlecht oder anderen Kriterien. Wenn wir alle verstehen, dass Gleichberechtigung nicht nur richtig ist, sondern auch allen nützt, gibt es diesbezüglich auch keine Konflikte mehr. Chancengleichheit ist dann etwas, worum wir uns alle im Job und in unseren Familien und Partnerschaften kümmern. Weder Patriarchat noch Matriarchat bringt uns langfristig weiter, sondern nur ein vorurteilsloses, harmonisches Miteinander.

Ich bin absolut nicht der Meinung, dass eine Gleichberechtigung erreicht ist, wenn wir genauso viele inkompetente Frauen wie Männer in Führungspositionen haben. Für mich herrscht Gleichberechtigung erst dann, wenn zum Wohle aller die richtigen Menschen auf den richtigen Positionen ihre Fähigkeiten gezielt einbringen und dafür wertgeschätzt werden.

6.9 Über die Autorin

Katja Maaß begann ihre erfolgreiche Laufbahn im Sportbereich. Bis dahin war dieser Bereich eine reine Männerdomäne und Frauen maximal bis zur Position einer Substitutin geduldet. Doch wo ein Wille ist, ist auch ein Weg! So wurde sie bereits Ende der 1980er-Jahre die erste Frau als Abteilungsleiterin eines Sporthauses. Vom Handel wechselte sie zur Industrie und sammelte in verschiedenen Führungspositionen bei großen Marken der Bekleidungs- und Schuhbranche weitere Erfahrungen. Die Handelsexpertin profitiert von dem Mut sich auf unterschiedlichen Seiten der Handelslandschaft in unterschiedlichen Positionen, Branchen und Aufgabenfeldern im Verkauf, Einkauf und Marketing bewiesen zu haben. Der Spaß an Herausforderungen zieht sich bis heute als roter Faden durch ihr Leben und führte 2010 in die Selbständigkeit als Coach sowie als Interim Managerin im Bereich Trade Marketing und Vertrieb. Die Inhaberin von Maaß-Coaching unterstützt Menschen bei Veränderungsprozessen im beruflichen und privaten Bereich. Eine fundierte Coaching Ausbildung als NLP™, wingwave®, Hypnose und Sales Coach gibt ihr die Flexibilität individuell mit jedem Kunden den Zugang zu seinen Ressourcen zu finden.

Literatur

BMFSFJ. Vereinbarung zwischen der Bundesregierung und den Spitzenverbänden der deutschen Wirtschaft zur Förderung der Chancengleichheit von Frauen und Männern in der Privatwirtschaft. 02. Juli 2001, 2–4

Catalyst (2004). *The Bottom Line: Connecting Corporate Performance and Gender Diversity.* New York: San Jose.

DIW Wochenbericht Nr. 4. 2015. Managerinnen-Barometer 2015, 54

Ernst & Young GmbH. Mixed Leadership: Gemischte Führungsteams und ihr Einfluss auf die Unternehmensperformance. 2012, 20–22

Ernst & Young GmbH. Mixed-Leadership-Barometer Juli 2015: Anteil weiblicher Vorstandsmitglieder deutschen börsennotierten Unternehmen. Stichtag: 30. Juni 2015, 124

Forschungs-institut der Bundesagentur für Arbeit. IAB-Kurzbericht Nr. 8/2008 von Thorsten Schank, Claus Schnabel, Jens Stephani und Stefan Bender. Niedriglohnbeschäftigung. Sackgasse oder Chance zum Aufstieg?

hkp Deutschland GmbH. 2015. „War for Female Talent" – Umsetzung der Geschlechterquote in Führungspositionen Ergebnisbericht der hkp/// Umfrage zur Umsetzung des Gesetzes für die gleichberechtigte Teilhabe von Frauen und Männern an Führungspositionen in Deutschland. September 2015, 6.

HoppenstedtStudie 2012. Frauen im Management (FIM), 6–8.

Morrison, A. M., White, R. P., Van Velsor, E., & Center for Creative Leadership (1987). *Breaking the glass ceiling.* New York: Addison-Wesley.

Procher, V., Ritter, N., & Vance, C. (2014). Making Dough or Baking Dough? Spousal Housework Responsibilities in Germany, 1992–2011. *In Ruhr Economic Papers*, *472*, 8–10.

Rechnerisch ermittelt aus DIW Wochenbericht. Managerinnen-Barometer 2015, 48.

Statistisches Bundesamt (2014). Ausgabe 2014. Schulen auf einen Blick, 16–17.

Statistisches Bundesamt (2015a). Wiesbaden. https://www.destatis.de/DE/ZahlenFakten/ GesamtwirtschaftUmwelt/UnternehmenHandwerk/Unternehmensregister/Tabellen/ UnternehmenBeschaeftigtengroessenklassenWZ08.html (Erstellt: 31. Mai 2015). Zugegriffen: 13. September 2015

Statistisches Bundesamt (2015b). GENSIS-Online Datenbank. https://www-genesis.destatis. de/genesis/online;jsessionid=062AABBE7563C418CA807B38E4A6EF23.tomcat_GO_1_ 2?operation=previous&levelindex=2&levelid=1449504789107&step=2. Zugegriffen: 13. September 2013

Statistisches Bundesamt (2015c) Pressemitteilung vom 5. März 2015 – 77/15. Bei 13 % der Paare ist die Frau die Hauptverdienerin.

Statistisches Bundesamt, Wiesbaden (2013). STATmagazin. https://www.destatis.de/DE/ Publikationen/STATmagazin/VerdiensteArbeitskosten/2013_03/Verdienste2013_03.html. Zugegriffen: 15. September 2015

Statistisches Bundesamt. Fachserie 16, 2010. Verdienste und Arbeitskosten. Verdienststrukturen 2010. Erschienen am 02.08.2013.

Teigen, Mari and Heidenreich, Hiedeke. The effect of the Norwegian quota legislation for boards. Preliminary findings. Institute for Social Research. 2010, 11.

Volkswagen Konzern – Geschäftsbericht 2014. Vorstandsvergütungen (Zufluss) gemäß DCGK – Martin Winterkorn.

Frauen an die Macht

7

Doch wollen weibliche Führungskräfte das überhaupt?

Markus Miksch

Zusammenfassung

Die Einführung der Frauenquote in der Höhe von 30 % in den Aufsichtsräten der börsennotierten Unternehmen in Deutschland, die außerdem der paritätischen Mitbestimmung nach dem MitbestG, dem Montan-MitbestG oder dem MitbestErgG unterliegen, sorgen sicherlich für frischen Wind in den heimischen Top-Unternehmen.

Doch lässt sich diese Quote tatsächlich umsetzen, oder mit anderen Worten: Gehen wir möglicherweise vom falschen Ansatz aus und die Mehrheit der weiblichen Manager streben diese Herausforderung überhaupt nicht an?

Dieser Artikel beleuchtet typisch weibliche Verhaltensmuster, die gegen die Erfüllung dieser Quote sprechen. Schließlich agieren Frauen in Konkurrenzsituationen häufig völlig anders als ihre männlichen Kollegen oder haben Sie schon einmal vom sogenannten „Impostor-Syndrom" gehört, das fast vorwiegend bei Frauen in Führungspositionen auftritt und meist totgeschwiegen wird?

Die Einführung der Frauenquote von 30 % in den Aufsichtsräten der börsennotierten Unternehmen in Deutschland, die außerdem der paritätischen Mitbestimmung nach dem MitbestG, dem Montan-MitbestG oder dem MitbestErgG unterliegen, sorgen sicherlich für frischen Wind in den heimischen Top-Unternehmen.

An dieser Stelle stellt sich weniger die Frage, ob Frauen für diese Position geeignet sind. Hier halte ich ein klares „Ja" für die einzig akzeptable Antwort. Warum sollten sie auch eine geringere Kompetenz aufweisen, als es bei Männern der Fall ist?

Weit mehr drängt sich jedoch die Frage auf, aus welchem Grund es denn bisher mit einer halbwegs homogenen Verteilung zwischen Frauen und Männern in den Aufsichtsräten nicht klappte? Schließlich liegt der aktuelle Frauenanteil in diesen Positionen bei weniger

M. Miksch (✉)
Waldems, Deutschland
E-Mail: kontakt@markusmiksch.com

© Springer Fachmedien Wiesbaden 2016   121
P. Buchenau (Hrsg.), *Chefsache Frauenquote*, DOI 10.1007/978-3-658-12183-9_7

als 19 %. Unter den Aufsichtsratsvorsitzenden der Top-160-Unternehmen in Deutschland finden sich überhaupt nur fünf Frauen (FidAR 2015). Den Männern an dieser Stelle Postenschacher zu unterstellen, solche Posten nur unter den Geschlechtsgenossen zu verteilen, halte ich für ausgesprochen gewagt. Vielmehr sind es höchstwahrscheinlich andere Gründe, die vorliegen, weshalb wir insgesamt so selten weibliche Manager in den Führungsetagen vorfinden. Gründe, die weit mehr mit geschlechtsspezifischen Unterschieden zwischen Frauen und Männern gemein haben, als bisher angenommen.

Einige dieser Merkmale, die unsere Geschlechter voneinander unterscheiden, besitzen ein hohes Potential, die vom Gesetzgeber geforderte Frauenquote zum Scheitern zu verurteilen, bevor diese überhaupt richtig umgesetzt werden konnte. Nicht, weil zu wenige geeignete Frauen für die nun vakanten Aufsichtsratsposten zur Verfügung stünden. Sondern weil sich eine zu geringe Zahl weiblicher Führungskräfte für diese Herausforderung finden lässt.

Auf welche geschlechtsspezifischen Unterschiede treffen wir nun, die uns beruflich so stark voneinander trennen? Welche Merkmale zeichnen sich möglicherweise hauptsächlich hierfür als verantwortlich, weshalb die Erfüllung der weiblichen Mindestquote in heimischen Aufsichtsräten nicht zu realisieren sein wird?

Um Ihnen das Denken und Handeln weiblicher Top-Managerinnen möglichst situationsbezogen zu vermitteln, erzähle ich Ihnen eine kurze Geschichte. Sie handelt von einer jungen Managerin, die vor der Karrierechance ihres Lebens steht.

Lisa legte den Hörer auf und sah einen Moment lang aus dem Fenster. Vier Stockwerke unter ihr kroch der Straßenverkehr wie eine zähflüssige Masse aus Teer vorwärts. Sie warf einen Blick auf die Uhr. Fünf Uhr dreißig. Feierabendverkehr. Nicht für sie, bei ihr wird es heute mal wieder später werden.

Sie zuckte innerlich zusammen, als es an ihrer Türe klopfte. Thomas, der Marketingleiter der deutschen Niederlassung, kam herein.

„Das Meeting beginnt gleich. Ich dachte, ich hole dich ab, oder störe ich gerade?"

Lisa setzte ein routiniertes Lächeln auf, zögerte kurz, schüttelte schließlich doch ihren Kopf.

„Geh schon mal vor, ich komme sofort nach", sagte sie, während sie noch immer das Telefongespräch verarbeitete. Ein Anruf, der ihr Leben mit einem Schlag umkrempelte.

Vor wenigen Minuten rief ein Headhunter bei ihr an und informierte sie über den aktuellen Stand der Gespräche, die sie vor drei Wochen im Büro eines Mitbewerbers führte.

Unter Zusicherung absoluter Vertraulichkeit traf sie sich mit dem Aufsichtsratsvorsitzenden eines aufstrebenden Pharmakonzerns und sie unterhielten sich über ihre Karriere. Lisas Karriere, die in den letzten Jahren gehörig an Fahrt aufnahm.

Nach einem Zusatzstudium in Harvard ging die junge Betriebswirtin mit dem dunkelblonden Kurzhaarschnitt für einige Zeit nach New York und arbeitete als Produktmanagerin. Schon bald bekam sie das Angebot, die globale Marketingabteilung zu übernehmen, und zwar in der Position einer Vice-Präsidentin. Damit begann ihr Nomadendasein. Lisa lebte nur noch aus dem Koffer, bereiste so ziemlich alle Länder, die man auf den ersten

Blick auf dem Globus entdecken konnte und knüpfte weitreichende internationale Kontakte. Kurze Zeit, nachdem sie den Job als Vorstandsmitglied übernahm, krempelte sie bereits ihre gesamte Abteilung um. Es blieb beinahe kein Stein auf dem anderen. Obwohl manche ihrer Kollegen inzwischen Wetten abschlossen, wie lange sie sich noch halten würde, verbesserten sich nach und nach die Kennzahlen in ihrem Bereich. Die Herkulesaufgabe, die sich Lisa aufbürdete, begann sich zu rechnen, die ersten Früchte ihrer Arbeit zeigten sich. Innerhalb von achtzehn Monaten verschaffte sie dem Konzern nicht nur ein schlankeres Marketing, das jetzt in vielen Bereichen zentral, also vom Headquarter aus, gesteuert werden konnte, sie reduzierte obendrein die Kosten für Werbemittel um einen knappen zweistelligen Prozentbereich. Dieser Umstand war nicht zuletzt ihrer Zentralisierungsstrategie zu verdanken, da seitdem viele Marketingaktionen gebündelt koordiniert wurden und das sparte Kosten ein. Außerdem setzte sie die Position eines Compliance Managers für jede Länderniederlassung durch. Dessen Aufgaben bestanden im Wesentlichen darin, die regional geltenden Gesetze und Regeln der Gesundheitsbehörden einzuhalten. Verstöße bedeuteten häufig empfindliche Geldstrafen, bis hin zu kostentreibenden Prozessen. In den meisten Fällen musste Lisa nicht einmal neue Mitarbeiter einstellen, sondern konnte diese Position innerhalb der Marketingabteilung durch entsprechende Umstrukturierungen besetzen.

Ihr Arbeitgeber, ein US-amerikanischer Pharma-Riese, konnte mit ihr mehr als nur zufrieden sein. Während viele ihrer vorwiegend männlichen Kollegen ihren Einsatz und Eifer zu Beginn noch belächelten, begegneten inzwischen alle der jungen Managerin mit einer gehörigen Position Respekt. Insbesondere seit Bob, der CEO des Konzerns, ihre Leistungen für das Unternehmen im Rahmen eines Vorstandsmeetings offiziell lobte.

Lisa konnte also rundum zufrieden sein, wären da nicht ihre ständigen Zweifel. So verrückt es vielleicht klingen möge, an diesem Tag, als Bob sie in höchsten Tönen würdigte, hätte sie ihm am liebsten widersprochen. Schließlich sah sie in diesen Umstrukturierungen nichts, das nicht jeder andere auch spielend geschafft hätte. Diese Meinung vertrat die junge Frau zumindest.

Manchmal lag sie nächtelang wach, haderte mit sich und ihren Entscheidungen. Einmal träumte sie sogar, sie saß in ihrem Büro, als plötzlich die Türe aufflog und ihr Vorgesetzter gemeinsam mit dem Personalchef hereinkam. Sie warfen ihr vor, für ihren Job überhaupt nicht geeignet zu sein. Worte wie „Unfähigkeit" und „schwerwiegende Täuschung" hallten in ihrem Kopf wider. Endlose Minuten später musste sie ihre Sachen packen und das Firmengelände augenblicklich verlassen.

Damals konnte sie erst nach Stunden wieder einschlafen, so sehr setzte ihr dieser Traum zu.

Ob sie wirklich dem Jobprofil entsprach oder bis jetzt einfach nur Glück hatte? Was wäre, wenn jemand anderes, jemand, der besser als sie das weltweite Marketinggeschäft verstand, plötzlich auftauchte? Was wäre, wenn der Vorstand dahinter käme, dass sie, die junge Frau mit gerade einmal 37 Jahren, überhaupt nicht so viel darüber wusste, wie sie stets vorgab?

In einer Wirtschaftszeitschrift las sie vor kurzem einen Artikel, während sie im Flugzeug Richtung Shanghai saß. Er handelte von einem psychologischen Phänomen, das „Impostor-Syndrom" genannt wird, das sogenannte Hochstapler-Syndrom. Dieser Effekt tritt vorwiegend bei Frauen auf, die davon überzeugt sind, ihre Erfolge seien lediglich auf Glück und Zufall aufgebaut und entsprächen nicht ihrem tatsächlichen Können.

„Als ob dies nicht genüge", las Lisa weiter, „werden viele erfolgreiche Frauen, vor allem jene aus Management-Etagen, von der Überzeugung geplagt, ihre Leistungen seien trügerisch und es wäre nur eine Frage der Zeit, wann man diesem Betrug auf die Schliche käme."

Im Jahre 1978 beschrieben die beiden Psychologinnen Pauline Rose Clance und Suzanne Imes vom Oberlin College in Ohio dieses Phänomen als Erstes (Clance und Imes 1978). Die überraschende Erkenntnis dabei war, dass vorwiegend Frauen in hohen beruflichen Positionen davon betroffen waren. Dieser Artikel beschäftigte sich mit der Frage, weshalb vergleichsweise so wenige Frauen in Führungspositionen vertreten sind. Das Impostor-Syndrom könnte eine der möglichen Antworten darauf sein. Demzufolge würden es viele weibliche Führungskräfte unterlassen, die Karriereleiter nach oben zu steigen, da dieses Hochstapler-Phänomen sie gewissermaßen dazu zwingt, sich zurückzunehmen.

Obwohl Lisa diesen psychologischen Effekt kannte, spürte sie in diesem Moment erneut ein seltsames Gefühl, als sie das Gespräch mit dem Headhunter beendete. Ein Messer, das durch ihren Magen schnitt.

Die Managerin atmete hörbar aus, warf einen Blick in einen kleinen Handspiegel, den sie aus einer Schublade ihres Schreibtisches fischte, strich sich die Haare hinter den Ohren glatt, dann zog sie ihren Lippenstift nach. Jetzt fühlte sie sich gleich besser, bereit für das bevorstehende Meeting mit ihrem Team.

Lisas Blick streifte das Foto rechts neben dem Monitor. Sie hielt inne. Es zeigte ihren Mann, der mit ihrer gemeinsamen Tochter Anne um die Wette strahlte. Nächsten Monat wird sie fünf Jahre alt. Wie doch die Zeit verging.

Der Headhunter erzählte ihr davon, dass sein Auftraggeber sehr angetan von ihrem Auftreten war. Auch das Assessmentcenter überstand sie mit Bravour. Mehr noch, versicherte er ihr, sie konnte sich gegen alle anderen Bewerber durchsetzen.

Die Marketingmanagerin atmete durch, warf einen Blick auf ihre Armbanduhr. Jetzt zwang sie sich zur Eile, schließlich begann die Besprechung in einer Minute. In einer schnellen Bewegung strich sie über das Foto, dachte darüber nach, wie ihre Familie darauf reagieren würde, sollte sie den Job des CEO übernehmen. Vor allem, wie Anne damit umging, wenn ihre Mutter noch mehr unterwegs wäre.

Nach ihrer Geburt schraubte Lisa ihre Reisetätigkeit radikal nach unten. Das missfiel ihrem Arbeitgeber zuerst. Erst nach einigen Memos, Businessplänen und persönlichen Gesprächen mit ihrem Chef konnte sie ihn von ihrem Vorhaben überzeugen. Nur zögerlich nahm er ihr ab, dass darunter weder die Qualität ihrer Arbeit leiden werde, noch die Arbeitsmoral ihrer Mitarbeiter. Bob vertrat nämlich die Meinung, eine Führungskraft müsse immer mit gutem Beispiel vorangehen und für ein Vorstandsmitglied gelte dies in doppeltem Maße. Doch auch hier zeigte sich Lisa von ihrer lösungsorientierten Seite.

Eine Begabung, die sie von ihrem Vater, einem Werkzeugmacher und Eigentümers eines mittelständischen Unternehmens, in die Wiege gelegt bekam.

Sie nutzte ab diesem Zeitpunkt die zwar im Konzern durchaus etablierten, jedoch weitestgehend unbeliebten Telekonferenzen, um interne Besprechungen mit den verschiedenen Ländern durchführen zu können, ohne direkt vor Ort anwesend sein zu müssen. Solche Meetings benötigten eine Menge Disziplin sowie eine gute Vorbereitung aller Teilnehmer. Damit diese Zusammenkünfte auch wirklich reibungslos abliefen, absolvierten alle Marketingmanager ein eigens dafür geschaffenes Programm der internen Trainingsabteilung.

Sechs Monate später präsentierte Linda ihrem Chef die weiterhin positive Entwicklung ihrer Abteilung, während gleichzeitig ihre Reisekosten signifikant nach unten gingen. In Summe sicherlich ein geringer Betrag, doch Einsparung ist Einsparung. Wieder einmal setzte sie ihr Vorhaben durch, obwohl sich Lisa in dieser Phase stärker denn je wie eine Betrügerin fühlte.

Sollte sie die Stelle des CEO beim Konkurrenzunternehmen übernehmen, bedeutete dies eine erneute Zunahme der Reisetätigkeit. Nicht nur das, auch insgesamt würde sie mehr Zeit im Büro verbringen müssen als bisher. Jetzt, wo es nur noch ein Jahr dauerte, bis ihre Tochter in die Schule kam. Jetzt, wo Anne ihre Mutter intensiver denn je brauchte.

Aber auch für ihren Mann bedeutete dieser Schritt sicherlich eine große Veränderung. Er arbeitete als Geschäftsführer eines Zehn-Mann-Unternehmens, das sich auf Webdesign für Klein- und Mittelbetriebe konzentrierte. Zwei Karrieren, eine Belastung für jede Familie. Möglicherweise wäre er eventuell bereit zurückzustecken, um sich künftig mehr um Anne zu kümmern, vermutete Lisa. Von der finanziellen Seite betrachtet, könnte er sogar kündigen und sich endlich selbstständig machen. Eine Überlegung, die er vor einigen Monaten äußerte.

Als sie ihm von diesem Vorstellungsgespräch erzählte, machte er ihr sogar von sich aus diesen Vorschlag. Michael, ihr Mann, war ihr Fels in der Brandung. Sie konnte sich kein Leben ohne ihn vorstellen. Doch würde er diesen Schritt wirklich wollen? Was wäre, falls ihre Familie diese Belastungsprobe nicht überstand? Wenn doch alles zu viel wurde, nur weil sie, Lisa, unbedingt Karriere machen musste?

Wieder spürte sie dieses Messer, das durch ihren Magen schnitt. Diesmal jedoch fordernder. Sie widerstand dem Wunsch, sich zu krümmen.

Lisa schüttelte die Gedanken ab, sie musste jetzt gehen. Keine Tränen, Lächeln aufsetzen. The Show must go on.

Nach dem Meeting ging Lisa sofort zurück in ihr Büro. Sie schrieb ihrem Mann eine Nachricht, da sie vermutlich erst eine Stunde später nach Hause käme als geplant. Anschließend schloss sie die Augen und legte den Kopf auf die Rückenlehne ihres Bürostuhls. Die Besprechung verlief im gewohnt professionellen Stil ab. Sie kamen in den meisten Punkten gut voran und vor allem merkte niemand, wie sehr sie mit ihren Gedanken abwesend war.

Warum sie sich überhaupt für diese Position als CEO bewarb? Schließlich hätte Lisa dem Headhunter auch gleich zu Beginn absagen können. Ohne Frage, ihr schmeichelte dieses Angebot, zudem wollte sie herausfinden, ob sie für diese Liga, die Champions League der Wirtschaftswelt, geeignet wäre. Außerdem, so dachte sie, könnte sie als CEO endlich die Dinge umsetzen, die sie in ihrem derzeitigen Unternehmen vermisste.

Mehr Entgegenkommen für berufstätige Mütter innerhalb der Belegschaft. Ein unternehmenseigener Kindergarten beispielsweise. Aber auch flexiblere Arbeitszeitmodelle und die Möglichkeit, Projekte zusätzlich im Home-Office zu betreuen. Diese Maßnahmen sollten darauf abzielen, die Loyalität der Mitarbeiter und damit ihre Bindung an das Unternehmen, zu erhöhen. Außerdem erzielten motivierte Mitarbeiter eine höhere Produktivität als jene, die vielleicht Dienst nach Vorschrift verrichteten. Alle diese Modelle kannte Lisa aus Studien, die sie in Zeitschriften wie dem Harvard Business Manager las oder aus ihren unzähligen Büchern über Management und Mitarbeiterführung. Allesamt Konzepte, die ihr aktuelles Unternehmen nicht zur Verfügung stellte. Aus Kostengründen, wie man ihr mehrfach begründete. Eine falsche Kalkulation, die nur eine Seite der Waagschale berücksichtigte, ihrer Meinung nach.

Vor wenigen Wochen, als Lisa beim Abendessen ihrem Mann von dem Gespräch mit dem Headhunter erzählte, ihm vom Posten als CEO eines zwar kleineren, aber kräftig wachsenden Pharmakonzerns, erzählte, sprühte dieser förmlich vor Begeisterung.

„Damit steigen wir in die Oberliga auf, Schatz! Finanziell wie gesellschaftlich", ereiferte er sich. Er sprach von ihrem Einfluss, der im Markt stark zulegen würde, von Empfängen, Aufnahmen in elitären Clubs. Von Aktienpaketen, Firmenwagen und davon, „dass sie es endlich geschafft hätte."

Doch alle diese Punkte waren Lisa nicht wichtig. Nicht, dass sie keine Bedeutung für sie besäßen, deswegen würde sie jedoch ihren Job nicht wechseln. Wenn sie einen solchen Schritt wagen sollte, dann, weil Lisa etwas verändern wollte. Macht, Geld und Einfluss, diese Dinge spielten dabei keine Rolle.

Wieder betrachtete sie das Foto auf ihrem Schreibtisch.

Im Bewerbungsgespräch unterhielt sie sich mit dem Aufsichtsratsvorsitzenden intensiv über den geplanten Expansionskurs ihres zukünftigen Arbeitgebers. Speziell ihre internationalen Kontakte galten als besondere Pluspunkte im Kampf um die künftige Besetzung dieser Position. Umstrukturierungsmaßnahmen wären unumgänglich, sagte ihr der Vorsitzende des Aufsichtsrates, außerdem erwarten sie weitere Wachstumssignale in den kommenden Jahren. Auch zusätzliche Firmenübernahmen waren geplant und hier hätte Lisa als CEO alle Entscheidungsbefugnisse, die sie für erfolgreiche Akquisitionen benötigte.

Eine Herausforderung, ohne Frage. Eine Menge Arbeit, die in den nächsten Jahren regelmäßige Achtzig-Stunden-Wochen bedeuteten.

Im Telefonat, das sie vor ihrem Meeting führte, sagte der Headhunter, der Vertrag würde heute noch losgeschickt werden. Ein Fünfjahresvertrag mit einem wahnsinnigen Jahresgehalt. Das doppelte von dem, was Lisa momentan verdiente. Dazu kamen Aktienpakete und attraktive Boni. Jeder, der diese Chance nicht nutzte, sei schlicht einfach verrückt.

Sie lachte säuerlich. Fünf Jahre. Dann wäre Anne zehn Jahre alt. In dieser Zeit hätte sie ihre Mutter nur selten gesehen, wäre Lisa so gut wie nie auf Elternabenden, Schulveranstaltungen oder Weihnachtsaufführungen ihrer Tochter dabei gewesen, das stand fest. Ihre Mutter wäre nicht da, wenn ihr Kind sie brauchte. Keine Mutter, die sie in den Arm nahm, wenn Anne nach Nähe verlangte. Natürlich, Michael würde sich um sie kümmern, doch kann der Vater dem Kind die Mutter ersetzen?

Lisa strich über das Foto, ließ ihre Finger langsam über Annes Gesicht gleiten.

Lisa lächelte. Schließlich griff sie zum Telefon, wählte die Telefonnummer, die sie von einer Visitenkarte ablas. Es dauerte lediglich einige Sekunden, bis sich eine Stimme am anderen Ende der Leitung meldete.

Nach einem kurzen Smalltalk kam sie zur Sache.

„Ich wollte Ihnen auf diesem Wege mitteilen, dass ich mich sehr für Ihren Einsatz bedanke. Das Angebot Ihres Klienten klingt überaus großzügig, doch ich werde es nicht annehmen."

Der Headhunter fiel hörbar aus allen Wolken. Nach einigem hin und her willigte Lisa ein, sich zumindest den Vertrag durchzulesen und ihre Entscheidung doch noch zu überdenken.

Dieses Entgegenkommen war jedoch reine Höflichkeit, nicht mehr. Eine Entscheidung hatte sie längst getroffen.

Über einen Satz, den der Personalberater sagte, dachte sie besonders nach. „Überlegen Sie mal, wie viel Macht Ihnen in dieser Position zur Verfügung steht. Das, wofür Sie Jahre gekämpft haben, liegt nun vor Ihnen. Sie sind beinahe am Ziel Ihrer beruflichen Träume angelangt. Ich möchte an dieser Stelle nicht despektierlich wirken, aber die meisten Manager würden für diesen Karriereschritt sprichwörtlich alles machen."

Macht, Ziele, Träume. Waren es wirklich diese Dinge, die sie auf der Straße des Erfolges antrieben?

Natürlich genoss sie es, für ein großes Team verantwortlich zu sein, doch das war bei Weitem nicht damit zu vergleichen, wie sich manche ihrer männlichen Kollegen in einer vergleichbaren Position verhielten. Lisa ging es mehr um die Sache an sich und weniger darum, plötzlich über viel Einfluss zu verfügen. Oder eine möglichst prestigeträchtige hierarchische Ebene zu erreichen. Dieser Gedanke reizte sie nicht im Geringsten. Funktionierte sie etwa „falsch"?

Keine ihrer Freundinnen legten eine ähnlich steile Karriere hin, daher gab es in ihrem Umfeld niemand, mit dem sie sich darüber unterhalten konnte.

Clarice, sie kannten sich seit der Schulzeit, leitete zumindest eine Privatschule. Vor einigen Monaten erzählte sie Lisa bei einem gemeinsamen Kaffee im Starbucks direkt am Broadway im Stadtteil Manhattan, wie stark Männer dazu neigen, das Risiko und den Wettbewerb zu suchen. Sie sagte, es handelte sich dabei um das Geheimnis des männlichen Karrierewahns.

„Das ist ein geschlechtstypisches Merkmal? Meinst du? Schließlich ist es mir auch als Frau wichtig, akzeptiert zu werden. Allein der Gedanke, mich könnte mein Team ablehnen, würde mich schwer treffen, dich denn nicht?", antwortete sie ihrer Freundin mit einiger Skepsis.

Clarice erzählte von einer Studie aus dem Jahr 2007 (Niederle und Vesterlund 2007), die sie vor kurzem las. Darin gingen die beiden Wirtschaftswissenschaftlerinnen Muriel Niederle und Lise Verstelund von der Universität Stanford der Frage nach, warum es vergleichsweise so wenige Frauen im harten Wettbewerb um Leitungs- und Führungspositionen gibt. Demnach waren Männer weit mehr dazu bereit, Risiken einzugehen, als es bei Frauen der Fall war. Dieser Umstand befand sich wiederum im klaren Verhältnis zur Wettbewerbsaffinität der Männer.

In einer Versuchsreihe mussten zwei Gruppen von je zwei Frauen und Männern in fünf Minuten so viele zweistellige Zahlen addieren, wie sie konnten. Zunächst erhielten alle Teilnehmer fünfzig Cents für jede richtige Antwort. Doch beim zweiten Durchgang mussten sie um einen Preis konkurrieren. Die Person in jeder Gruppe mit den meisten korrekten Antworten, sollte für jede richtig genannte Summe zwei Dollar erhalten. Die Verlierer gingen leer ausgehen.

Die Ergebnisse zeigten, dass Frauen und Männer in beiden Situationen dieselbe Anzahl von Aufgaben korrekt lösten. Doch als sie gebeten wurden, sich beim dritten Durchgang für eine der beiden Vorgehensweisen zu entscheiden, zogen 75 % der Männer die Turnier-Variante (alles oder nichts) dem anderen Modell vor, verglichen mit nur 35 % der Frauen. Hier lag es auch nicht am Können selbst, schließlich waren auch Männer, die nicht sonderlich gut rechnen konnten, weit stärker auf das Wettbewerbsmodell fokussiert als es bei den Frauen der Fall war. Auch entwickelten die Männer bei diesen Aufgaben ein Selbstvertrauen, das sich nicht unbedingt mit dem ihrer Fähigkeiten deckte, wodurch sie letztlich viel weniger erreichten, als es ihnen möglich gewesen wäre.

Die Aussichten, in Wettbewerb mit anderen zu treten, scheinen Männer weit mehr zu Höchstleistungen zu beflügeln, als es bei Frauen der Fall ist. Auch wenn sie augenscheinlich nicht über ausreichende Fähigkeiten verfügen, diese Auseinandersetzung für sich entscheiden zu können. An dieser Stelle sind Männer einfach mit weniger inneren Bremsen ausgestattet.

Lisa warf einen Blick auf die Uhr. Kurz nach acht, um diese Zeit benötigte sie für gewöhnlich nicht länger als eine halbe Stunde, um nach Hause zu fahren. Sie überlegte einen Moment, ob sie Michael von diesem Gespräch und ihrer Entscheidung den Job nicht anzunehmen erzählen sollte. Er würde sie wahrscheinlich für verrückt erklären und sie verspürte wenig Lust darauf, von ihm überredet zu werden, diesem Angebot doch zuzustimmen. Lisa entschied sich, ihm erst am nächsten Tag davon zu berichten. Schließlich war der heutige Tag viel zu anstrengend und sie freute sich auf einen entspannenden Abend.

In dieser fiktiven Erzählung über eine weibliche Führungskraft kamen die wohl bedeutendsten Unterschiede im Verhalten zu ihren männlichen Geschlechtsgenossen zutage, wenn es um beruflichen Aufstieg und Karriere geht. Wir sprechen an dieser Stelle von geschlechtsspezifischen Merkmalen, die seit Beginn der Jahrtausendwende Thema unzähliger Forschungsprojekte waren, nicht zuletzt dank revolutionärer Diagnoseverfahren. Allen voran die fMRT, die funktionelle Magnetresonanz-Tomographie, die mit Ende der neunziger Jahre eine immer größere Verbreitung in den weltweit größten Universitäten fand. Dank dieser Technologie kamen die Wissenschaftler in die Lage, einzelne Hirnareale zu beobachten, während diese Aktivitäten zeigten. Mit solchen Gerätschaften ausgestattet konnten Forscher ihren Probanden beispielsweise Bilder, Geräusche oder Filmsequenzen vorführen und dabei gleichzeitig beobachten, welche Bereiche in unserem Kopf für Emotionen wie Freude, Angst, Überraschung verantwortlich waren. Aber sie zeigten auch, wie unser Gehirn auf bedrohliche Situationen reagierte, etwa in Form von Stress.

Die moderne Genderforschung begann jedoch bereits in den zwanziger Jahren des vorigen Jahrhunderts.

Im Jahre 1932 wertete der Edinburger Psychologe Ian Peary die Daten von mehr als 80.000 Kindern aus, die in Schottland im Jahre 1921 geboren wurden. Auf den ersten Blick zeigten sich keine Unterschiede im IQ der Jungen und Mädchen, allerdings im Bereich der extrem hohen oder extrem niedrigen Fähigkeiten überwogen signifikant die Jungen (Deary et al. 2003).

Aus den sechziger Jahren stammt folgendes Zitat von Camille Paglia: „Es gibt keinen weiblichen Mozart, weil es keinen weiblichen Jack the Ripper gibt."

Damit thematisiert sie die stark männliche Tendenz zu besonders extremen Ausprägungen. Beispielsweise sind Jungen von Autismus, Legasthenie oder ADHS weit häufiger betroffen, als es bei Mädchen der Fall ist.

Für Männer klingt es möglicherweise reichlich seltsam, wenn sie lesen, Frauen besitzen ein tendenziell geringeres Interesse an Karrieremöglichkeiten. Ebenso wie sich viele Frauen nur schwer vorstellen können, dass es für männliche Kollegen ein Problem bedeuten könnte, wenn man ungefragt ihr Territorium verletzt. Etwa, indem man ihr Büro betritt ohne vorher anzuklopfen oder zumindest im Türrahmen kurz stehen zu bleiben. Falls Ihnen dies noch nie aufgefallen ist, sollten Sie demnächst einmal das Büro Ihres Kollegen betreten, ohne auf seine „Zutrittsgenehmigung" zu achten, wie etwa ein kurzes Nicken, während Sie an der Türe warten. Entweder er rutscht vom Schreibtisch ein kurzes Stück zurück, oder er lehnt sich mit dem Oberkörper nach hinten. Es kann aber auch gut möglich sein, dass er in den nonverbalen Angriff übergeht, indem er sich bewusst nach vorne beugt. Als Mann wird er darauf reagieren, es fragt sich nur wie.

Kurzum: Es gibt sie, die geschlechtstypischen Verhaltensmuster, ob uns das nun gefällt oder nicht.

Genau diese Unterschiede könnten dafür verantwortlich sein, warum es mit der Frauenquote in den deutschen Aufsichtsräten nicht so funktionieren wird, wie es sich die Regierung vorstellt.

Diese unterschiedlichen Verhaltensmuster sollte man jetzt nicht als ein digitales Phänomen betrachten. Also, nicht automatisch alle Frauen zeigen dieses Verhalten und jeder Mann jene Vorgehensweise. Dafür sind die Menschen viel zu inhomogen in ihrer Entwicklung, ihren Fähigkeiten, in der familiären Herkunft und in ihren Erfahrungen. Doch, und das beweisen verschiedenste Untersuchungen, begegnen wir sehr wohl Situationen, die wir ganz klar als typisch weiblich oder typisch männlich zuordnen können. Sie mögen bei dem einen oder der anderen jeweils schwächer oder stärker ausgeprägt sein, doch wir haben es hierbei immer mit einer geschlechtsspezifischen Signifikanz zu tun.

Da wäre zunächst einmal das Impostor-Syndrom, das vorwiegend bei Frauen anzutreffen ist. Wir sprechen hier nicht von einer geringfügig stärkeren Verteilung auf Seiten der Frauen. Dieses Phänomen tritt primär beim weiblichen Geschlecht auf, wie 1978 die Wissenschaftlerinnen Clance und Imes festgestellten (Clance und Imes 1978). Mehr noch, die Angst, als Hochstaplerin ertappt zu werden, dürfte umso stärker zutage treten, je verantwortungsvoller die Managementposition ist, die diese Frauen bekleiden. Sie betrifft Akademikerinnen in universitären Leitungspositionen genauso wie Top-Führungskräfte im internationalen Konzernumfeld.

Nach außen hin existiert dieses Syndrom natürlich nicht. Keine Frau, die eine Top-Position innerhalb eines Großunternehmens bekleidet, gibt öffentlich zu, sich zumindest manchmal als Hochstaplerin zu fühlen. Darauf angesprochen, etwa im Rahmen einer ungezwungenen Unterhaltung zwischen zwei Meetings wird sie diese „Unterstellung" sogar brüsk von sich weisen. Wer Schwäche zeigt, wird zerfleischt. Das Gesetz der freien Wildbahn. Auch im geschäftlichen Miteinander gilt das darwinsche Prinzip und das wissen Managerinnen mindestens ebenso gut wie ihre männlichen Kollegen.

In meinen Gesprächen und Coachings mit weiblichen Führungskräften, die ich für eine erfolgreiche Zusammenarbeit mit männlichen Kollegen trainiere, gestehen mir diese Frauen jedoch nahezu vollständig ein, sich häufiger wie eine Hochstaplerin zu fühlen.

Männer reagieren in solchen Situationen ganz anders. Auch wenn sie mit augenscheinlich geringeren Fähigkeiten ausgestattet ins Rennen um eine begehrte Position gehen, sagen sie aus vollster Überzeugung: „Ja, das kann ich!"

Eine Frau, selbst wenn sie für eine bestimmte berufliche Position völlig überqualifiziert erscheint, wird tendenziell lieber doch erst vorher eine Schulung oder einen Lehrgang besuchen wollen, um „den Anforderungen auch wirklich zu entsprechen".

Wenn Sie für die Besetzung des Aufsichtsrates eine weibliche Kandidatin ausgewählt haben, sollten Sie unbedingt auf das Impostor-Syndrom achten. Es empfiehlt sich an dieser Stelle, der Kandidatin die Möglichkeit anzubieten, sich auf ihre neue Aufgabe ausreichend vorzubereiten. Sei es durch ein Coaching, das sie ihr empfehlen oder indem Sie sich die Zeit nehmen, detailliert auf die Qualifikationen der Bewerberin einzugehen und diese mit dem Anforderungsprofil der Aufsichtsratsfunktion abgleichen. Ein Zeitaufwand, der sich garantiert lohnt, wenn Sie vermeiden wollen, dass ihre Kandidatin kurzfristig wieder abspringt.

Ebenfalls ist die sogenannte „intrinsische Motivation" bei Frauen stark ausgeprägt. Während Männer eher durch extrinsische Belohnungen motiviert werden, also das prestigeträchtige Firmenfahrzeug, attraktive Vergütungssysteme oder wohlklingende Jobtitel, lassen sich weibliche Führungskräfte von völlig anderen Motivatoren leiten. Frauen entscheiden sich signifikant häufiger für Tätigkeiten, die einen bestimmten Sinn verfolgen oder auch ihren inneren Wunsch befriedigen, einen nützlichen Beitrag zu leisten.

Handelt es sich dabei um ein kulturelles Phänomen? Gehen beispielsweise asiatische Führungskräfte in dieser Sache anders vor als westlich geprägte Manager? Eine durchaus legitime Frage. Der Sozialwissenschaftler Frederick Grouzet untersuchte mit seinem Team von zehn internationalen Wissenschaftlern die Motivation von 1854 Studenten aus fünfzehn Ländern unterschiedlichster Fachbereiche. Die Forscher stellten fest, dass diese Unterteilung in intrinsische und extrinsische Motivation in allen fünfzehn Kulturen eine Rolle spielte (Grouzet et al. 2005).

Eine Studie aus dem Jahr 2005, die „500 Family Study" zeigte sogar höhere intrinsische Belohnungen bei Frauen, je höher deren Bildungsgrad ist. Demnach neigen Frauen mit Hochschulabschluss wie Lisa eher dazu, eine interessante Herausforderung einer gut dotierten Position vorzuziehen (Martinez 2005).

Männliche Führungskräfte tendieren weit stärker zu finanziell attraktiven Jobs, die vielleicht obendrein mit einer prestigeträchtigen Beförderung einhergehen. Außerdem besitzen sie eine hohe Bereitschaft, eine Menge Opfer dafür zu bringen. Um ihre beruflichen Träume zu verwirklichen, wechseln sie, normalerweise gemeinsam mit ihrer Familie, den Wohnort. Sie nehmen in Kauf, länger arbeiten zu müssen, sich zusätzlichen Stress auszusetzen und vieles mehr. Nicht selten erfordern diese Veränderungen häufig private Entbehrungen und vor allem leiden unter solchen Karrieresprüngen die gemeinsamen Kinder oder sogar die Partnerschaft selbst.

Männliche Führungskräfte empfinden es als völlig normal, sich der beruflichen Karriere mit Haut und Haaren zu widmen. Sie setzen dabei voraus, dass ihre Familie ihr Bestreben nicht nur versteht, sondern dieses auch nachvollzieht. Das männliche Gehirn kann in vielen Fällen gar nicht anders, als sich diesem Wettbewerb zu stellen. Sie ahnen meist nicht, wie wenig vielen Frauen ein solches Leistungsdenken bedeutet, mehr noch: Männer können diese Einstellung häufig nicht einmal nachempfinden.

Für weibliche Führungskräfte besitzen Anreize wie hohe Gehälter, Beförderungen oder besondere Vergünstigungen durchaus einen Wert, keine Frage. Jedoch sind diese Motivatoren für gewöhnlich nie so stark ausgeprägt, wie es beim anderen Geschlecht der Fall ist. Viele Frauen wollen Karriere machen, doch sie sind nicht bereit, dafür die Risiken ihrer Geschlechtsgenossen einzugehen.

Hauptsächlich verantwortlich ist die bereits erwähnte intrinsische Motivation, die hier normalerweise immer die Oberhand behält. Frauen wägen sehr gut ab, welchen Preis sie für einen Karrieresprung zu bezahlen haben. Sollte dieser ihrem inneren Antrieb nach Selbstverwirklichung entgegenstehen, haben die Frauen oftmals kein Problem damit, eine Beförderung abzulehnen. Meist zum völligen Unverständnis ihrer männlichen Kollegen.

In Lindas Fall wurde dieser Umstand besonders deutlich, da ihre Tochter demnächst in die Schule kommt. Eine Phase, in der sie ihre Mutter intensiv brauchen würde. Lisa befand sich aus diesem Grund im Konflikt zwischen ihrer Rolle als Mutter und einer möglicherweise einmaligen Karrierechance.

Obwohl dieses Beispiel lediglich fiktiven Charakter besitzt, repräsentiert es jedoch ziemlich exakt die Ergebnisse vieler Forschungsarbeiten zu diesem Thema. An dieser Stelle geht es sogar noch einen Schritt weiter: Sämtliche interkulturelle Daten über die Berufswege, die Frauen und Männer einschlagen, zeigen eine interessante Kluft auf. Je größer die finanzielle Stabilität und der gesetzliche Schutz ist, der Frauen geboten wird, umso geringer ist die Wahrscheinlichkeit, dass sie sich für die männliche Form der Karriereplanung entscheiden. Nicht nur das, je reicher das Land selbst ist, in dem sie leben, desto eher entschließen sich Frauen und Männer zu unterschiedliche Arten von Arbeit.

Da intrinsische Belohnungen eine ausgesprochen hohe Bedeutung für Frauen besitzen – und nicht nur das, dieser Faktor nimmt sogar noch zu, je höher das Ausbildungsniveau ist, – sollte dies unbedingt bei der Bestellung zum Aufsichtsrat berücksichtigt werden, möchte man die Quote erfüllen. Ein Austausch über den Sinn dieser Tätigkeit für das Unternehmen. Die Werte, die dieses Gremium letztlich für die Belegschaft – oder wie in manchen Fällen durchaus möglich: für die Bevölkerung – erzeugt, sollten die intrinsischen Motivatoren von aussichtsreichen Kandidatinnen ansprechen können.

Als weiterer bedeutender Faktor in der Besetzung von Aufsichtsratsposten gilt der Umgang mit Konkurrenz.

Hier beschäftigt uns die Frage, mit welcher Leidenschaft wir uns Herausforderungen stellen. Schließlich lassen sich Karriere und gegenseitiger Wettbewerb nur sehr schwer voneinander trennen.

Doch wie gehen Frauen und Männer damit jeweils um?

Während sich das männliche Geschlecht bereits im Kindesalter um beinahe jede Kleinigkeit balgt, den Gegner ständig zum Wettkampf herausfordert und sei es, wer von den Jungs als Erster beim Pausenzeichen an der Türe des Klassenzimmers ist, zeigen Mädchen bereits in dieser Phase völlig andere Verhaltensmuster. Mädchen neigen dazu, in einer kleinen Gruppe zu spielen oder sich gar nur auf die einzige, beste Freundin zu konzentrieren. Würde sie dann mit ihren Erfolgen versuchen aufzutrumpfen? Würde sie die Führerschaft in der Gruppe beanspruchen? Normalerweise nicht, denn von Kindheit an lernen die meisten Mädchen, dass sie sich bei Gleichaltrigen unbeliebt machen, sollten sie zu selbstsicher erscheinen. Eine Clique Mädchen wird diejenige ausschließen, die Aufmerksamkeit auf ihre eigene Überlegenheit lenkt. Auf diese Weise lernen sie, auf eine Art zu sprechen, die ihre eigenen Bedürfnisse mit denen von anderen ausbalanciert.

Jungs spielen normalerweise in größeren Gruppen, in denen jedoch nicht jeder gleichrangig behandelt wird. Diejenigen mit hohen Status werden diesen eher herausstellen, als ihn herunterzuspielen. Das erwarten übrigens auch die anderen innerhalb der Gruppe. Jungen lernen zudem, Sprache einzusetzen, um ihren Gruppenstatus zu verhandeln, indem sie ihre Fähigkeiten und ihre Kenntnisse darstellen und sich gegenseitig herausfordern, um miteinander in Wettbewerb zu treten.

Im Berufsleben ist es selten anders, denn obwohl nicht nur Männer, sondern auch Frauen konkurrieren, gehen sie auf völlig unterschiedliche Weise dabei vor. Weibliche Führungskräfte neigen häufiger dazu, Lösungen im Team zu erreichen, statt im Wettbewerb siegreich zu sein. Nicht nur dass, eine Untersuchung der amerikanischen Wirtschaftswissenschaftler Uri Gneezy und Aldo Rustichnini führte zu dem Ergebnis, dass offene Konkurrenz sogar die Leistung der weiblichen Teilnehmer senkte, während diese eine Steigerung bei den männlichen Probanden erzeugte (Gneezy und Rustichini 2004).

Der Kampf um eine offene Position, der Wettbewerb zwischen den Bewerbern um die heiß ersehnte Beförderung senkt also den Leistungswillen bei Frauen.

Diese Studie untersuchte übrigens israelische Viertklässler, wie sich diese bei Wettläufen verhielten. Interessant dabei war, dass auf der einen Seite die Jungs immer schneller liefen, sobald sie sich im direkten Wettbewerb mit anderen Konkurrenten befanden, die Mädchen jedoch in solchen Gruppen immer langsamer waren, als wenn sie alleine liefen. Die Mädchen verbesserten sich allerdings nur, wenn sie mit einem Jungen um die Wette liefen. Frauen entwickeln demnach in der Gruppe eine andere Motivation, als in Eins-zu-eins-Situationen, vor allem, wenn es dabei um einen Gegner des männlichen Geschlechts handelt.

Auch im Bereich der Risikobereitschaft gehen Männer weit häufiger an ihre Grenzen, als es bei Frauen der Fall ist. Mutproben, die vorwiegend im Teenageralter durchgeführt werden, sind fast immer nur bei Jungs zu beobachten.

Nach Ansicht der Evolutionspsychologen Margo Wilson und Martin Daly zählt dieses Draufgängertum zum Merkmal der männlichen Psychologie. Im Jahre 1999 gingen drei Psychologen von der Universität von Maryland dieser Behauptung nach. Sie analysierten 150 Studien, in denen die Risikobereitschaft von Frauen und Männern untersucht wurden. Dabei fanden die Wissenschaftler heraus, dass in beinahe allen Arbeiten die Männer eher dazu bereit waren, Risiken einzugehen, während die Frauen weit vorsichtiger agierten (Byrnes et al. 1999). Das Ausmaß der geschlechtsspezifischen Unterschiede war also alles andere als gering. Insbesondere beim Glücksspiel, bei riskanten Experimenten, bei intellektueller Risikobereitschaft und beim körperlichen Einsatz bestanden die größten Abweichungen.

Wenn wir diesen Faktor nun auf die Geschäftswelt umlegen, dann neigen männliche Führungskräfte weit mehr dazu, gewagte Entscheidungen zu treffen, als es bei weiblichen Managern der Fall ist.

Risikoarmut darf in diesem Fall nicht mit einem Zaudern oder sogar einer ängstlichen Einstellung verwechselt werden. Eine gering ausgeprägte Risikobereitschaft erhöht die Fähigkeit, sichere Entschlüsse zu fällen und sollte aus diesem Grund als eine besondere Stärke weiblicher Führungskräfte angesehen werden. Demzufolge sorgt eine Durchmischung der Geschlechter in den Führungsmannschaften für ein ausgewogeneres Chancen-Risiko-Verhalten, eine durchaus begrüßenswerte Situation. Das Gleiche gilt daher auch für den Aufsichtsrat und an dieser Stelle möge man sich wundern, weshalb eine vom Staat auferlegte Frauenquote überhaupt eingeführt werden musste.

Kommen wir nun zur Kehrseite der weiblichen Risikoarmut: Wie wir bei unserer Protagonistin Lisa sehen konnten, wogen die Risiken, die sie mit diesem Karriereschritt einging, die Gefahr, ihre Familie damit zu verlieren, weit schwerer als die Vorteile dieser Position. So wie Lisa entscheiden sich viele Frauen für eine weniger riskante Alternative, solange beide Wahlmöglichkeiten ähnlich attraktiv sind. In Lisas Fall konnte sie in ihre aktuelle Position als Vorstandsmitglied behalten, schließlich gab es keine Umstände, die sie zum Jobwechsel zwangen. Sie verdiente gut, fühlte sich in ihrer derzeitigen Firma wohl, kurzum: Die Vorteile, die ein möglicher Wechsel mit sich brachte, besaßen bei ihr nicht so viel an Gewicht.

Wäre Lisa ein Mann, würde sie höchstwahrscheinlich ganz anders entscheiden.

Bei der Besetzung von Aufsichtsratsposten sollte einiges an Augenmerk auf Aspekte gelegt werden, die eventuelle Risiken für die Bewerberin bedeuten könnten. Beispielsweise der vergleichsweise hohe Zeitaufwand, der zu Lasten ihrer Familie oder anderen Verpflichtungen gehen könnte. Ebenso führen mögliche Interessenkonflikte mit ähnlichen Positionen, die eine Kandidatin bereits innehält, zu einer inneren Zerrissenheit.

Wenn über Risiken nicht offen gesprochen wird, besteht hier die realistische Gefahr, aussichtsreiche weibliche Kandidaten zu verlieren. Außerdem sollte ein zu großes Konkurrenzgefühl vermieden werden. Wie wir inzwischen erfahren haben, reduziert eine derartige Situation die Leistungsfähigkeit weiblicher Kandidaten eher, als dass diese einen zusätzlichen Ansporn darstellt. Auch in einem solchen Fall könnte es zu einem Rückzug der Bewerbung führen, wenn der empfundene Konkurrenzdruck zu groß wird. Eine unter Umständen bedauerliche Entscheidung, die mit der richtigen Vorgehensweise durchaus hätte vermieden werden können.

Wie Sie sehen, bestehen weit größere Chancen, zu wenige Frauen für Aufsichtsratspositionen zu finden, als einem Überangebot gegenüberzustehen. Der Grund dafür sind ganz bestimmte geschlechtsspezifische Muster, weshalb vor allem exzellent ausgebildete Frauen mit einem hohen Bildungsniveau häufig eine für das männliche Geschlecht nur schwer nachvollziehbare Entscheidung treffen. Nämlich weg von der Karriere, hin zur Familie oder persönlicher Entwicklung.

Wenn Sie jedoch die vorgestellten Aspekte beachten, die Selektion, Ansprache und die Bewerbungsgespräche entsprechend darauf abstimmen, sollte es Ihnen gelingen, die Frauenquote in Ihrem Aufsichtsrat zu erfüllen.

7.1 Über den Autor

Markus Miksch gilt als einer der derzeit innovativsten Führungsexperten im deutschsprachigen Raum. Der ehemalige Manager in internationalen Konzernen im In- und Ausland berät unter anderem Top-Führungskräfte im Bereich der geschlechtsspezifischen Kommunikation.

Der Buchautor veröffentlichte bisher mehrere Sachbücher, aber auch Hörbücher wie „Frauen kommen von der Venus-Männer aus dem Baumarkt".

Der Interimsmanager und Businesscoach verblüfft in seinen Vorträgen sein Publikum mit gleichermaßen gewagten wie provokanten Thesen zur Mitarbeiterführung. Sein Keynote-Vortrag „Führungskräfte mit Ablaufdatum?" werden regelmäßig von Veranstaltern und Unternehmen unterschiedlichster Branchen gebucht.

Er ist ein Mann aus der Praxis, der weiß, wovon er spricht.

Nicht zuletzt deswegen beauftragen ihn namhafte Unternehmen, um ihre Führungskräfte für künftige Aufgaben optimal vorzubereiten.

Weitere Infos unter www.markusmiksch.com.

Literatur

Byrnes, J. P., Miller, D. C., & Shafer, W. D. (1999). Gender Differences in Risk Taking: A Meta-Analysis. *Psychological Bulletin, 125*(3), 367–383.

Clance, P. R., & Imes, S. A. (1978). The Impostor Phenomenon in High-Achieving Women: Dynamics and Therapeutic Intervention. *Psychotherapy: Theory, Research and Practice, 15*(3), 241–247. Harvey und Katz, Das Hochstapler-Phänomen

Deary, I. J., et al. (2003). Population sex differences in IQ at age 11: the Scottish mental survey 1932. *Intelligence, 31*(6), 533–542.

FidAR – Frauen in die Aufsichtsräte e. V. (2015). Woman-on-Board-Index. http://www.bmfsfj. de/RedaktionBMFSFJ/Abteilung4/Pdf-Anlagen/FAQ-gesetz-frauenquote,property=pdf, bereich=bmfsfj,sprache=de,rwb=true.pdf (Erstellt: 30.09.). Zugegriffen: 27. Okt. 2015

Gneezy, U., & Rustichini, A. (2004). Gender and Competition at a Young Age. *American Economic Review, 94*(2), 277–381.

Grouzet, F. M. E., et al. (2005). Goal Contents across Cultures. *Journal of Personality and Social Psychology, 89*, 800–816.

Martinez, S. (2005). Women's Intrinsic and Extrinsic Motivations for Working. In B. Schneider, & L. J. Waite (Hrsg.), *BeingTogether, Working Apart*. Cambridge: Cambridge University Press.

Niederle, M., & Vesterlund, L. (2007). Do Women Shy Away from Competition? Do Men Compete Too Much? *Quarterly Journal of Economics, 122*(3), 1409–1447.

Plädoyer gegen die Frauenquote

8

Eine Ermutigung zu mehr Selbstvertrauen in die eigene Fähigkeit und noch mehr Mut sich zu zeigen

Christa Nehls

Eine wirklich emanzipierte Frau braucht ihre Emanzipation nicht zu plakatieren. Sie ist für sie so selbstverständlich wie ein Pulsschlag und Atemluft. (Guilietta Masina)

Zusammenfassung

Am Ende ist alles Kommunikation! So lautet das Fazit von Christa Nehls. Gläserne Decke, Frauenquote, Macht, unterschiedliche Gehälter. Alles ist Kommunikation. Wenn Frauen schweigen und darauf warten entdeckt zu werden, ändert sich nichts in der weiblichen Berufswelt. Veränderung ist möglich, Karriere ist möglich. Doch gibt es den einen Königsweg?

Oder bleibt letztendlich nur ein höchst individueller Weg für jede Frau auf dem Weg nach oben? Ein Streifzug durch die Geschichte zeigt, wie stark Bildung und Karriere korrelieren. Unsere moderne Welt scheint diese Beobachtung zu bestätigen. Doch kann das die Lösung sein? Bildung auf höchstem Niveau für Frauen? Oder fehlt etwas anderes?

Und was lässt so viele junge Frauen nach Beendigung des Studiums die drei „K" wählen statt der Umsetzung des Studiums in der Berufswelt? All diese Fragen warten auf eine Antwort. Zu einigen Fragen entwickelt die Autorin Antworten … Ist am Ende wirklich alles nur Kommunikation?

C. Nehls (✉)
Mannheim, Deutschland
E-Mail: christa.nehls@menschin.com

© Springer Fachmedien Wiesbaden 2016
P. Buchenau (Hrsg.), *Chefsache Frauenquote*, DOI 10.1007/978-3-658-12183-9_8

8.1   Erste Einsichten

Ja, ich weiß, ich bin eine Nestbeschmutzerin. Ich kenne das seit über 30 Jahren, ungefähr seit 1983 ... Sätze und Fragen wie: Wie kann frau nur gegen die Frauenquote sein? Wie sollen wir Frauen denn sonst hoch kommen? Jetzt wollen wir den Frauen was Gutes tun, dann ist es auch nicht recht. So oder ähnlich geht es in einem fort.

Für mich war immer klar, ich will nicht Karriere machen aufgrund irgendeiner Quote, und vor allem nicht aufgrund einer Frauenquote! Immer lehnte ich ab, was ich nicht erarbeitet hatte. Und ich bezahlte einen weiteren Preis für meine Einstellung: Ich wurde einfach nicht entdeckt! Keiner wollte mich entdecken und die Hierarchieleiter hinaufbefördern ...

Diese Folge meiner Entscheidung verstand ich erst viel später, als ich mich mit dem Thema Kommunikation generell auseinandersetzte. Dabei entdeckte ich die verschiedenen Verhaltens- und Kommunikationsweisen von Männer und Frauen.

Einerseits ist dieser Artikel ein Plädoyer gegen die Frauenquote, andererseits gibt er Anregungen dafür, was sich ohne Frauenquote tun lässt. Welche Möglichkeiten sind vorhanden, um die Würde beider Geschlechter zu stärken und gleichzeitig Gleichberechtigung im Sinne der Gleichwertigkeit zu erreichen?

Ich nehme Sie mit auf einen Gang durch die Geschichte, hin zu erfolg- und einflussreichen Frauen. Es gab zu allen Zeiten erfolgreiche Frauen, auch ohne Quoten. Sie gingen ihren Weg und vertrauten ihrer Kraft, Intuition und Kommunikationsfähigkeit. Danach geht es im schnellen Schritt in die Moderne, gefolgt von vielen Erkenntnissen aus Forschung und Beobachtung zum Thema Frauen und ihrer Position in der Gesellschaft. Das Tempo bleibt hoch, ich nehme Sie mit auf neuen Pfaden und baue Brücken in eine Welt der Gleichwertigkeit, in eine Welt, die Männern *und* Frauen Möglichkeiten bietet, das eigene Leben zu leben.

Zu keinem Zeitpunkt geht es um Schuldzuweisungen, sondern immer nur um eine realistische Betrachtung der Gegenwart und Lösungen aus Situationen oder scheinbaren Sackgassen.

Frei übersetzt sagt Anne-Marie Slaughter in „Why Women can't have it all" (Slaughter 2012): Es wird Zeit, dass wir aufhören uns selbst zu betrügen. Frauen, die sowohl Mutter als auch an der Spitze von Unternehmen stehen, sind übermenschlich, reich oder selbstständig.

8.2   Frauen und Macht – damals und heute

Meine Ex-Schwiegermutter, eine Frau aus dem Bildungsbürgertum, und diesen Begriff meine ich durchaus positiv, sagte zu mir, wenn ich Karriere machen wolle, müsse ich unbedingt die Biographien prominenter bzw. einflussreicher Frauen lesen. Mit Mitte zwanzig fand ich das etwas befremdlich. Ich war jung, neugierig, ambitioniert. Was sollte ich mich mit vergangenem Kram beschäftigen? Katharina die Große (1729–1796), Madame de Staël (1766–1817), Rosa Luxemburg (1871–1919) und andere.

Meine Güte, wir leben im Hier und Jetzt. Jahre, nein, ganz ehrlich, Jahrzehnte später, las ich ein wenig nach. Und ich entdeckte weitere großartige Frauen, die ihren Platz eroberten und behaupteten. Zugegeben, es befinden sich viele Königinnen und Adlige darunter wie z. B. Cleopatra und Queen Mom. Diese hatten andere Möglichkeiten als das „gemeine" Volk. Und jene sind es auch, von denen wir Berichte, Biographien und Namensnennungen haben.

Alle diese historischen Frauen haben das folgende gemeinsam:

- sie waren wissbegierig,
- sie waren belesen,
- sie schrieben selbst Artikel und Bücher,
- sie diskutierten in (eigenen) Salons und zogen damit die Elite der Denker an sich,
- sie waren in der Lage, das große Ganze zu erkennen und ihre Schlüsse daraus zu ziehen,
- ihre Intelligenz und ihr Scharfsinn waren bekannt und anerkannt oder sogar gefürchtet und
- sie nutzten ihre Intelligenz zum eigenen Vorteil und dem der Familie (z. B. Madame Pompadour brachte ihre Familienmitglieder in wichtige Positionen und sorgte für die Tilgung der gesamten Familienschulden. Wer zum König wollte, hatte sie zu besuchen – als erstes).

Außerdem nutzten diese Frauen ihr Wissen, um sich zu positionieren. Häufig galten sie als Querdenkerinnen. Unbestritten ist bei allen, dass sie ihre weibliche Art zu Denken ein- und umsetzten. Von Frauenquote war hier noch nicht die Rede, noch nicht einmal vom Frauenwahlrecht. Sie erkämpften sich ihre Position auf ihre Weise, teilweise mit Unterstützung eines Gönners z. B. Ludwig XV, der Madame Pompadour allen Widerständen zum Trotz zur „maîtresse en titre", also zur offiziellen Mätresse des Königs ernannte – als erste Bürgerliche. Weibliche Arbeit beschränkte sich üblicherweise auf haushaltsnahe Tätigkeiten. Diese konnten gewürzt sein mit ein wenig Bildung, abhängig von der Gesellschaftsschicht, in welche die Frau hinein geboren wurde. Im Verlaufe der Jahrhunderte änderte sich das nur geringfügig. Es gab keine Frauenquote und es gab Frauen in wichtigen Positionen.

NB: Auch die Schulpflicht, die in Deutschland bereits in der Mitte des 16. Jahrhunderts eingeführt wurde, förderte nicht die Gleichstellung der Geschlechter.

Die weibliche Art zu denken – ein kleiner Exkurs: Hier scheiden sich die Geister und kommen doch zusammen. Frauen in der damaligen Zeit lernten durch Beobachtung, selten durch weibliche Vorbilder, und Adaption. Keine gab sich selbst und ihre Ziele auf oder wurde zum Mann. Männliches Verhalten wurde genutzt, wo es notwendig erschien. Diese Frauen nutzten die beobachteten Fähigkeiten, so wie man eine Fremdsprache erlernt. Sie dienten ihnen als Werkzeug. Und hier zeigt sich der entscheidende Unterschied.

Das Werkzeug war nützlich und handlich. Es erforderte keine Selbstverleugnung oder Selbstaufgabe. Das Verhalten wurde sicherlich angepasst, doch wurden weibliche Verhaltensweisen und Attribute weiterhin aktiv genutzt z. B. Charme, Schönheit, Kleidung, Schmuck, Augenaufschlag, Schminke, Anschmiegsamkeit. Ab und an blitzte Intelligenz und Intellekt sowie Kalkül hindurch. Ihre Art der Kommunikation hatte sich verändert. Hatten sie als Frau zurückhaltend und höflich, lieb und nett zu sein, so waren sie jetzt freundlich dominant und vorwärtsstrebend.

Um in der Männerwelt bestehen zu können, war es unabdingbar notwendig, in den Vordergrund zu treten und die Zurückhaltung in der Kommunikation aufzugeben. Sie vertrauten nicht darauf, entdeckt zu werden. Sie entdeckten auf eigene Initiative ihre Berufung und ihre Fähigkeiten, um alles für sich gewinnbringend einzusetzen.

Heute haben wir weitgehend die weibliche Art zu denken verloren. Wir stehen im Job unseren Mann, die Kleidung ist angepasst an die der Männer, Hosenanzug, Bluse. Die Haare sind glatt und zurückgenommen. Frauen tragen kaum Schmuck, sie schmücken sich nicht. Die Schuhe flach und sehr dezent, die Handtasche funktional. Die bunte Vielfalt, die in vergangenen Jahrhunderten Reichtum ausdrückte, ist verschwunden. Auch die Kleidung hat etwas mit weiblichem Denken zu tun. Wenn wir uns nur weit genug anpassen, bekommen wir alles.

Als ich im Februar 2013 im Rahmen eines Seminars eine Liste von Menschen erstellen sollte, lebend oder verstorben, die ich gerne in meinem Board of Advisors hätte, hatte ich Schwierigkeiten, Frauen zu benennen. Männer fielen mir in Unmengen ein. Seitdem habe ich geübt und nach Frauen Ausschau gehalten. Die folgende Liste habe ich willkürlich zusammengestellt. Welche Frauen fielen mir ein ... Politikerinnen, Künstlerinnen, Medienfrauen, Managerinnen bzw. Vorstände in DAX-notierten Unternehmen. Ich denke, sie liest sich interessant:

- Alice Schwarzer, Feministin, „Emma"-Chefredakteurin
- Arabella Kiesbauer, eine der ersten Talkshow-Moderatorinnen
- Carmen Thomas, erste Sportschau-Moderatorin
- Fürstin Gloria von Thurn und Taxis, ordnete das Imperium neu
- Sheryl Sandberg, COO Facebook, „Lean in" (Buch), „You can have it all." Sie belegt in der Weltrangliste der einflussreichsten Frauen Platz 8.
- Anne-Marie Slaughter, Rechtsprofessorin, Dekan der Princeton's Woodrow Wilson School of Public and International Affairs, Angestellte der Regierung u. a. mit Hillary Clinton
- Hillary Clinton, FLOTUS, Bewerberin für die Präsidentschaft der USA
- Michelle Obama, FLOTUS
- Angela Merkel, Bundeskanzlerin seit 2005
- Indira Ghandi, Premierministerin Indien
- Golda Meir, Premierministerin Israel
- Margaret Thatcher, Premierministerin Großbritannien
- Beyoncé, Sängerin und stark in karitativen Aktivitäten engagiert

- Niki de Saint Phalle, französische Künstlerin
- Madonna, Sängerin
- Margret Suckale, BASF, Arbeitsdirektorin und Werksleiterin LU (DAX)
- Angela Titzrath, Deutsche Post, Arbeitsdirektorin (DAX)
- Marion Schick, Telekom, Arbeitsdirektorin (DAX)
- Janina Kugel, Siemens, Arbeitsdirektorin (DAX)

Zum Zeitpunkt der Übung dachte ich, hier einen Mangel in meinem persönlichen Denken und Verhalten entdeckt zu haben. Dieser Umstand sorgte für ein vertieftes Nachdenken. Was hatte verhindert, dass Frauen in meinem virtuellen Board waren? Mit Ehrlichkeit betrachtet ergab sich, dass mein Denken folgendermaßen funktionierte: Nur Männer sind erfolgreich, Frauen können so etwas nicht! Schon verquer, ich bin eine Frau und denke so etwas … Seitdem gehe ich noch einmal anders durch die Welt, beobachtend, lernend, verstehend, und aus allem Schlüsse ziehend, um mein Verhalten zu verändern und neue Perspektiven zu überprüfen.

Doch zurück zur Liste. Folgende Details fielen mir auf:

- Interessanterweise waren die wenigen Frauen, die in DAX-notierten Unternehmen Vorstandsmitglied sind, alle Arbeitsdirektorinnen, vereinzelte sind zuständig für Gesundheit oder Diversity.
- Am 15.10.2015 hörte ich im Radio von einer Studie über die Lesevorlieben von Männern und Frauen, eine Eigenuntersuchung von Amazon. Das Ergebnis: Männer lesen gerne von erfolgreichen Menschen, Frauen lesen lieber von unterdrückten und misshandelten Frauen. Sheryl Sandberg wird nicht gerne von Frauen gelesen. Später hierzu mehr.
- Margaret Thatcher, die eiserne Lady, studierte Chemie und arbeitete in den 1940er-Jahren als Chemikerin. Gleichzeitig engagierte sie sich politisch. Als sie den vermögenden Denis Thatcher heiratete, konnte sie sich voll auf ihre politischen Ambitionen konzentrieren, ohne weiterhin einem Beruf nachzugehen. Systematisch entwickelte sie ihre politische Karriere. 1979–1990 war sie ununterbrochen Premierministerin von Großbritannien. Das gab es nicht wieder. Einen Satz, den sie immer wieder nutzte: „There is no alternative." Einige Zeit später hören wir „Das ist alternativlos" von Angela Merkel. Die Geschichte wiederholt sich. Angela Merkel hatte übrigens als großen Förderer bzw. Sponsor Helmut Kohl.
- In einem typischen IT-Unternehmen (IT, Beratung, 300 Mitarbeiter) erhoben wir vor einiger Zeit (2011) eine Statistik. 21 % der Mitarbeiter waren weiblich. Die Mehrheit war in Bereich Personal und Marketing beschäftigt, unter 10 % waren Beraterinnen.

Seit einiger Zeit lerne ich viele Frauen kennen, da ich mich sehr für Sprachen und Kommunikation interessiere. Die nordwestliche Welt wie Mitteleuropa, Skandinavien, Großbritannien, USA, Kanada erscheinen sehr aktiv zum Thema Frauenquote. Diese Länder haben sich für die Einführung der Frauenquote entschieden. Ständig erscheinen neue

Listen, zu wie viel Prozent Frauen in Führungspositionen vertreten sind. Die Ergebnisse werden beklagt, doch niemand schaut richtig hin. Wie sollen die Frauen dorthin kommen, wenn ihnen auf dem Weg dorthin Wege und Unterstützung fehlen. Je länger ich darüber nachdenke, desto sicherer bin ich, dass Quoten unnütz sind. Sie sind nur Alibi. Die notwendigen Aktionen zu Beginn des Weges sind viel entscheidender, um Frauen in Top-Positionen zu bekommen.

Zwischenfazit: Frauen sind noch lange nicht dort angekommen, wo sie hingehören.

8.3 Ich bin ein Star, entdeckt mich endlich! – Ab durch die gläserne Decke

Eine Karriere scheint zu stocken oder beendet, und sofort fällt der Begriff „Gläserne Decke". Gibt es diese gläserne Decke wirklich, oder ist sie nur ein Alibi für … ja für was oder wen?

Meine persönliche Meinung: Die gläserne Decke ist eine Erfindung, die von Frauen erdacht wurde, um zu erklären, warum es nicht weiter geht auf der Karriereleiter. Zugegebenermaßen eine harte Aussage, bedeutet es doch, dass die Frauen selbst verantwortlich sind für ihre Entwicklung und Karriere. Ist es wirklich so einfach? Andererseits ist es immer tröstlich, die Verantwortung abzugeben. Es gibt eine gläserne Decke, die ist schuld, dass ich nicht weiterkomme.

Und auch: Ich werde schon entdeckt werden, ich muss nur hart genug arbeiten, denken die meisten Frauen. So habe ich auch immer gedacht. Bis ich entdeckte, das es keine Entdeckung gibt. Unsere Erziehung ist von jeher unterschwellig darauf ausgelegt, dass ein weibliches Wesen nicht in den Vordergrund zu treten hat. Wenn sie es doch tut, wird sie abgestraft, schließlich ist sie nicht lieb und brav und nett, wie sich das für ein Mädchen gehört. Das klingt wieder nach Klischee. Mich hat diese Erkenntnis in die Selbstständigkeit geführt. Ich fühlte mich so überhaupt nicht mehr wohl in meinem Job, und ich sah keine Möglichkeit der Weiterentwicklung mehr.

Es gibt genügend Frauen, die fachlich höchst qualifiziert sind. Warum finden wir sie nicht in den entsprechenden Positionen? Sicherlich spielt es eine große Rolle, dass Frauen gerne entdeckt werden wollen. Aber wehe, wenn sie dann entdeckt werden, schwupps, ziehen sie sich zurück wie die Muschel ins Gehäuse und man hört noch den Satz: „Dazu fehlt mir noch die ein oder andere Fähigkeit." Und damit ist die Chance vergeben, denn der nächste Mann steht schon bereit, der nicht darüber nachdenkt, ob er denn die geforderten Fähigkeiten alle hat.

Eine andere Variante wird von Frauen bevorzugt, die keine weiteren Chancen für sich sehen, weiter zu kommen: Sie gehen in die Selbstständigkeit und sind somit für die Unternehmen verloren. Interessanterweise sind diese Frauen erfolgreich mit neuen Ideen und Produkten und werden in kurzer Zeit erstzunehmender Mitbewerb. Diese Frauen sind für die Unternehmen verloren, sie kommen nicht mehr zurück. Ganz im Gegenteil – sie gründen Unternehmen und generieren positive Umgebungen für karrierewillige Frauen oder schaffen sich selbst eine Umgebung, in der die Arbeitsbedingungen für sie selbst stimmen. U. a. gibt es Unternehmen, die schon in der dritten Generation von Frauen geführt werden, d. h. sie existieren bereits über 50 Jahre.

Sheryl Sandberg postuliert in „Lean in" (Sandberg 2013), dass Frauen alles vereinbaren können. Es sei kein Problem, sagt sie, Beruf und Kinder/Familie unter einen Hut zu bringen. Damit stellt sie eine hohe Forderung auf. Betrachtet man genauer die Konstellationen der Frauen in Spitzenpositionen, stellt man schnell fest, dass der Partner eine wesentliche Rolle spielt. Unterstützt und befürwortet er die Karriere und Entwicklung seiner Partnerin, kommt sie voran. Häufig stehen Kinderfrau und anderes Personal zur Verfügung. Doch bei den jungen Frauen, die einen Partner haben, der sich selbst gerade noch entwickelt und positioniert, wird es schwieriger. Es fehlt die komplette Infrastruktur, um frei die angestrebte Position zu erreichen. So hält sich die Begeisterung über Sheryl Sandberg deutlich in Grenzen und bestätigt die Untersuchung von amazon, nach der Männer gerne Bücher über erfolgreiche Menschen lesen, Frauen dagegen Bücher über unterdrückte/misshandelte Frauen. Sheryl Sandberg gehört nicht zur bevorzugten Lektüre. Ursprünglich wunderte ich mich über diese Information, bis ich auf einen Artikel in „The Atlantic" von Anne-Marie Slaughter stieß. Die Messlatte hängt einfach zu hoch für die Generation von heute. „You can have it all." Ist zu hoch, zu groß. Frauen zerreißen sich bei dieser Vorgabe.

Slaughter gilt als Widersacherin von Sheryl Sandberg. Sie war Universitätsprofessorin und Dekanin der an Princetons Woodrow Wilson School of Public and International Affairs. Sie ist lange der Prämisse gefolgt, man kann als Frau alles haben, wie Sheryl Sandberg auch. Doch sagt sie auch sehr klar, Frauen sollen aufhören, sich selbst zu betrügen. Nur Frauen, die reich sind oder Unternehmerin oder mit übermenschlichen Kräften ausgestattet sind, schaffen es, Kindererziehung und Top-Job zu kombinieren.

Als sie einen Job in Washington im Umfeld von Hillary Clinton antritt, bleibt die Familie in Kalifornien. Sie selbst wechselt nach Washington und pendelt. In ihrem Artikel „Why women can't have it all" beschreibt sie, warum und wie sie ihre Karriere veränderte. Sie entschied für sich, dass sie nicht weiter im Dienst der Regierung arbeiten wolle, so lange ihre beiden Söhne daheim seien.

Als sie über ihre Entscheidung in einer Rede vor jungen Frauen spricht, sind die Reaktionen doch etwas unerwartet und überraschend. Eine junge Frau bedankt sich dafür, dass sie nicht noch eine dieser einpeitschenden Reden gehalten habe nach dem Motto: „You can have it all." Fast alle Zuhörerinnen planten, Karriere und Familie zu kombinieren. Alle waren sich bewusst darüber, Kompromisse eingehen zu müssen, die Männern so nicht werden machen müssen. Ihrer Meinung nach könnten Frauen und Männer nach wie vor alles haben, auch alles zur gleichen Zeit, doch so wie das heutige Amerika strukturiert sei, erscheint ihr das unmöglich. Aufgrund ihrer persönlichen Erfahrung sieht sie vieles, was einer schnellen Veränderung bedarf.

Ihre Geschichte klingt vertraut … trifft sie doch gleichermaßen für Deutschland zu. Frauen bewegen sicherlich viel. Wenn unsere Gesetzgebung unterstützt, ist noch mehr möglich. Unternehmen können einen großen Teil dazu beitragen, die Arbeitsbedingungen und Aufstiegsmöglichkeiten für Frauen deutlich zu verbessern. Wir scheitern grandios an Arbeitszeiten, nein, nicht den eigenen, sondern an denen von Kindergarten und Hort. Noch sind es die typischen Arbeitszeiten z. B. 8–16 Uhr. Solange Frauen in höheren Positionen in der Minderheit sind, bleibt ihnen nur, eine Nanny zu engagieren. Deren Zeitflexibilität passt sich den eigenen Arbeitszeiten an. In der heutigen Arbeitsgesellschaft ist es normal, dass Meetings angesetzt werden, wie sie gebraucht werden, oder auch so angesetzt, um ungeliebte Mitarbeiter auszugrenzen. Internationale Aktivitäten erfordern sehr große Flexibilität, z. B. von Deutschland aus eine Telefonkonferenz mit USA und Neuseeland gleichzeitig. Mir hat das nicht immer Freude bereitet. Eine beteiligte Partei muss immer in der Nacht aufstehen oder auf das Abendessen mit der Familie verzichten. Und auch heute hadere ich mit den Gegebenheiten. Doch ist mir klar, die Welt lässt sich nicht nach meinen Wünschen konzipieren. Also geht die Last reihum. Jeder ist einmal zu einer ungeliebten Zeit in der Konferenz.

Unternehmen kommt hier eine wichtige Aufgabe zu, diese Flexibilität nicht zum Stress und zur Überbeanspruchung und Demotivation ausarten zu lassen. Sie sitzen direkt am Hebel. Wir alle wissen, wir benötigen dringend Fachkräfte. „Mütter sind hochmotiviert", sagte jüngst ein Unternehmer vor anderen Unternehmern: „Sie sind immer da. Wenn die Kinder krank sind, organisieren sie Lösungen. Sie organisieren sich selbst und organisieren Teams." Es wäre schön, wenn sich dieses Wissen bei Unternehmern in Deutschland und der Welt sehr schnell herumsprechen würden. Je größer das Bewusstsein für diese Themen ist, desto eher finden sich Lösungen. Moderne Technik hilft hier. Zusätzlich braucht unsere moderne Industriegesellschaft einen Wandel im Kopf. Bisher zählt, wer lange am Arbeitsplatz ist, ist wichtig und wird berücksichtigt in der Karriere-Entwicklung. Die Blüten, die dieses Denken bisher getrieben hat, kennen wir zur Genüge. Da hängt die Anzugsjacke auf dem Stuhl, der Bildschirm flackert noch, das Licht brennt. Für jeden ist ersichtlich, der Mitarbeiter ist noch aktiv. Doch hat er sich schon lange durch die Hintertür hinausgeschlichen und sitzt gemütlich mit der Familie beim Abendessen oder mit Freunden beim Feierabendbier.

Dazu fällt mir gerade wieder Bronnie Ware ein mit ihrem Buch „5 Dinge, die Sterbende am meisten bereuen" (Ware 2012). Sinngemäß lautet Nr. 1: Ich wünschte, ich hätte den Mut gehabt, das Leben zu leben, das ich wollte und nicht das, von dem ich meinte, dass es anderen gefallen würde. Nr. 2: Ich wünschte, ich hätte in meinem Leben nicht so viel und hart gearbeitet. Ihr Fazit dazu: Das kam von jedem Mann, den ich betreute. Alle realisierten auf dem Sterbebett, dass sie weder die Kindheit noch die Jugend ihrer Kinder erlebt haben, ganz zu schweigen die Begleitung ihrer Partnerin. Die Männer bereuten zutiefst, ihre Partnerschaft nicht gelebt zu haben. Sie wussten nicht, was in ihren Frauen vorging, haben sie nicht begleitet, nicht bei der Erziehung der Kinder, nicht im partnerschaftlichen oder geschäftlichen Leben. Betrachte ich diese Zusammenstellung, die auch von Slaughter zitiert wird, so kann ich mich des Gefühls nicht erwehren, dass etwas in unserer modernen Gesellschaft schief läuft. Woher kommt dieser Umgang mit Frauen?

Es gab zu allen Zeiten Gesellschaftsformen, deren Kultur und Denken es erlaubte, Frauen zu fördern und ihre Meinung hoch zu schätzen z. B. im 5. und 6. Jahrhundert in Irland oder noch weiter zurück die Amazonen. Also das Argument, das hat es noch nie gegeben, trifft hier nicht zu. Die Gene vielleicht? Damals in der Zeit der Neandertaler, als die Männer draußen waren zum Jagen und Frauen in der Höhle saßen, auf die Kinder und Alten aufpassten, dadurch multitaskingfähig waren, und Beeren sammelten, ein Gedankenexperiment. Sicher ist das ein nicht zu vernachlässigender Faktor. Doch manchmal – so ganz im Geheimen – denke ich mir, es gibt bestimmt noch mehr. Und dann fallen mir Dinge ein, wie Machtstrukturen, Untertanen, Sklaventum, Bevormundung. Wenn ich jemandem Rechte verweigere und über ihn bestimme, nehme ich an, diesen Menschen unter Kontrolle zu haben. Keine Bewegung, keine Äußerung, ohne dass ich davon weiß … Gelegentlich finden sich Artikel, Bücher und Abhandlungen, die sich mit diesen psychologischen Machtstrukturen befassen, doch zumeist als Fachliteratur oder etwas unglücklich als populistisches Werk. Vieles deutet in Richtung Kirche und deren Machtstrukturen mit der daraus resultierenden klaren Ausgrenzung von Frauen. Dieses Verhalten und Denken hat auf die Gläubigen abgefärbt. Eine Frau gehörte ins Haus und nicht in die Öffentlichkeit, Ausnahmen machte nur der Adel bzw. die Königin. Frauen durften sittsam in die Kirche gehen, sich verhüllen. Offizielles Mitspracherecht gab es nicht, Wahlrecht war ein Fremdwort. Das ist ein Leben, das tiefe Spuren in den Generationen hinterlässt. Wagten es Frauen, anders zu sein, wurden sie als Hexen bezeichnet und verbrannt.

Wie oder woher sollen Frauen die Vorbilder nehmen für ein anderes Leben? Es lebt sich einfacher mit Vorbildern. Doch das, was Frauen heute wollen und machen, gab es so noch nicht. Für das, was ansteht, brauchen Frauen viel Kraft, am besten werden sie zu Superwoman, es sei denn, sie sind reich oder Unternehmerin. Dann existieren die Gestaltungsräume, die notwendig sind, um ohne übermenschlichen Kraftakt Kinder und Karriere unter einen Hut zu bringen.

Wenn ich zusammenfasse, was Slaughter dazu in ihrem großen Artikel schieb, dann braucht eine Frau Disziplin, Organisation und Ausdauer, um in Führungspositionen mit kleinen Kindern erfolgreich zu sein. Die Leistung dieser Frauen sei am einfachsten vergleichbar mit einem Lauf von gut 50 Kilometer pro Woche, also einen etwas längeren Marathon. Doch wer sieht das schon so? Arbeitgeber sehen verständlicherweise die Leistung im Betrieb. Dass eine Frau ein erfolgreiches Kleinunternehmen führt – zuhause, wie es einmal in einer Werbesendung hieß, das ist unerheblich. Die Leistung vor Ort zählt. Dabei handelt es sich meines Erachtens jedes Mal um eine bewusste Entscheidung, sowohl für Kinder und Familienplanung als auch für einen Marathonlauf.

Und an anderer Stelle räsoniert sie, dass Väter ihre Kinder genau so lieben wie die Mütter. Männer würden sich eher für einen Job auf Kosten der Familie entscheiden, während Frauen eher die Familie auf Kosten des Jobs wählten. Männer entscheiden sich schnell für eine Gelegenheit, haben hervorragende Netzwerke (siehe Kamingespräche) und lösen sich eher von der Familie als Frauen und entscheiden sich bei Karrieremöglichkeiten mehrheitlich für den Job und gegen die Familie. Männer pflegen ihre Netzwerke. Wie sagte vor kurzem ein Personalchef auf einer Frauenwirtschaftskonferenz zum anwesenden Quotenmann: „Männer brauchen keine Quote." Das kam im Brustton der Überzeugung.

Es ist nichts Neues, wenn ich sage: Männer und Frauen sind seit langer Zeit regelrecht konditioniert, ihre Rollen auszufüllen. Männer sind Versorger, Frauen Fürsorger. Männer haben stark zu sein, die Familie zu versorgen und Beschützer zu sein. Frauen blieben und bleiben zuhause, wenn entsprechend der Familienplanung das erste Kind kommt. Es bedeutet heutzutage immer noch einen drastischen Karriereknick, länger aus dem Beruf abwesend zu sein. Das ist mit einem Kind relativ normal. Daher der fehlende „Run" der Männer auf die Elternzeit. Männer entscheiden sich für den Job auf Kosten der Familie.

8.4   Frauenquote – Nein danke! Neue Wege für die Gesellschaft

In der Ausstellung über Amazonen im Historischen Museum Speyer 2010 fand ich im letzten Ausstellungsplakat ein interessantes Resümee ohne Namensnennung, das ich hier auszugsweise zitiere: „In der Antike hatte der Amazonenmythos die Funktion, die bestehende Gesellschaftsform zu bestätigen … Die ‚Amazone' kritisiert daher die bestehenden Verhältnisse, da eine Frau ‚männergleich' sein muss, um sich gegen Männer durchzusetzen … Dabei sollte es als moderne Gesellschaft unser Ziel sein, die ‚Amazonen' endgültig verschwinden zu lassen, denn erst dann haben wir den Weg zur Gleichberechtigung geschafft!"

Dieses Resümee erscheint mir persönlich eine hervorragende Zusammenfassung unserer tradierten Werte und Verhaltensweisen. Und hier gilt es meiner Meinung nach anzusetzen. Studien in den USA ergaben bahnbrechende Erkenntnisse in Unternehmen, die eine familienfreundlichere Haltung gegenüber Mitarbeitern einnahmen wie z. B.

- gefühlt höhere Performanz verglichen zum Mitbewerb (Perry-Smith und Blum 2000),
- Ankündigungen der Unternehmen in The Wall Street Journal zu einer familienfreundlichen Politik ließen den Aktienkurs deutlich ansteigen (Arthur und Cook 2004),
- erhöhte Flexibilität korrelierte direkt mit Einsatz, Zufriedenheit, geringer Kündigungsrate und mehr Gesundheit der Mitarbeiter (Galinsky et al. 2010).

Kaum zu glauben, aber wahr. Nur das Tun zählt hier. Sowie ein Unternehmen, ein Arbeitgeber aktiv wird und sich familienfreundlicher aufstellt, steigt der Aktienkurs, der Umsatz sowie die Zufriedenheit der Mitarbeiter. Diese Studien machen Mut. Faszinierend, wie ein altes Sprichwort wieder an Bedeutung gewinnt: „Es gibt nichts Gutes, außer man tut es."

Es bleibt nur die Frage: Geht es so weiter? Werden noch mehr familienfreundliche Angebote kreiert? Neuere Zahlen sind derzeit nicht auffindbar oder gut versteckt. Allerdings gibt es Webseiten zum Thema: www.familienfreundlicheunternehmen.com. Auch unser BMFSFJ ist aktiv. Gemeinsam mit der Bertelsmann-Stiftung werden familienfreundliche Unternehmen ausgezeichnet, die Listen der Unternehmen sind öffentlich und lang.

Doch auch für die Frauen selbst bleibt genug zu tun. Das beginnt mit dem Mut zur Karriere. Es geht weiter mit dem Mut, die eigenen Bedürfnisse zu leben, um nicht am Ende des Lebens zu sagen, hätte ich doch mein eigenes Leben gelebt. Viele Frauen haben extrem hohe Ansprüche an sich selbst. Alles muss perfekt sein, nichts darf nur gut sein. Es fehlt der Mut zur Unvollkommenheit. Vor einigen Tagen traf ich eine gestandene Mutter, die immer berufstätig war. Es war ihre freie Entscheidung. Sie sagte, sie habe ihre Tage durchorganisiert. Auch wenn die Kinder krank waren, fand sich immer eine Lösung, um allen Seiten gerecht zu werden. Dadurch wurde sie eine exzellente Organisatorin und Teamleiterin. Sie weiß, sie denkt in Lösungen. Genau das fehlt uns heute.

Viele Frauen geben viel zu früh auf. Hilfreich wäre ein Netzwerk von Gleichgesinnten. Übrigens, auch Männer geben häufig auf. Ihnen wurde eine Beförderung versprochen mit der Bemerkung vom Vorgesetzten, erst muss die letzte Beförderung stabilisiert werden, die ihrige ist jetzt in der Planung vermerkt, in circa einem halben Jahr sollte es dann vollzogen sein. Viele Manager beklagen sich bei mir, dass die Mitarbeiter die Bemerkung schon nicht mehr hören. Wenn dann die Beförderung nicht innerhalb von zwei bis vier Monaten erfolgt ist, ziehen sie sich zurück und schmollen. Darauf angesprochen erinnern sie sich nicht mehr. Information hilft und nützt.

Frauen dürfen sich zeigen und Rechte einfordern. Das bedeutet auch, Klartext zu reden in der Form: Ich bin bereit für eine Beförderung, meine Qualifikation ist ... Hilfreich ist dabei immer, firmenintern ein gutes Netzwerk zu haben, einen Mentor oder Sponsor, der im richtigen Moment an der richtigen Stelle den Namen nennt, für die Pluspunkte, nicht für die Fleißpunkte. Frauen müssen lernen, eigene Netzwerke aufzubauen und vor allem zu pflegen. Die übliche Vorgehensweise ist immer noch, ich will etwas haben, ich nutze mein Netzwerk, ich habe das, was ich will, und ich lasse mein Netzwerk fallen.

Danke an Nathalie Melle für diesen Cartoon (vgl. Abb. 8.1). Er beinhaltet sicher nicht die Lösung, die notwendig ist, um unserer Gesellschaft in Zukunft neue Perspektiven der Zusammenarbeit und des Zusammenlebens zu eröffnen. Von Ausrotten war nie die Rede ... und von Tarnung und Umerziehung sicherlich auch nicht. Doch manche Frau hat beim Wort Frauenquote sofort diesen Gedanken: Binden wir ein Schleifchen dran, und alles ist gut. Gelegentlich hilft die Überzeichnung zur Anregung des Denkprozesses.

Frauen sind fähig, an der Spitze mitzuwirken. Frauen haben noch mehr, emotionale Intelligenz. Diese müssen sie nicht erst lernen, die haben sie schon immer. Fachliche Fähigkeiten, Selbstorganisation, Mut zu sich selbst, Selbstbewusstsein, Selbstpräsentation, Fremdsprachenkenntnisse (Deutsch für Männer), die richtigen Netzwerke, intensive Kontakte zu Mentoren/Sponsoren tragen dazu bei, die Frauen auch ohne Frauenquote an die Spitze zu katapultieren. Mit etwas gutem Willen von beiden Seiten ist mehr möglich, als nur die Erfüllung einer Frauenquote. Männer und Frauen brauchen Mut für eine neue Gesellschaft und eine neue Form des Miteinanders.

Abb. 8.1 Es ist ein Junge.
(© Nathalie Melle)

8.5 Am Ende ist alles Kommunikation

Männer und Frauen *müssen* miteinander reden und nicht aneinander vorbei. Für beide Seiten ist es wichtig, ja überlebenswichtig für unsere Gesellschaft, miteinander zu reden. Ich höre ständig, das tun wir doch den ganzen Tag. Sicherlich findet beständig ein Austausch von Worten statt, selten ein Austausch von Sinn und Inhalten. Wir hören einander nicht zu. Unglücklicherweise gilt das auch für Männer untereinander, die einen beständigen Drang nach Selbstdarstellung haben. Und es gilt für Frauen untereinander. Wir meinen zuzuhören und sind doch schon in Gedanken woanders oder überlegen, wie wir auf das Gesagte antworten können.

Frauen sind genervt von den Spielchen der Männer im Job, in Meetings, um Karriere zu machen. Den Männern ist das noch nicht einmal bewusst. Sie haben das schon immer so gemacht. Niemand hat ihnen das so bisher klar gemacht. Dringen Frauen zunehmend in diese Männerdomäne ein, bleibt ihnen nur übrig, erst einmal diese Spielchen kennenzulernen und zu verstehen. Männer lieben es zu spielen, sei es mit echten Spielzeugen oder mit Worten. Leider missverstehen viele Frauen das. Natürlich kommen jetzt die Argumente der Frauen, wieso müssen wir uns anpassen? Wer spricht hier von anpassen? Wenn ich eine Fremdsprache lerne und spreche, passe ich mich dann an? Nein, ich finde durch das Erlernen der Sprache eine Ebene der Kommunikation, die beiden Seiten dient, und somit allen.

Alle Seiten brauchen Geduld miteinander, und die beginnt bei der Kommunikation. Auch Männer dürfen sich bewegen. Es geht kein Weg vorbei am Einsatz der Frauen, ob mit oder ohne Frauenquote. Wenn wir miteinander reden, uns unterstützen, dann haben wir mehr Möglichkeiten, die Reibungsflächen werden weniger, das erspart Zeit und hat auch noch einen positiven Einfluss auf die Einnahmen und den ROI von Unternehmen. Also, beginnen Sie noch heute, die Sprache des anderen Geschlechts zu verstehen und zu sprechen. Am einfachsten funktioniert das durch Zuhören und Beobachten. Es lässt sich überall anwenden und erfordert nur ein wenig Zurückhaltung, Übung und Aufmerksamkeit. Respekt, Wertschätzung und Achtung des Gegenübers setze ich als gegeben voraus.

8.6   Resümee

Zum Abschluss fasse ich noch einmal zusammen: Frauenquote ist ein sehr modernes Thema, vielleicht gut 50 Jahre alt. In dieser Zeit ergaben sich viele Änderungen, seit den 1970er-Jahren erst dürfen Frauen einen Beruf ausüben, ohne ihren Ehemann um Erlaubnis zu fragen. Von Anfang an blieben Frauen allein, wenn es um die Vereinbarkeit von Beruf und Familie ging. Hinzu kamen die Forderungen nach einer Frauenquote, ohne Lösungen zu schaffen für Frauen, die Karriere machen wollen. Es fehlen Vorbilder für die Frauen. Die vorhandenen Vorbilder, d. h. Frauen, die erfolgreich in Führungspositionen aufgestiegen sind, sind häufig nicht passend für die Mehrheit der jungen Frauen. Sie stellen Forderungen an die nachfolgende Generation, die nicht erfüllbar sind, es sei denn, sie sind reich oder übermenschlich oder haben ihre Familienplanung abgeschlossen, ohne sie überhaupt zu starten.

Frauen brauchen Vorbilder, die erreichbar sind. Frauen brauchen eine neue Kultur in unserer Gesellschaft, in der sie selbstverständlich Familie und Karriere leben können. Frauen brauchen Chancen in Unternehmen, die sie unterstützen in der Kombination von Beruf und Familie.

8.7 Über die Autorin

Christa Nehls hat ihre Karriere über die Familie und die Familienplanung gestellt. In Erinnerung ist ihr die Aussage der Schwiegermutter zu Beginn der Beziehung: „Wenn ihr Kinder haben wollt, ich werde diese nicht hüten. Kindererziehung habe ich hinter mir." Mangel an Kindergärten und unbezahlbare Tagesmütter sowie verschiedene Tätigkeiten in der IT-Branche ließen die Familienplanung still und leise in der Versenkung verschwinden. Es fehlte nichts, nur irgendwann die Antwort auf die Frage: „Wolltet ihr keine Kinder?" „... nein ... es hat sich nicht ergeben ... " Ihre Karriere führte durch ein breites Feld der IT von der Medizin über Buchhandel, Weltraumfahrt und Kernforschung bis hin zu Hardwareherstellern und SAP-Beratung. Wissendrang kennzeichnet sie und der Wille, niemals aufzugeben.

Christa Nehls ist Kommunikationsexpertin. Zum Thema Kommunikation hält sie Vorträge und Trainings, in denen sie Menschen vermittelt, noch besser miteinander zu kommunizieren unter Beachtung von Wertschätzung, Achtung und Respekt. Das Spektrum ist weit gefächert. Mit ihrer L.I.S.A.-Methode gibt sie den Menschen einen Leitfaden an die Hand, um diese Fähigkeiten natürlich und einfach zu erlernen. Unter www.cn-counseling. de stehen mehrere E-Books gratis zum Download zur Verfügung. Ihr weiter Erfahrungsschatz findet sich in ihren Büchern im Verlag Menschin.

Weitere Infos unter www.cn-counseling.de, www.lisa-methode.de und www.menschin. com und unter dem Fernsehkanal www.christanehls.tv.

Literatur

Verwendete Literatur

Arthur, M., & Cook, A. (2004). Taking Stock of Work-Family Initiatives: How Announcements of „Family-Friendly" Human Resource Decisions Affect Shareholder Value. *Industrial & Labor Relations Review, 57*(4), 599–613.

Galinsky, E., Sakai, K., & Wigton, T. (2010). *Workplace flexibility among small employers.* New York: Families and Work Institute. http://www.familiesandwork.org/site/research/reports/nscw08_workflex_DOL_101018.pdf. Zugegriffen: 08.12.2015

Perry-Smith, J. E., & Blum, T. C. (2000). Work-Family Human Resource Bundles And Perceived Organizational Performance. *Academy of Management Journal*, *43*, 1107–1117.

Sandberg, S. (2013). *Lean in. Alfred A. Knopf*. New York: A Division of Random House.

Slaughter, A.-M. (2012). *Why women can't have it all*. The Atlantic.

Ware, B. (2012). *Top 5 regrets of the Dying: A Life Transformed by the Dearly Departing*. : Hay House.

Weiterführende Literatur
Hewlett, S. A. (2013). *Forget a Mentor. Find a Sponsor: The New Way to Fasttrack Your Career*

Modler, P. (2012). *Das Arroganz-Prinzip: So haben Frauen mehr Erfolg im Beruf* (6. Aufl.). Fischer Taschenbuch.

Ein klares Ja zur Frauenquote

9

Jörg Reinnarth

Zusammenfassung

Männer und Frauen sind unterschiedlich. Diese Unterschiede bedürfen keiner Gleich-macherei, sondern einer Würdigung, wie dies jeder Unterschied bedarf.

Dr. Jörg Reinnarth hat als Geschäftsführer einer Unternehmensberatung seit über 13 Jahren direkte Erfahrung, aber auch als Berater den direkten Einblick in die Füh-rungsetagen europäischer Konzerne.

Er ist für die Frauenquote, um die unterschiedlichen Stärken und Schwächen zu würdigen und die bisher in den Unternehmen gelebten Werte durch den Beitrag anderer Sichtweisen und Wertigkeiten zu ergänzen.

Kennen Sie den Darwin-Award? Der Darwin-Award ist ein Preis, der zumeist posthum an Menschen vergeben wird, die sich auf besonders dumme Weise selbst aus dem Leben – und damit aus dem Genpool eliminiert haben. Sei es ein Terrorist, der eine Paketbombe nicht ausreichend frankiert hat und sie dann beim Zurückerhalten selbst öffnet, oder ei-ne Gruppe von Herren, die bei einem Trinkspiel auf einer Landmine herum hüpfen und beschließen, dass derjenige, der sie zündet, den Schnaps bekommt. Es gibt viele weite-re amüsante Beispiele für idiotisches Verhalten, welches zum Tode der ProtagonistInnen führt, so dass sich das Lesen der „Siegesgeschichten" lohnt. Zu finden sind die jeweils Nominierten hier: http://www.darwinawards.com.

J. Reinnarth (✉)
Cintellic Consulting Group, Bonn, Deutschland
E-Mail: joerg.reinnarth@cintellic.com

© Springer Fachmedien Wiesbaden 2016
P. Buchenau (Hrsg.), *Chefsache Frauenquote*, DOI 10.1007/978-3-658-12183-9_9

Warum ist der Darwin-Award für mich beim Thema der Frauenquote relevant? Aus dem einfachen Grund, dass ForscherInnen sich die Liste der Nominierten angesehen haben und dabei auffällig war, dass hauptsächlich Männer zu den Preisträgern gehören. Von 332 Awards gingen 282 an Männer und lediglich 36 an Frauen (N24 2014). Männer scheinen somit deutlich häufiger dumme und lebensgefährliche Dinge zu tun als Frauen. ForscherInnen begründen dies damit, dass die „Normalverteilung" des Verhaltens bei Männern deutlich weiter gespreizt ist als bei Frauen. Das heißt: Männer weichen häufig stärker nach oben und nach unten von der „Normalität" ab als Frauen das tun. Damit finden sich entsprechend häufiger Männer am unteren Ende, allerdings – dies muss man zu unserer Verteidigung sagen – auch am oberen Ende.

Bei der Frauenquote geht es für mich nicht um das Thema „Quote: ja oder nein?". Allein über die Sinnhaftigkeit der Einführung einer solchen Quote zu diskutieren und Argumente für und wider auf den Tisch zu legen, greift für mich zu kurz. Es ist z. B. unklar, über welche Höhe der Frauenquote wir sprechen – geht es z. B. um 5 % Frauen in Führungspositionen, 30 % oder 50 %? Es fehlt auch die Frage, wie verpflichtend die Quote ist und wie eventuelle Strafen bei Nicht-Einhaltung aussehen.

Daher greift für mich die Frage „Frauenquote – Ja oder Nein?" zu kurz.

Die Kernfrage

Das Thema „Frauenquote" ist für mich aber nicht nur eine „Frauenfrage", sondern auch die Frage danach, ob und wie wir sowohl Gleichberechtigung als auch Unterschiede in unserer Gesellschaft leben und wertschätzen wollen. Es ist auch eine Frage danach, wie wir mit Ungleichheit und unterschiedlichen Fähigkeiten in unserer Gesellschaft umgehen.

Männer und Frauen sind nämlich nicht gleich. Der Darwin-Award zeigt dies auf belustigende Weise. Und wir finden leicht andere Beispiele aus der alltäglichen Praxis.

9.1 Unterschied zwischen Mann und Frau – Teil 1: Die Physis

Betrachtet man Frauen- und Männerkörper, so erlernen Kinder bereits, dass beide eine unterschiedliche Physis haben. Aber nicht nur die Anatomie ist offensichtlich unterschiedlich, sondern auch die damit verbundene Leistungsfähigkeit. Aufgrund der physischen Überlegenheit treten Frauen und Männer im Leistungssport nicht gegeneinander an.

Zum einen wegen dieser unterschiedlichen Leistungsmöglichkeiten, zum anderen aufgrund einer historisch gewachsenen Popularität typisch „männlicher" Sportarten, in denen Frauen meist unterrepräsentiert sind, besteht aktuell noch ein deutlich höheres mediales Interesse am Männersport. Man schaue sich nur einmal die Fernsehquoten bei der Männerfußball-WM an, im Vergleich zur Frauenfußball-WM. Dies zieht sich zumeist durch alle Sportarten hindurch und hat folglich auch direkten Einfluss auf das Gehalt der jeweiligen SpitzensportlerInnen.

9.2   Unterschied zwischen Mann und Frau –
Teil 2: Das Sozialverhalten

Bei der Betrachtung des Unterschiedes zwischen Mann und Frau nehme ich mir die Freiheit, meine persönliche Meinung und meine Beobachtungen einzubringen. Denn viele Dinge, die mir aufgefallen sind, finden sich meist nicht in Artikeln oder Studien wieder – häufig, weil es heißt, die Beobachtungen wären Klischees oder gar sexistisch.

Ich entschuldige mich bereits im Vorfeld, wenn Sie als Leser oder Leserin sich möglicherweise in Bezug auf ihr Geschlecht angegriffen fühlen, weil Sie selbst nicht dem aufgezeigten Bild entsprechen. Ich bin aber auch nicht in der Lage, eine Einzelfallbetrachtung zu machen. Hier ist jeder Jeck anders, wie wir in Köln sagen. Natürlich gibt es immer wieder Fälle, in denen das Bild genau andersherum ist. Aber es geht mir nicht um den Einzelfall, sondern um einen Gesamteindruck, der sich aus der Betrachtung mehrheitlicher Tendenzen ergibt. Aber wenn ich mir ein Urteil über das unterschiedliche Verhalten von Männern und Frauen bilden möchte, komme ich nicht umhin, klare Unterschiede zu sehen – und diese auch und vor allem im geschäftlichen Alltag:

Ich bin Geschäftsführer einer Unternehmensberatung, die sich auf die Bereiche Kundenbeziehungsmanagement (CRM), Marketing und Sales spezialisiert hat. Wir beraten zumeist sowohl DAX-Konzerne als auch mittelständische Unternehmen bei den Fragen, wie sie ihre KundInnen optimal binden, begeistern und ansprechen können, um weitere Produkte an diese zu verkaufen oder diese länger zu halten. Dabei arbeite ich mit AnsprechpartnerInnen auf allen Führungsebenen – von AbteilungsleiterInnen über BereichsleiterInnen bis hin zu Vorstandsmitgliedern.

Und dabei sehe ich in der täglichen Praxis die Unterschiede im Verhalten von Männern und Frauen. Männer zeigen sich im Schnitt deutlich risikobereiter, deutlich selbstbewusster – zumeist selbstüberschätzender – und zumeist egozentrischer und statusorientierter als Frauen. Wichtig ist hier – wie bereits gesagt – der Verweis auf den Durchschnitt. Mein Eindruck ist nicht basierend auf wenigen Einzelfällen, sondern stellt einen Gesamteindruck dar, den ich mir in über 13 Jahren Beratung in unterschiedlichsten Unternehmen, in über 2000 Vorstellungsgesprächen und unzähligen Gehaltsverhandlungs- und Beförderungsrunden bilden konnte.

Bei vielen Gelegenheiten hatte ich die Chance zu sehen, dass Männer sofort „Hier!" schreien, wenn es einen Aufstiegsposten zu besetzen gab – egal, ob sie die notwendigen Kompetenzen mitbringen oder nicht. Für Männer ist ein Aufstieg ihr persönlicher Aufstieg und der wird in der Regel stärker gewichtet als ein Team- oder Unternehmenserfolg. Selbstüberschätzung, das Streben nach Status und Macht sowie ein ausgeprägtes Geltungsbedürfnis treten bei Männern stärker auf als bei Frauen. Deshalb versuchen Männer zumeist jeden höheren Posten anzunehmen, der ihnen einen persönlichen Vorteil bringt.

Bei Frauen nehme ich das im Schnitt deutlich seltener wahr. In Gehaltsgesprächen sind Frauen oft diejenigen, die ihre Leistung als deutlich geringer einstufen, als sie wirklich ist. Daher erhalten Frauen von mir oft mehr Geld, als sie eigentlich fordern. Wenn es um höhere Positionen geht, erlebe ich immer wieder, wie Frauen sich den Kopf zerbrechen, ob sie der Position wirklich gewachsen sind, und ob sie die notwendige Reife und das Wissen haben, um dem Unternehmen Vorteile zu bringen und der Verantwortung in der Position gerecht zu werden. Frauen denken eher sachlich und werteorientiert im Sinne der Gemeinschaft, während Männer ihren persönlichen Vorteil sehen.

Ich tendiere daher auch dazu, lieber mit Frauen in Führungspositionen zu arbeiten als mit Männern. Ich habe noch keine Frau erlebt, die die erste Woche damit zubrachte, den neuen Firmenwagen zu konfigurieren. Frauen erscheinen nach meiner Erfahrung zumeist mit einem Plan und Ideen, was sie machen können, um in der Position einen echten Mehrwert für das Unternehmen zu erarbeiten. Männer erlebe ich in neuen Führungspositionen eher mit dem Gegenteil, nämlich mit dem Ziel, den neuen Status erst einmal nach außen zu dokumentieren. So wird dann zunächst das Büro eingerichtet, das Namensschild neu gedruckt oder – wie bereits erwähnt – der Firmenwagen konfiguriert.

Aber auch operativ arbeite ich lieber mit Frauen zusammen, da sie im Schnitt deutlich zielorientierter und effizienter arbeiten als es Männer tun. Von den Herren der Schöpfung bin ich es gewohnt, dass man „höher, schneller, weiter" denkt und Visionen hat. Von Frauen kenne ich diese heiße Luft eher seltener. Dafür erhalte ich von Frauen deutlich häufiger die erwünschten und notwendigen Ergebnisse, sie setzen die Dinge um, die für diese Ergebnisse auch wirklich benötigt werden. Dies passiert bei den männlichen Kollegen/Mitarbeitern meiner Erfahrung nach deutlich seltener. Männer zeichnen sich häufig durch einen Größenwahn im Sinne eines Strebens nach der „Weltherrschaft" aus, ohne jedoch die notwendigen Schritte für dieses Ziel auch umzusetzen.

Eine Abteilungsleiterin einer großen deutschen Bank drückte es einmal so aus: „Ich werde Jahr für Jahr bei meiner Karriere übergangen, weil man mir in der Jahresplanung vorwirft, dass ich nicht groß genug denke. Meine Pläne seien zu klein gedacht. Dann werden immer wieder Männer befördert, die irgendwelche schwachsinnig hohen Umsatzzahlen prognostizieren, die sie nie erreichen. Aber die sind dann ja schon auf dem nächst höheren Posten, wenn es auffällt. Dass ich seit 10 Jahren meine Zahlen immer erreiche und damit in der Realität mehr, als die ganzen Aufsteiger für mein Unternehmen gemacht habe, scheint irgendwie nie einer zu merken." Den Eindruck kann ich bestätigen. Oft wird in Konzernen nicht die reale Leistung befördert, sondern die prognostizierte Leistung. Egal ob nachher eine gemessene Null-Meldung herauskommt oder nicht.

9.3   Das Ergebnis der Unterschiede: Frauen sind benachteiligt

Männer und Frauen unterscheiden sich in der Anatomie, in der Physis und im Sozialverhalten. Und das Ergebnis: eine Gesellschaft, in der die Unterschiede dazu führen, dass Frauen klar benachteiligt sind. Das hat viele Gründe: Zum einen lässt es sich mit den unterschiedlichen Interessen von Männern und Frauen begründen. Da Männer z. B. stärker an Status und Macht orientiert sind, Frauen hingegen eher sachlich und sozial ausgerichtet sind, finden wir Frauen deutlich häufiger in sozialen Berufen (in die es Frauen drängt und von denen sich Männern fernhalten) und deutlich weniger in Führungspositionen wieder.

Zum anderen kann man aber auch eine deutliche Benachteiligung durch die Gesellschaft erkennen: Das Gehalt von Frauen ist im direkten Vergleich durchschnittlich 22 % niedriger als das von Männern – auch deshalb, weil die genannten sozialen Berufe schlecht bezahlt werden. Aber sogar bei gleicher Ausbildung und Fertigkeit liegt das Gehalt von Frauen im Schnitt um 7 % unter dem Gehalt von Männern (Statistisches Bundesamt 2015). Wundern tut mich dies wie oben bereits beschrieben nicht.

Zudem gibt es zwei weitere Ursachen, die es Frauen schwerer machen, Führungspositionen einzunehmen:

Erschwernis 1: Familienplanung
Da Frauen diejenigen sind, die Kinder bekommen, und auch heute noch zumeist deutlich mehr Zeit mit den Kindern verbringen, schwebt dieses Damokles-Schwert bei Beförderungen immer noch über den Frauen. Männer, die Kinder bekommen, haben zumeist keine wirklichen Einbußen, da die Frau vornehmlich in die Kinderbetreuung involviert ist. Frauen, die Kinder bekommen, sind zumeist ein Jahr oder länger in Mutterschutz und Elternzeit und auch danach deutlich stärker in Familienangelegenheiten involviert.

Ich selbst kenne auch die innere Bremse in mir, wenn es um die Frage geht, wen ich für den nächsten Führungsposten ernennen werde. Nehme ich die 35-jährige liierte talentierte Beraterin, die vermutlich im nächsten Jahr heiratet und Kinder bekommt und mir damit temporär ausfällt, oder nicht lieber den vielleicht etwas weniger talentierten, aber doch soliden Berater, der zwar schon verheiratet ist, aber der keinen Ausfall zeigen wird, wenn er Vater wird. Wie gesagt: ich kenne diese Gedanken, denn sie kommen automatisch, wenn man die mit einer längeren Abwesenheit verbundenen Schwierigkeiten kennt: Wenn eine Führungskraft in die Elternzeit entschwindet, entstehen viele administrative Aufgaben, um die längere Abwesenheit in die Wege zu leiten (von Buchhaltung über Rechtsthemen). Da Männer nur selten Elternzeit nehmen, die zumeist wesentlich kürzer ausfällt als bei Frauen, kommen solche Aufgaben bei einer männlichen Führungskraft erst gar nicht auf. Auch eine Elternzeitvertretung ist für die durchschnittlichen zwei Monate der Väter wesentlich leichter zu organisieren als für die ca. zwölf Monate der Mütter (Zeit online 2013).

Diese „Sorgen" der Führungskräfte bestehen und lassen sich trotz aller Elternzeit-Thematiken und offizieller Gleichberechtigung nicht wegdiskutieren. Es wirft immer einen Schatten auf Frauen, weil zu befürchten ist, dass die beförderte Frau vielleicht doch nicht mit 100 % ihrer Arbeitskraft zur Verfügung steht. Dieser Sorge aber unreflektiert nachzugeben, hieße letzten Endes, nicht Qualität entscheiden zu lassen, sondern Risiken zu umgehen. Man sollte diese Sorgen also immer reflektieren und sich gerade wegen der gesellschaftlichen Veränderung fragen, ob man sich hier wirklich für die bessere Arbeitskraft entscheidet oder für die weniger risikobehaftete Variante.

Erschwernis 2: Die Führungsetagen klonen sich
Die zweite Erschwernis für Frauen, die Führungsetagen einzunehmen, ist, dass wir Menschen dazu tendieren, uns für Dinge zu entscheiden, die wir kennen und verstehen. Da die Führungsetagen aber aus Männern bestehen, die durch Machtstreben und Opferbereit-

schaft (viel arbeiten, wenig Zeit für Privatleben und Familie) in diese Position gekommen sind, wählen sie bei Beförderungen das geschlechtsspezifische Modell, welches sie verstehen – quasi sich selbst. Nach dem Prinzip der sogenannten „homosozialen Reproduktion" fördern Vorstände in der Regel diejenigen, die die gleiche Leistungsbereitschaft und Machtorientierung haben, wie sie selbst. Denn das, was man verstehen kann, hat man entsprechend auch im Griff. Es macht die Sache deutlich einfacher. Das andere Geschlecht wählen? Lieber nicht! Eine Frau könnte ja anfangen zu weinen vor Freude – und mit solch einem „weiblichen" Verhalten weiß man weniger gut umzugehen als mit dem bekannten „männlichen".

9.4   Die Gretchenfrage

Wenn Männer und Frauen aber nicht gleich sind, was bedeutet dann Gleichberechtigung? Heißt Gleichberechtigung, dass Männer und Frauen gleiche Rechte haben? Oder bedeutet es auch, dass sie die gleichen Rechte wirklich bekommen? Zwischen „Rechte haben" und „Rechte bekommen", das wissen wir, klafft grundsätzlich eine große Lücke in unserem Alltag.

Wenn Frauen und Männer aber unterschiedliche Stärken und Schwächen haben, was bedeutet dann Gleichberechtigung und Wertschätzung dieser Unterschiede? Vielfach messen wir die Geschlechter mit demselben Maßstab – so wie z. B. beim Fußball. Nach dieser Messung sehen Frauen im Ergebnis vielfach schlechter und weniger leistungsfähig aus. Was aber oft vergessen wird – der Maßstab, den wir anlegen, ist zumeist ein „männlicher" – wir messen die Geschlechter entsprechend an Eigenschaften, die in unserer Gesellschaft für Jungen und Männer erstrebenswert, für Mädchen und Frauen aber tendenziell nicht erwünscht sind (z. B. Aggressivität, Kraft- und Machtpräsentation, Durchsetzungsvermögen etc.). Aus dem Grund sollte man sich vielmehr Fragen, ob wir unseren Maßstab anpassen müssen und die Stärken und Eigenschaften der Frauen ebenfalls als ein wichtiges gesellschaftliches Gut betrachten sollten? Oder handelt es sich bei weiblichen Eigenschaften doch nur um Güter zweiter Klasse.

Für mich geht es bei der Frauenquote daher nicht um die Frage, ob Frauen die gleichen Rechte haben, sondern darum, ob wir auch alles dafür tun, dass sie die gleichen Rechte wirklich bekommen. Außerdem geht es um die Frage, in welcher Gesellschaft wir leben wollen. Möchten wir in einer sozialen Marktwirtschaft leben, in dem Unternehmen und MitarbeiterInnen auch eine soziale Verantwortung haben und diese für die Gesellschaft aktiv übernehmen, oder geht es den Unternehmen doch eher ausschließlich um Macht, den Konkurrenzkampf gegen andere Unternehmen und um die maximale Profitoptimierung – koste es, was es wolle?

9.5   Meine Meinung

Wir haben in den letzten 100 Jahren sehr viel für unsere Gesellschaft erreicht. Frauen dürfen selbst über ihren Körper bestimmen, sie dürfen wählen gehen und sie wurden „gleich berechtigt". Dies sind Erfolge, auf die wir zu Recht stolz sein können. Aber wir unterliegen in meinen Augen einem Trugschluss, wenn wir der Meinung sind, dass wir dadurch alles in Sachen Gleichberechtigung und einer gleichberechtigten sozialen Gesellschaft erreicht haben. Frauen haben zwar die gleichen Rechte, aber sie bekommen sie deutlich seltener als Männer. Hinzu kommt: Die Stärken der Frauen wie z. B. soziale Kompetenz, Teamfähigkeit oder Sachorientierung werden aktuell weniger geschätzt, da die wirtschaftlichen Werte bisher in Profitorientierung, Leistungs- und Durchsetzungsvermögen lagen.

Dies ist für mich keine gelebte Gleichberechtigung, wenn eine Gesellschaft zwar in ihren Grundgesetzen verankert, dass „die Würde des Menschen unantastbar" ist, sie aber dennoch bei der Wertung des gesellschaftlichen Beitrags die Kompetenzen von Frauen klar herabstuft.

Natürlich ist es klar, dass Männer und Frauen nicht gleich sind. Wir sehen es an den Handlungen von Männern, an den Gehältern im Fußball und an den Nobelpreisen, die vergeben werden – wo Männer auch deutlich überwiegen. Man könnte die Unterschiede von Mann und Frau verwenden und dagegenhalten, dass die Märkte frei sind und sich die Gegebenheiten schon so anpassen, wie sie sinnvoll am Markt sind, oder dass es vielleicht einfach mehr gute Männer gibt, so dass eine Frauenquote unsinnig und sogar kontraproduktiv wäre.

In der Tat hat sich die Studie, die gezeigt hat, dass Firmen mit einem erhöhten Frauenanteil in Vorständen deutlich produktiver sind, als falsch herausgestellt. Es gibt keinen wirtschaftlichen Beweis dafür, dass mehr Frauen in Führungspositionen ein stabileres und profitableres Unternehmen hervorbringen.

Eine Frauenquote ist kein wirtschaftliches Instrument, das Unternehmen profitabler macht. Sie ist für mich dennoch eines der effektivsten Mittel, um die Gesellschaft zu verändern und die gepriesene Gleichberechtigung der Geschlechter in unserer westlichen Gesellschaft zu operativem Leben zu verhelfen. Denn was nützt es, wenn Frauen gleichberechtigt sind, aber nicht die gleichen Rechte erhalten?

Ich möchte in einer Gesellschaft leben, in der Menschen nicht nur offiziell gleiche Rechte haben, sondern in der die Gleichberechtigung zwischen Mann und Frau auch wirklich existiert. Ohne, dass Männer, die in sozialen Berufen arbeiten, geächtet werden, oder Frauen, die Karriere machen, sich dafür den als typisch „männlich" aufgefassten Verhaltensweisen anpassen müssen.

Erfreulicherweise ist unsere Gesellschaft in einem moralischen Wandel und entwickelt sich dahingehend, dass reines Gewinnstreben von Unternehmen (welche Milliarden Euro Gewinn machen und dennoch tausende von Arbeitsplätzen abschaffen), hohe Erfolgsboni (für die Manager derart hohe Risiken eingehen, dass sie ganze Firmen/Branchen riskieren) und reine Statusorientierung weniger wichtig werden, und die Frage nach der Gemeinschaft (Social Responsibility), nach der Wertschätzung der Unterschiede (Diversity) und nach dem Leben mit der Familie (Work-Life-Balance) für Mann und Frau wichtiger werden.

Die Frauenquote ist für mich das Mittel und der beste Weg, diesen kulturellen und moralischen Wandel hin zu mehr Gleichberechtigung und Wertschätzung der Unterschiede einzuleiten und schneller verfolgen zu können. Daher gibt es von mir ein klares „Ja" zur Frauenquote.

9.6 Warum die typischen Gegenargumente keine Gegenargumente sind

Natürlich kenne ich die standardmäßigen Argumente gegen die Frauenquote. Allerdings muss ich denen, die mir widersprechen, die Frage stellen, gegen was sie argumentieren? Argumentieren sie gegen die Gleichberechtigung und gegen die Wertschätzung der Unterschiede? Oder argumentieren sie dagegen, dass die Frauenquote ein gutes Mittel ist, um eine gelebte Gleichberechtigung und Wertschätzung umzusetzen? Wenn ja, dann bitte ich an dieser Stelle doch um andere gute Mittel. Ich bin hier offen. Hauptsache wir bewegen etwas.

Gehen wir die typischen Argumente einmal der Reihe nach durch:

1. Selbst Frauen sind gegen die Frauenquote
   Dieses Argument fällt in die Kategorie „Einzelfall". Es wird immer Frauen geben, die gegen die Frauenquote sind und Männer, die dafür sind. Es wird auch Homosexuelle geben, die gegen die Homo-Ehe sind. Aber was sagt dies letztendlich aus? Die Frage ist doch, was für unsere Gesellschaft richtig ist und wofür wir als Gemeinschaft stehen wollen, und nicht, was Einzelne davon denken.
2. Wir brauchen keine Frauenquote – Angela Merkel und andere Frauen in hohen Positionen zeigen, dass es geht
   Hier landen wir ebenfalls wieder in der Kategorie „Einzelfall". Nur weil es Frauen gibt, die es auch ohne Frauenquote an die Spitze geschafft haben, heißt das noch lange nicht, dass die Mehrheit der Frauen kein Problem mit der Vergabe von Führungspositionen hat. Zu sagen, dass es aufgrund der Tatsache, dass Barack Obama amerikanischer Präsident ist, kein Rassismusproblem in den USA gibt, ist genausoweit hergeholt. Die aktuellen Probleme in den USA beweisen es.
3. Eine Frauenquote diskriminiert Männer
   Das Gegenargument besagt, dass mehr Männer in der Wirtschaft auf einen Führungsposten aus sind, als Frauen. Eine Quote würde dadurch die Vielzahl an Männern benachteiligen, die diese Posten ausüben wollen und Frauen pushen, obwohl es hiervon weniger Bereitwillige gibt. Das Argument ist wichtig, allerdings aus meiner Sicht kein Argument gegen die Frauenquote an sich. Es zeigt allerdings, dass es sinnvoll ist zu überlegen, wie hoch der Anteil liegen soll. Reden wir von 50 % Frauen in Führungspositionen, 30 % oder 10 %, die wir fordern wollen? Ich kann Ihnen nicht sagen, was

eine vernünftige Größenordnung ist. Die 30-Prozent-Quote erscheint mir im Augenblick als angemessen, 50 % erscheinen mir hingegen zu hoch und 20 % (also nur ein Fünftel) wiederum zu niedrig. Die eingeführten 30 % sind aus meiner Sicht eine gute Zahl, die einen klaren Frauenanteil in Führungspositionen schafft und trotzdem wohl kaum eine Bevorzugung sein kann, wenn man bedenkt, dass es sich um weniger als ein Drittel der Gesamtzahl handelt.

4. Leistungen von Männern werden damit nicht mehr respektiert
In diesem Argument geht es darum, dass dann ignoriert würde, wie viel Männer für ihre Karriere opfern – z. B. dass sie Überstunden erbringen, an Wochenenden arbeiten etc. Laut der ZweiflerInnen würde die Frauenquote fördern, dass Frauen einfach aufgrund ihrer Geschlechtszugehörigkeit Karriere machen könnten, während Männer hierfür hart arbeiten müssten. Der Leistungsgedanke unserer Gesellschaft würde dadurch konterkariert.
Den Gedanken finde ich persönlich sehr lustig, da es so klingt, als würden Männer jeden Tag ihr Bestes geben, während Frauen dies dann nicht mehr zu tun bräuchten bzw. es wohl heute auch noch nicht tun (schließlich sind sie ja in hohen Führungspositionen kaum vertreten). Wie oben beschrieben, sehe ich die Welt hier anders. In meinen Augen geben die meisten Frauen jeden Tag ihr Bestes. Sei es im Beruf oder in der Kombination von Beruf und Familie. In meinen Augen wird ihnen aber für die gleiche Leistung nicht die gleiche Anerkennung geschenkt. Frauen mit Kindern, die den Job und die Erziehung meistern, werden aus meiner Sicht gerne bei Führungspositionen übergangen, wie Frauen im Generellen, weil sie vielleicht einmal Mutter werden.
Dem Argument, dass die Leistung von Männern nicht mehr genug respektiert wird, kann ich daher nicht folgen, da aus meiner Sicht Frauen diejenigen sind, deren Leistung bisher nicht respektiert wurde, und denen mit Hilfe der Frauenquote die notwendige Anerkennung zuteilwird.

5. Die Quote ist ein Eingriff in die Autonomie von Firmen
Das Argument ist absolut korrekt. Die Frauenquote ist ein Eingriff in die Autonomie von Firmen, die in dem Punkt nicht länger nach den Gesetzen freier Marktwirtschaft agieren können, sondern sich an regulatorische Rahmenbedingungen halten müssen.
Die Antwort darauf, wieso wir dies dennoch tun sollten, ist allerdings einfach: Weil wir schon immer Rahmenbedingungen für Firmen geschaffen haben, die unsere moralischen Werte repräsentieren und einen Einfluss auf unser soziales Zusammenleben haben sollen. 1919 durften Frauen das erste Mal in Deutschland wählen (Weiser 2015). Dass Frauen arbeiten dürfen, war nicht immer ein selbstverständliches Faktum, und erst ab 1977 durften sie dies auch ohne das Einverständnis ihres Ehemannes tun (Landeszentrale für politische Bildung 2015). Bis vor knapp 40 Jahren waren die Rechte von Frauen noch offensichtlicher beschnitten. Die entsprechenden Gesetze wurden geändert, weil sich unsere Gesellschaft änderte.
Wie sehr wir mit Gesetzen in die Autonomie von Firmen eingreifen, zeigt sich z. B. beim Antikorruptionsgesetz. Hier wurde geregelt, dass keine Bestechungen angenommen und ausgeführt werden dürfen. Deutsche Firmen sind auch in Ländern, die von

Korruption geprägt sind, dazu verpflichtet, auch wenn sie dadurch wirtschaftliche Nachteile haben (Bundesministerium für Justiz und Verbraucherschutz 2015). Dies ist ein gutes Beispiel für eine gelungene Übertragung unsere moralischen Werte auf den Arbeitsalltag unter gesetzlichen Vorgaben – und vermutlich würde niemand an der Sinnhaftigkeit einer solchen Beschränkung der Unternehmensfreiheit zweifeln.

Firmen stehen nicht über unseren moralischen Werten. Politische Vorgaben sorgen dafür, dass unsere ethischen und gesellschaftlichen Werte in der Wirtschaft verankert werden. Wieso also nicht auch bei der Frauenquote?

6. Quotenregelungen in anderen Ländern zeigen keinen Effekt auf den wirtschaftlichen Erfolg

   Dieses Argument habe ich bereits oben angebracht. Da es mir aber nicht um den wirtschaftlichen Erfolg geht (sonst wäre die Quote ein Selbstläufer), sondern um das Voranbringen der Gleichberechtigung, ist der wirtschaftliche Erfolg für mich nicht relevant. Außerdem gibt es keinen Beweis dafür, dass mehr Frauen in Führungspositionen unweigerlich zum Ruin des jeweiligen Unternehmens führen. Dass gemischte Teams erwiesenermaßen besser funktionieren und das Arbeitsklima in solchen Teams angenehmer ist, sind hingegen bereits weitverbreitete Erkenntnisse (Wolking 2015).

7. Die Quote schadet den Frauen, weil sie nicht mehr aufgrund ihrer Leistung ernst genommen werden

   Viele QuotengegnerInnen behaupten, dass Frauen die Positionen im Vorstand dann in Zukunft nur aufgrund der Quote und nicht aufgrund ihrer eigenen Kompetenzen erhalten werden. Dieser Punkt lässt sich aus meiner Sicht gut mit meinen Überlegungen zu Punkt 3, nämlich der Frage nach der Höhe der Frauenquote, erklären.

   Nehmen wir mal an, dass wir für Führungsposten eine hundertprozentige Männerquote fordern: Frauen raus aus Führungspositionen! Was nun? Sind wir sicher, dass dann die Welt in Ordnung ist, weil wir alle Führungspositionen auf jeden Fall mit optimal passenden Herren besetzt bekommen?

   Und nun das Gegenteil: Wir wollen 100 % Frauen in Führungspositionen haben? Was nun? Bricht die Volkswirtschaft zusammen? Sterben nun deutlich häufiger Patienten, weil es gar nicht genug gute Frauen für die Oberarztpositionen gibt und nur noch völlig inkompetente Ärztinnen das Skalpell schwenken?

   Es gibt Berufe, in denen Frauen unterrepräsentiert sind, sowie es auch Berufe gibt, in denen wiederum weniger Männer zu finden sind. Vermutlich auch unter 30 %. Aber glauben wir ernsthaft, dass es so wenige gute Frauen mit Führungs- und Entscheidungsqualitäten gibt, dass eine Quote von 30 % nicht erfüllbar ist? Sind Frauen in unserer Gesellschaft wirklich so geringschätzig respektiert, dass wir glauben, dass Frauen keine Aufsichtsratspositionen einnehmen sollten bzw. dass es viel mehr bessere Männer als Frauen gibt?

   Ich glaube dies nicht. Ich glaube daran, dass Frauen mindestens genauso gute Leistungen erbringen, aber ihre Leistungen oft nicht genauso anerkannt werden. Daher sehe ich auch nicht, wieso eine Frauenquote dafür sorgen sollte, dass die Leistung der Frauen weniger anerkannt wird. Meiner Meinung nach passiert dies jetzt schon.

Im Gegenteil sorgt die Frauenquote dafür, dass Frauen die richtigen Positionen auch besetzen und dann auf diesem Posten auch ihre Leistungen zeigen können, was vorher nicht der Fall gewesen ist, da Frauen diese Posten nur zu einem sehr geringen Anteil bekommen.

8. Wenn man eine Frauenquote hat, dann braucht man auch eine Homosexuellenquote

Das Argument lautet: Wer eine Frauenquote fordert, braucht auch eine Homosexuellen-, Migranten- und Behindertenquote und benötigt auch eine Frauenquote bei Jugend forscht oder in der Nationalmannschaft.

„Ja", sage ich. Das Argument ist korrekt, angemessen und zu erwarten. Eine Behindertenquote gibt es in der Form bereits. Allerdings können sich Unternehmen freikaufen. Die anderen Quoten laufen aktuell unter dem Motto „Diversity". Hier findet eine globale Veränderung der Gesellschaft und des Arbeitsmarktes statt, um für eine liberale Gesellschaft und Firmenpolitik zu werben.

Nichtsdestotrotz werden all jene Gruppen immer noch diskriminiert. Die Übernahme der wenig anerkannten, niederen Arbeiten von AusländerInnen ist gemeinhin. Älteren Menschen traut man im Job weniger zu. Homosexualität wird ebenfalls immer noch diskriminiert, was man an der aktuellen Ehediskussion sehen kann. In unserer Gesellschaft diskriminieren wir Menschen jeden Tag. Dicken und älteren Menschen sprechen wir die Leistungsfähigkeit ab, Menschen mit anderer geschlechtlicher Orientierung oder AusländerInnen bringen wir Misstrauen entgegen.

Natürlich können wir dies immer begründen – z. B. mit dem niedrigen Bildungsstand von AusländerInnen, mit der Disziplinlosigkeit von dickeren Menschen oder dem fehlenden IT-Know-how älterer Menschen. Fakt ist aber, dass wir Menschen meiner Meinung nach dazu neigen, alles, was anders ist, mit Argwohn zu betrachten. Dies ist noch nicht einmal nur etwas Schlechtes. Es ist normal, denn wir haben eine eingebaute Skepsis, die uns vor allem Fremden, Unbekannten zunächst einmal warnt – quasi ein jahrtausendealtes „Sicherheitssystem".

Die Frauenquote ist ein Schritt, um diese Diskriminierung – zumindest die der Frauen – ein wenig aufzuheben, die propagierte Gleichberechtigung der Geschlechter in eine gelebte Gleichberechtigung zu überführen und die Unterschiede wertzuschätzen. Sie ist aber nur ein Mittel und ein Schritt auf dem richtigen Weg. Diesen Weg nicht zu gehen, indem man darauf hinweist, dass noch zu viel zu tun ist, ist der falsche Ansatz.

9. Eine Frauenquote vernachlässigt den Unterschied zwischen Müttern und Nicht-Müttern

Viele GegnerInnen der Frauenquote argumentieren, dass mit der Einführung der Quote vermutlich die falschen Personen bevorzugt werden, nämlich karriereorientierte Frauen, die auf Familie verzichten, um in die oberen Etagen zu gelangen.

Das Argument ist nicht ganz von der Hand zu weisen, denn eine Frauenquote sagt nichts über Frauen mit Kindern aus. Die Diskriminierung von Frauen mit Kindern gegenüber Frauen ohne Kinder kann dementsprechend mit der Frauenquote nicht aufgelöst werden.

Hier ist meine Antwort ähnlich wie bei Punkt 8: Ein perfektes System wird es nicht geben. Die Frauenquote ist ein Schritt in die richtige Richtung, weil im Schnitt alle Frauen, egal ob mit Kindern oder ohne Kinder, geringere Chancen auf einen Platz in der Vorstandsetage als Männer haben – aber in der Tat: Mütter im Besonderen.

Eine gesellschaftliche Veränderung beginnt aber immer mit einem ersten Schritt, auch wenn dieser vielleicht nicht die perfekte Lösung bereithält. Daher wäre eine Frauenquote immerhin ein Anfang, um auch das Frauenbild in Führungspositionen zu verändern.

9.7 Zusammenfassung

Die Frauenquote ist ein durchaus kontrovers zu diskutierendes Thema. Aber für mich ist eine Diskussion über die Frauenquote nur eine Diskussion darüber, welches Mittel wir wählen, um ein gemeinsames Ziel zu erreichen: gelebte Gleichberechtigung und Wertschätzung der unterschiedlichen Stärken.

Aber wenn wir einen unverblümten Blick auf unsere Gesellschaft werfen, so sehen wir, dass Diskriminierung weit verbreitet ist. Frauen verdienen im Schnitt weniger als Männer. Frauen schaffen es deutlich seltener in Führungspositionen. Und ausländische Frauen haben trotz gleicher Bildung noch größere Probleme, Führungspositionen einzunehmen.

Männer werden ebenfalls diskriminiert. Der Mann, der zuhause bleibt und die Kinder erzieht, ist genau so wenig Normalität geworden, wie der männliche Kindergärtner, dem wir mit Argwohn begegnen.

Vorurteile und Diskriminierungen sind normal in unserem Leben, weil wir Kategorien benötigen, um uns die Welt zu erklären und weil sie unser Umfeld sicher machen, wenn wir Entscheidungen treffen. Wir versuchen uns zwar täglich als weltoffene und liberale Menschen zu geben, aber was weltoffen ist, ändert sich auch jeden Tag, was die Lage nicht einfacher macht.

Bis 1977 durften Frauen in Deutschland sich nicht selbstständig einen Arbeitsplatz suchen. Der Ehemann konnte diesen Arbeitsplatz jederzeit kündigen. Am 27. November 1990, also vor circa 25 Jahren, führte das letzte Kanton in der Schweiz das Frauenwahlrecht ein. Dies ist noch nicht so lange her.

Dennoch erscheint uns die Tatsache, dass Frauen kein Wahlrecht hatten und nicht selbstständig einen Arbeitsplatz suchen durften, heute wie ein Relikt aus einer lange zurückliegenden Zeit. Und dennoch war dies damals völlig normal und von der Gesellschaft auch größtenteils akzeptiert.

Ebenso – so erscheint es zumindest mir – ist die fortwährende Diskriminierung von Frauen und deren Leistungen immer noch akzeptiert und im Gange. Frauen verdienen im Durchschnitt deutlich weniger und besetzen Spitzenpositionen wesentlich seltener. Es ist keine offene Diskriminierung in Form von Gesetzen und Verboten für Frauen, sondern gelebte Diskriminierung.

Diese Diskriminierung wird sich in meinen Augen weiterhin durchsetzen, solange Einstellungen und Beförderungen stets durch die gleiche Gruppe von Personen getätigt wird: Männer zwischen 30 und 60, die durch harte Arbeit und Verzicht auf Zeit zuhause bei der Familie Karriere gemacht haben, und Arbeitnehmer-Typen einstellen, die ihnen gleichen. Dies ist allzu natürlich, weil wir Menschen in unserer Nähe haben wollen, die wir kennen.

Um Gleichberechtigung wirklich zu leben, ist daher ein Aufbrechen dieser Strukturen aus meiner Sicht notwendig, was voraussichtlich nur schleichend vonstattengehen wird. Es macht keinen Sinn, jahrzehntelang zu warten, bis Frauen es an die Spitze geschafft haben und dadurch der Weg für weitere Frauen geebnet wird. Dies ist vermutlich sogar der falsche Weg, da Frauen in der durch Männer dominierten Welt, den Weg nur durch Verzicht auf Familie und Privatleben gehen können.

Ein Aufbruch der Strukturen durch eine klar geregelte Frauenquote sorgt aus meiner Sicht für die Möglichkeit, den Prozess zu beschleunigen und dadurch das Bild unserer Gesellschaft zu verändern.

Um nicht mehr und nicht weniger geht es mir hier.

In einer Gesellschaft, die sich das Ziel gesetzt hat, dass Männer und Frauen gleichberechtigt sind und mit gleichen Chancen und Arbeitsmöglichkeiten nebeneinander leben wollen, müssen wir dafür sorgen, dass dies nicht nur ein Lippenbekenntnis ist, sondern konsequent und ernsthaft umgesetzt wird.

Daher ist die Frauenquote für mich der richtige Schritt zur gelebten Gleichberechtigung, und ich erachte die geforderten 30 % auch für sinnvoll. Ob die Quote Spuren hinterlässt und welchen Einfluss sie auf unsere Gesellschaft hat, werden wir erst in ein paar Jahren beurteilen können. Aber für mich ist es der Schritt in die richtige Richtung.

Die Frauenquote ist aber in der Tat nur ein Anfang für mich. Wir haben Vorurteile gegenüber ausländischen Mitbürgern, gegenüber Älteren und Homosexuellen. Offiziell sind wir eine liberale Gesellschaft. In der praktischen Umsetzung finden wir aber ständig Diskriminierung wieder.

Brauchen wir daher eine Quote für alles und jeden?

Meine Antwort lautet: „Ja", auch wenn mich vermutlich jetzt viele für einen Spinner halten. Aus meiner Sicht ist es wichtig, dass uns allen die gelebte Diskriminierung im Alltag bewusst wird. Vieles von der Diskriminierung kommt daher, dass wir es aber auch nicht anders gewohnt sind bzw. wir durch unsere Mitmenschen jeden Tag konditioniert werden.

Eine schleichende Auflösung der Diskriminierung halte ich für schwierig. Vorurteile sterben nicht aus, indem man wartet. Vorurteile sterben aus, indem man die Gesellschaft aktiv verändert und zeigt, dass es auch anders möglich ist.

Eine Quote ist dabei nur ein Mittel. Ein Weg, die gesellschaftlichen Strukturen und die Vorurteile konsequent und direkt aufzubrechen. Aber wir werden keine Veränderung in der Gesellschaft hervorrufen, wenn wir die Bilder in unseren Köpfen nicht ändern. Hierzu brauchen wir Mittel, die Fakten schaffen und die Quote ist so eines.

Ich danke daher allen FürsprecherInnen und GegnerInnen der Frauenquote in diesem Buch, und vor allem Peter Buchenau für die Initiierung/den Anstoß zu dieser Diskussion. Gesellschaftliche Umbrüche fangen mit kontroversen Diskussionen an und benötigen dann die Umsetzung in die Tat, um den Umbruch in der Gesellschaft zu markieren.

Hoffen wir daher auf die Frauenquote oder ein anderes Mittel, um die Frauen auf dem Weg zu gelebter Gleichberechtigung weiter zu bringen, und lassen Sie uns wachsam bleiben für alle Arten der Diskriminierung in unserem Alltag!

9.8 Über den Autor

Dr. Jörg Reinnarth studierte Physik an der Universität Bonn und promovierte im Bereich statistische Datenanalyse am CERN (Schweiz). Er leitete anschließend verschiedene Datenanalyse-Gruppen in Frankreich und den USA. Danach baute er den Bereich strategisches und analytisches Kundenbeziehungsmanagement (CRM) für den deutschsprachigen Raum bei Altran (größtes europäisches Beratungshaus) auf. Als Mitglied der Geschäftsleitung von Altran CIS war er darüber hinaus für das Geschäft in Deutschland, Schweiz und Österreich zuständig. 2010 gründete er die Cintellic Consulting Group, um seinen Klienten eine noch fokussiertere Beratung zu den Themen Kundenbeziehungsmanagement, Marketing und Sales anzubieten. Dr. Jörg Reinnarth ist einer der führenden Experten im Bereich Cross Channel Marketing. Seit über 15 Jahren berät er DAX- und mittelständische Unternehmen beim Aufbau eines ganzheitlichen Massen-Kundenangangs, von der Digitalen Strategie, über Big Data bis hin zur Cross Channel CRM Umsetzung. Er begleitet europaweit Projekte aus allen Branchen und ist zusätzlich als Speaker zu diesen Themen in Deutschland unterwegs.

Literatur

Bundesministerium für Justiz und Verbraucherschutz (2015). Strafgesetzbuch (StGB) § 299 Bestechlichkeit und Bestechung im geschäftlichen Verkehr. http://www.gesetze-im-internet.de/stgb/__299.html. Zugegriffen: 23. Sept. 2015

Landeszentral für politische Bildung (2015). Die wichtigsten Etappen zur Gleichberechtigung. https://www.lpb-bw.de/publikationen/stadtfra/frauen4.ht. Zugegriffen: 23. Sept. 2015

N24 (2014). Männer sind Idioten – warum auch immer. http://www.n24.de/n24/Nachrichten/ Wissenschaft/d/5850188/maenner-sind-idioten---warum-auch-immer.html. Zugegriffen: 21. 2015

Statistischen Bundesamt (2015). Gender Pay Gap. https://www.destatis.de/DE/ZahlenFakten/ Indikatoren/QualitaetArbeit/Dimension1/1_5_GenderPayGap.html. Zugegriffen: 21. Sept. 2015

Weiser, I. (2015). 12. November 1918 – Geburtsstunde des Frauenwahlrechts. http://www.lpb-bw. de/12_november.html. Zugegriffen: 23. Sept. 2015

Wolking, S. (2015). Gemischte Teams: Frauen machen Teams besser. http://karrierebibel.de/ gemischte-teams-frauen-machen-teams-besser. Zugegriffen: 23. Sept. 2015

Zeit online (2013). Väter gehen häufiger, aber nur kurz in Elternzeit. http://www.zeit.de/gesellschaft/ 2013-05/elternzeit-statistik-vaeter. Zugegriffen: 21. Sept. 2015

Welche Kommunikation- und Verhaltensweisen muss ER überdenken, wenn es mehr SIE gibt

10

Die Top 10 für ein reibungsloseres und zielführenderes Miteinander

Katrin Seifarth

Zusammenfassung

Viele Frauen halten ihre Ideen und Vorschläge im Geschäftskontext hinter dem Berg, aus Sorge anzuecken oder aus falscher Bescheidenheit. Andere sind durch zahlreiche Bücher und Trainings „auf Krawall gebürstet" und treten extrem harsch auf. Anhand sehr typischer Geschäftssituationen erhalten Sie als männliche Führungskraft oder einfach nur als männlicher Mitarbeiter einige sofort umsetzbare Tipps, wie Sie besser und zielführender mit den Frauen in Ihrem Team umgehen und deren Potenzial gewinnbringend zu Tage fördern. Behandelt werden häufige Missverständnisse und „Verhaltenspannen" zwischen den Geschlechtern, denn weder sie noch er verhalten sich gut oder schlecht. Es geht nicht um eine Wertung, sondern um das reine Bewusstsein, was das eigene Verhalten (in diesem Fall das männliche) beim anderen Geschlecht auslösen kann. Außerdem werden neben dem weiblichen Kommunikationsverhalten typisch weibliche Denkmuster und daraus resultierende Bedürfnisse im Umgang mit anderen beleuchtet und Sie erfahren, wie Sie ihr zielführend Feedback geben, sie in Rollen und Aufgaben glänzen lassen, ihre besonderen Fähigkeiten (wie ihr Frühwarnsystem und ihr 360°-Radar) nutzen und sie bei alledem voll und ganz Frau sein lassen.

Studien – wie die von McKinsey durchgeführte Studie „Women matter" (Mc Kinsey&Company 2007) – haben gezeigt, dass Unternehmen, die Gender Diversity kulturell wirklich leben, die besseren Ergebnisse produzieren. Bisher wurde in der Geschäftswelt dank zahlreicher Bücher, Zeitschriften und Posts zum Thema jedoch nur den Frauen nahegelegt, wie sie sich sinnvoll verhalten, um beruflich vorwärts zu kommen oder um in der „Geschäfts-Männerwelt" nicht anzuecken. Für Männer war dies bisher nicht nötig, im Gegenteil: Es gab ja auch noch die Frauen, die geglaubt haben, sich wie ein Mann

K. Seifarth (✉)
train-effect, Frankfurt, Deutschland
E-Mail: info@train-effect.de

© Springer Fachmedien Wiesbaden 2016
P. Buchenau (Hrsg.), *Chefsache Frauenquote*, DOI 10.1007/978-3-658-12183-9_10

verhalten zu müssen. Diese „Männer-Klone" hat sich zwar kaum ein Mann zu Hause gewünscht, aber in der Business-Welt erwiesen sie sich als relativ umgänglich, wenn auch manchmal ein wenig kratzbürstig.

Je mehr Frauen sich nun jedoch im Zuge der Quote in den Unternehmen tummeln, umso wichtiger ist es für die männlichen Mitarbeiter und Vorgesetzten, die weiblichen Mitarbeiter besser in ihren Kommunikations- und Verhaltensweisen zu verstehen. Denn nur so können wir endlich das volle und oft hinter antrainierten Verhaltensweisen versteckte Potenzial der Frauen heben, die wahren Synergien zwischen den Geschlechtern zu Tage fördern und mit einem echten SIEgER-Team (Seifarth 2015) bessere Ergebnisse produzieren.

Das folgende Kapitel führt Sie durch Geschäftssituationen, in denen typisch weibliche Kommunikations- und Verhaltensweisen auf typisch männliche treffen. Dabei konzentriere ich mich auf die von mir am häufigsten beobachteten Missverständnisse und Verhaltens- bzw. Kommunikationspannen zwischen den Geschlechtern. Ich möchte Ihnen als männliche Führungskraft oder auch einfach nur als männlichem Mitarbeiter Nahe bringen, mit welch einfachen Mitteln Sie zielführender mit den Frauen in Ihrem Team umgehen und deren Potenzial vollständig nutzen, ohne dabei zum Frauenversteher mutieren und an Männlichkeit einbüßen zu müssen. Denn mir ist wichtig, dass SIE Frau und ER Mann bleiben kann und wir unsere Stärken aufspüren statt uns in unserer Andersartigkeit zu bekämpfen.

Allerdings – dies sei einschränkend dazu gesagt – gelten die folgenden Tipps nur für die „klassischen Evas", die durch und durch Frau sind und nicht für die „Krawall-Evas", die dank zahlreicher Trainings und Bücher bereits zu halben Männern mutiert sind. Wenn Sie Klischees nicht mögen, überspringen Sie dieses Kapitel, es steckt voller Klischees, die aber nicht von ungefähr kommen. Auch wenn Mann nicht gleich Mann und Frau nicht gleich Frau ist, so hat jeder von uns typisch männliche und typisch weibliche Anteile, die unsere Emotionen und somit unser Verhalten und unsere Reaktionen maßgeblich steuern.

10.1 Tipp 1: Schenken Sie ihr Aufmerksamkeit!

Männer grenzen Frauen in Teams oder im Kreise ihrer Mitarbeiter(innen) oft unbewusst ein wenig aus und kommunizieren lieber mit Männern. Dies mag zum einen daran liegen, dass Frauen für Männer irgendwie doch fremde Wesen sind und es sich einfacher und direkter mit Seinesgleichen kommuniziert. Bei manchen Männern schwingt auch die unterschwellige Sorge mit, falsch verstanden zu werden, wenn ein Adam einer Frau (zu) viel Aufmerksamkeit schenkt. Zu guter Letzt verhalten sich viele Frauen im Geschäftskontext eher zurückhaltend. Dann hat er sie oft gar nicht bewusst auf dem Radar, oder ihm fehlt ein Anknüpfungspunkt für ein Gespräch oder schlimmstenfalls glaubt er dann, dass Eva nichts sagt, weil Eva nichts weiß bzw. kann.

Wo auch immer die Gründe liegen, achten Sie als Mann darauf, dass Sie den Frauen im Team rein quantitativ den gleichen Anteil Ihrer Aufmerksamkeit schenken wie den Männern, z. B. durch Fragen nach dem Projektstatus oder zu ihrer Einschätzung eines Sachverhalts, oder durch den kurzen Smalltalk am Kaffeeautomaten und gerne auch einmal mit der simplen Frage, wie ihr Wochenende war (aufgepasst, letzteres funktioniert weniger bei der Krawall-Eva, die es möglicherweise als Anmache oder Eindringen in ihre Privatsphäre wertet).

Da Frauen beziehungsorientierter sind als Männer, benötigen sie diese Form der Ansprache, um Rapport aufzubauen, sich wohlzufühlen und ihr volles Potenzial abzurufen. Fehlende Kommunikation oder unausgewogene Kommunikation bewertet Eva schnell als Ausgrenzung, und dies ist nicht nur ein Dämpfer für ihre Motivation sondern kann auch für den ausgrenzenden Adam böse enden, da sie mit ihrem Sinn für Gerechtigkeit – zumindest hinter den Kulissen – keine Situation auslassen wird, ihn schlecht aussehen zu lassen oder ihn als Stoffel hinzustellen, und dann kann er sich warm anziehen. Das gemeinsame Geschäftsziel rückt dann in weite Ferne und wird von Beziehungs-Talk und Voreingenommenheiten einer ganzen Belegschaft erschlagen.

10.2 Tipp 2: Lernen Sie, Sach- und Beziehungsebene zu kombinieren!

Unter Adams funktioniert es hervorragend und effizient: Ansagen auf der reinen Sachebene, wie z. B. „Bitte mache eine Umsatzaufstellung für 2015". Eine solche Form der Delegation ohne weiteren Kontext empfindet Eva schnell als schroff und distanziert. Ein bisschen Kontext vorweg bringt ihr die nötige Klarheit und sorgt für Motivation. Zum Beispiel: „Wir müssen als Team unsere Leistung für 2015 vorweisen, um die Gelder für 2016 bewilligt zu bekommen. Daher ist es wichtig, dass Du eine Umsatzaufstellung für 2015 machst." Das klingt zunächst unnötig kompliziert, hat aber eine große Wirkung. Im Gegensatz zu ihm muss sie nämlich auf der Beziehungsebene „abgeholt" werden, Eva möchte gebraucht werden und möchte wissen wofür.

Analog verhält es sich bei kritischem Feedback. Wenn Sie Kritik anbringen, hat Eva schnell das Gefühl, als Person falsch zu sein. Oft nimmt sie Kritik daher sehr persönlich. Person und Sache sind bei ihr eben oft eines, Person und Verhalten ebenso. Daher empfiehlt es sich, immer einen beziehungswahrenden Kommentar zur Person vorwegzuschieben. Wenn Sie sagen: „Du musst hier schneller arbeiten", interpretiert Eva es schnell als „Ich bin generell zu langsam. Ich bin als Person falsch." Und dann kann sie ihre volle Leistung nicht mehr abrufen, weil sie sich schützend zurückzieht und lieber weniger macht, als etwas Falsches zu tun. Sagen Sie ihr lieber: „Ich schätze dich für deine präzise Arbeitsweise. An dieser Stelle im Projekt hättest du jedoch etwas mehr auf die Zeit achten müssen als auf die Genauigkeit, denn jetzt sind wir in Verzug." So hat Eva zunächst die Gewissheit, dass sie als Person nicht falsch ist, denn sie zeichnet sich durch präzises Arbeiten aus. Gleichzeitig haben Sie anhand eines konkreten Beispiels (eine Stelle im

Projekt) verdeutlicht, dass in einer Verhaltensweise oder in einem kleinen Bereich noch Luft nach oben ist.

Ich gebe Ihnen ein weiteres Beispiel für Feedback. Sagen Sie statt: „Ich will diese Emotionen nicht mehr sehen," lieber: „Deine Emotionen helfen dir an vielen Stellen, die richtige Entscheidung zu treffen; nur in dieser Situation solltest du in Zukunft andere Wege finden, deine Einwände zu thematisieren, damit du die Loyalität wichtiger Projektpartner nicht verlierst." Klingt wiederum kompliziert, ist aber für die beziehungsorientierte und selbstkritische Eva sehr wichtig. So machen Sie ihr nämlich klar, dass ihr Verhalten an vielen Stellen sogar gut ist, aber an dieser Stelle eben nicht. Würden Sie dies nicht tun, könnten Sie sich die Mitarbeiterin gerade bei einem Kommentar zu ihren Emotionen zu einer echten Feindin machen. Wenn Sie Glück haben, sagt Eva Ihnen das ins Gesicht. Ich fürchte nur, sie sagt es allen anderen, nur nicht Ihnen, und dann haben Sie es schwer.

Ein Mann würde diese relativierte Form der Kritikäußerung übrigens möglicherweise gar nicht als relevant oder gravierend wahrnehmen und als Kleinigkeit abtun, er braucht das direkte Feedback, um zu wachsen. Eine Frau stellt sich bei zu viel Kritik schnell gleich selbst in Frage und blockiert innerlich, ihr Potenzial liegt dann brach.

10.3   Tipp 3: Ertappen Sie Eva, wenn sie Gutes tut!

Und wo wir gerade beim Thema „Feedback" sind, gibt es einen weiteren wesentlichen Unterschied zwischen ihm und ihr. Während Adam von Kindesbeinen an gelernt hat, sich im Wettbewerb mit anderen zu messen und an Kritik zu wachsen, hat Eva mit ihren Geschlechtsgenossinnen ihre Selbstzweifel harmonisch diskutiert und quasi ihr Innerstes nach außen gekehrt. Evas gehen sehr offen mit den eigenen Zweifeln an ihrer Person um. Im Gegensatz zu ihm, klopfen sie sich jedoch selten voller Eigenlob auf die Schulter. Das Gefühl, nicht gut genug zu sein, ist bei Eva dadurch präsenter als bei Adam.

Adam hat diese Selbstzweifel übrigens auch, aber er hat gelernt, zu bluffen und es vor allem bloß niemandem zu erzählen. Er kann sich selbst dadurch gut loben und die positiven Dinge sehen. Eva braucht dafür Hilfe von außen. Daher ist es ganz wichtig, dass sie mehr Lob als Kritik bekommt, damit sie zum einen weiß, dass sie als Person in Ordnung ist und zum anderen eine Orientierung hat, wovon sie mehr machen soll. Geben Sie ihr daher viel positives Feedback, und zwar nicht nur zum Ergebnis, sondern auch zu dem Verhalten, das zu diesem Ergebnis geführt hat.

Es ist kein Geheimnis, dass positives Feedback viel zielführender und motivierender ist als ständige Kritik. Ein Satz wie „Du hast dein Team trotz widriger Bedingungen auch unter Druck zusammen- und motiviert gehalten und ein tolles Ergebnis eingefahren," wird die selbstkritische Eva zu Höchstleistungen auflaufen lassen. Und vielleicht finden Sie ja Gefallen daran, sämtliche Ihrer Mitarbeiter dabei zu ertappen, wie sie Gutes tun und dies auch konkret zu thematisieren. Sie werden sehen, dass Sie eine viel bessere Stimmung in Ihr Team bekommen. Ihre Mitarbeiter werden sich viel häufiger zielführend verhalten und ihre Schwächen werden durch die vielen guten Taten viel mehr nivelliert, als wenn der Mitarbeiter sich ständig daran abarbeiten würde, seine Schwächen abzustellen.

10.4   Tipp 4: Erwecken Sie die Frau in ihr!

Dank Ihrer Lösungsorientierung neigen Sie als Mann dazu, anderen (auch den weiblichen Mitarbeitern) zu erklären, wie sie Dinge zu tun haben. Damit erziehen Sie sich nicht nur ihre eigenen Klone, sondern lassen auch das Potenzial der Mitarbeiter komplett brach liegen, und natürlich besonders das Potenzial der Frauen in Ihrem Team, das sich sehr vom Potenzial der Männer unterscheidet. Hinzu kommt, dass Sie sich durch das Vorsagen zum Mann mutierte Mitarbeiterinnen erziehen, die Sie dann später als kratzbürstig empfinden. Da Eva nämlich die Person nicht vom Verhalten trennt, wird sie beispielsweise, wenn Sie sie zu mehr Durchsetzungskraft ermahnen, schnell dauerhaft zickig, statt in bestimmten Situationen gezielt durchzugreifen.

Lassen Sie Eva ihren eigenen Weg zum Ziel auf ihre weibliche Art finden, und verhindern Sie, dass sie sich verbiegen und ein halber Mann sein muss. Statt: „Hier musst du mal auf den Tisch hauen," könnten Sie sagen: „Es ist wichtig, dass dieser Konflikt sofort ein Ende findet. Du findest bestimmt einen Weg, dafür zu sorgen, dass das Team ab jetzt an einem Strang zieht." Thematisieren Sie also das gewünschte Ziel, und überlassen Sie ihr den Weg dahin. Frauen haben oft ganz andere Wege, Mitarbeiter dazu zu bringen, an einem Strang zu ziehen, und die sind nicht weniger erfolgreich. Auf den Tisch hauen gehört für die meisten Frauen jedenfalls nicht zu ihren Lieblingsbeschäftigungen. Eva wird es möglicherweise eher über ein ausgeglichenes emotionales Bankkonto schaffen, die anderen zur Vernunft zu bringen. Wie auch immer sie es schafft, kann Ihnen letztlich auch egal sein.

Zügeln Sie sich also im Vorsagen, denn als Beziehungsmensch wird Eva Ihnen nicht widersprechen und entweder versuchen, es Ihnen Recht zu machen und so zu agieren wie Sie wollen, oder es Ihnen vordergründig Recht zu machen und hinten herum über Sie den Kopf schütteln oder ihrem Kummer über Sie bei anderen Luft machen. Voller Leidenschaft wird sie jedenfalls nicht das Projekt vorantreiben. Und schlimmstenfalls lässt unsere Eva Sie in schlechtem Licht da stehen.

10.5   Tipp 5: Lassen Sie Eva im Meeting glänzen!

Meetings liegen Frauen oft nicht so, da diese gerade in männlich dominierten Unternehmen schnell sehr hitzig verlaufen. Was für Sie als Mann zum Spiel dazu gehört und wie ein präziser Gedankenaustausch klingt, mag Eva oft gar nicht. Für sie klingt es schon nach Streit oder Konflikt. Und wenn sie sich in einem Kontext nicht wohl fühlt, hat sie die Angewohnheit, sich zurückzunehmen. Eva kann auch oft mit dem zu Beginn eines Meetings stattfindenden Schlagabtausch nicht viel anfangen, und hält sich vornehm zurück, oft auch räumlich durch Abseitssitzen. Oder sie versucht, erst einmal nur zuzuhören und die Stimmungen aufzunehmen, sich einen Überblick zu verschaffen. Dies entspringt ihrem hohen Harmoniebedürfnis, ihrer Konditionierung auf gleichmäßig verteilte Redeanteile und ihrer hohen Integrationsfähigkeit.

Sorgen Sie dafür, dass Ihre Mitarbeiterinnen in Meetings glänzen. Weisen Sie ihnen einen der Position angemessenen zentralen Platz zu, wenn sie sich abseits setzen wollen. Und locken Sie Eva aus ihrer Schweigefalle, in die sie zu leicht verfällt, wenn sie sich unwohl fühlt, hitzige Diskussionen nicht unterbrechen will und vor allem ihren eigenen Punkt oft zu banal findet. Ihr ist nicht bewusst, dass sie bereits gesagte Dinge manchmal wiederholen muss und darf, um ihren Standpunkt klar zu machen. Dieses Locken aus der Schweigefalle können Sie erreichen, indem Sie ihr frühzeitig im Meeting offene Fragen stellen, z. B. in Form von „Was ist deine Meinung dazu?" oder „Wie würdest du vorgehen?" So heben Sie ihr Potenzial gleich zu Beginn des Meetings und das Meeting nimmt durch Evas Äußerungen einen ganz anderen Verlauf. Lösen Sie sich von der Vorstellung, dass Sie durch das Stellen von Fragen unsicher wirken. Dies ist ein männlicher Irrglaube, denn es gilt immer noch die schöne Devise: „Wer fragt, führt!"

Wenn Sie Evas Schweigen jedoch einfach übergehen, entgeht Ihnen nicht nur eine wertvolle zusätzliche Perspektive. Wenn Sie Pech haben, führt sie das Meeting nach dem Meeting weiter, indem sie sich entweder darüber aufregt, dass sie nicht zu Wort gekommen ist oder indem sie ihre Ideen subtil im Nachgang an entsprechender Stelle platziert. Eva sucht sich dann neue Verbündete, was zu erneuten Diskussionen führen und den Prozess verlangsamen kann.

Wenn Sie sich mit dem Stellen von Fragen absolut nicht wohl fühlen, können Sie alternativ klare Meeting-Regeln etablieren, z. B. in Form von: „Jeder stellt reihum kurz den Projektstatus zu Beginn des Meetings vor" oder „Wir sammeln Ideen und jeder muss mindestens zwei Vorschläge formulieren". So stellen Sie sicher, dass jeder zu gleichen Teilen zu Wort kommt und sich nicht nur die männlichen Teilnehmer verbal duellieren. Außerdem bleiben mögliche wertvolle Punkte der schweigenden Evas nicht brach liegen.

10.6   Tipp 6: Ernennen Sie Eva zur Chefin!

Wenn Sie als Vorgesetzter den Eindruck haben, dass eine Frau in ihrem Team für ein Projekt oder eine Stelle geeignet ist, dann ernennen Sie diese Eva, statt mit ihr zu diskutieren, ob sie sich dafür geeignet fühlt. Als selbstkritische Person, die das Prahlen nie gelernt hat, und als beziehungsorientierte Person, die niemanden enttäuschen will, wird sie Ihnen auf die Frage: „Kannst du dir dieses Projekt vorstellen?" selten eine Antwort geben, die zu 100 Prozent „Ja" lautet. Vielmehr wird sie entweder ihre grundsätzliche Bereitschaft signalisieren, und mit einem „Ja, aber" im gleichen Atemzug ihre Zweifel und Bedenken thematisieren. Die ihr so geliebten Konjunktive wie „könnte" und „würde" sowie die relativierenden Worte wie „eigentlich" und „eventuell" werden sich häufen und bei Ihnen kein gutes Gefühl hinterlassen.

Hier spielen ihre schlecht versteckten Selbstzweifel genauso rein wie ihr Frühwarn-system, mit dem sie Probleme und Hindernisse sehr frühzeitig in Prozessen erkennt. Bei Projekten ist diese Fähigkeit sehr, sehr hilfreich, da Eva Probleme oft früher erkennt als Adam. Was die eigene Person angeht, ist diese Fähigkeit eher hinderlich, da sie Ihnen nicht mit einer Inbrunst von Überzeugung ihr „Ja" entgegenbringt, sondern Sie mit ihren Selbstzweifeln teilweise sogar ansteckt. So mancher Mann hat daher den Vorzug vor einer Frau bekommen, weil er auf die Frage nach seinem Interesse an einer Position oder einem Projekt ein unumstößliches „Ja, gerne" geäußert hat, ohne Einschränkungen zu thematisieren.

Wenn Sie als Vorgesetzter also das Gefühl haben, dass eine Frau das Zeug für eine Position hat, dann befördern Sie diese Eva, oder geben Sie ihr die Projekt-Leitung. Sollte sie Zweifel thematisieren, hören Sie sich diese aufmerksam an und überlegen Sie, wie Sie ihr helfen können, diese zu überwinden. Sagt sie beispielsweise: „Ich würde das gerne über-nehmen, aber ich habe so wenig Erfahrung in dem Bereich," dann könnten Sie entweder einfach mit einem Lächeln und einer kurzen Antwort Ihr Vertrauen signalisieren, z. B. im Sinne von: „Ich bin überzeugt, dass du das schaffst, sonst würde ich es nicht vorschlagen," oder ihre Zweifel auf Stichhaltigkeit hinterfragen, z. B.: „Was genau fehlt dir denn, um den Job zu machen?" Auf diese Frage muss Eva schon ein paar Fakten liefern und kommt mit: „Ich habe da so ein Gefühl . . . " nicht weiter. Wenn sie, so herausgefordert, konkrete Be-denken äußert, wie z. B. fehlendes Fachwissen, dann überlegen Sie gemeinsam mit ihr, wie sie sich dieses aneignen kann. Fordern Sie Eva aber an dieser Stelle auch, aus ihrem Bedenkenträger-Modus in einen Lösungs-Modus zu kommen, z. B. durch eine Frage wie: „Wie kannst du diese Wissenslücke am schnellsten schließen?" Damit stellen Sie gar nicht erst in Frage, *dass* sie diese schließt, sondern nur *wie* sie diese schließt. Geben Sie ihr also Rückendeckung, aber fordern Sie Eva auch heraus, damit sie in Bewegung kommt. Diese Kombination aus Vertrauen und Forderung wird sie zu Höchstleistungen bringen.

10.7   Tipp 7: Kommen Sie aus Ihrer Höhle!

Als Mann haben Sie die Tendenz, sich bei Problemen und Herausforderungen in Ihre Höhle zurückzuziehen oder zumindest die Thematik nur in einem erlesenen Kreis, meist mit einem anderen Mann, zu diskutieren. Vor allem als Vorgesetzter halten Sie es für un-angebracht, Probleme vor dem gesamten Team zu thematisieren und damit wohlmöglich zuzugeben, dass Sie selbst keine Lösung haben. Dadurch entgeht Ihnen das Potenzial des Teams, und vor allem das weibliche Potenzial. Gerade beim Lösen von Problemen ha-ben Frauen nämlich oft einen ganz anderen Blickwinkel und fördern andere Lösungen zu Tage. Und was noch viel schlimmer ist: Während die männlichen Mitarbeiter Ihren Rück-zug problemlos akzeptieren und als normal empfinden werden, fühlen sich die weiblichen Mitarbeiter ausgegrenzt, und das ist für die klassische Eva eine Höchststrafe.

Nutzen Sie also die Ressourcen Ihres Teams, vor allem die weiblichen Ressourcen. Fra-gen Sie z. B. Ihr Team, wie es eine gewisse Problematik lösen würde. Fragen wie: „Mich interessiert, wie Ihr das seht …" oder „Wenn es deine Abteilung wäre, wie würdest du vorgehen?" oder „Vor dem Hintergrund deines Aufgabenbereichs, was wäre deine präferierte Lösung?" Es liegt sehr stark an der Formulierung Ihrer Frage, ob Sie ratlos wirken oder sich einfach einen vollständigen Überblick verschaffen wollen. Die Beispielfragen zeugen von einem großen Interesse an der Sichtweise der Mitarbeiter und sind sehr wertschätzend und auf Augenhöhe formuliert. Jeder Mitarbeiter, egal ob Adam oder Eva, wird sich geschmeichelt fühlen, dass seine bzw. ihre Meinung gefragt ist. Die Wahrscheinlichkeit, dass gute Vorschläge gebracht werden, ist aufgrund dieser zusätzlichen Motivation besonders groß.

Wenn Sie die Ideen gesammelt haben, können Sie problemlos Ihre eigene Lösung daraus formen. Dann bleibt es immer noch Ihre Entscheidung als Teamleiter oder als Vorgesetzter, was am Ende gemacht wird, aber Sie nutzen die Ressourcen des gesamten Teams. Mit einem Satz wie: „Ich habe mir eure Punkte noch einmal angesehen und bin zu folgendem Entschluss gekommen …," stellen Sie am Ende noch einmal klar, wer der Chef ist, zeigen aber gleichzeitig dem Team wertschätzend, dass Sie die geäußerten Standpunkte integriert haben. Wenn Sie dann Ihre Entscheidung noch kurz begründen, haben Sie auch noch die Damen im Team „abgeholt", die enttäuscht sind, wenn ihre Ideen keine Berücksichtigung gefunden haben. Es mag für Sie zu „kuschelig" klingen, ist aber für den Wohlfühlfaktor der weiblichen Mitarbeiter sehr entscheidend. Mehr Team-Erlebnis geht nicht!

10.8   Tipp 8: Lernen Sie, Evas Fragen zu lieben!

Das integrative Wesen der Frau sorgt dafür, dass sie gerne viele Fragen stellt. Sie will damit Informationen sammeln, Standpunkte verstehen und diese dann integrieren. Gerne versucht Eva, es nämlich allen recht zu machen. Dazu fährt sie eine Art 360°-Radar aus und sucht und sammelt Input, wo sie nur kann. Aus dem gleichen Grund trifft sie Entscheidungen nicht gerne über die Köpfe anderer hinweg, sondern will genau verstehen, wer welche Position hat. Damit produziert sie am Ende oft Lösungen, die nachhaltiger sind, weil diese von allen in der Organisation mit getragen werden.

Und Eva fördert oft echte Win-Win-Lösungen zu Tage, weil sie genau die Motivation einzelner Beteiligter versteht und Konflikte somit gut entschärfen oder gar nicht erst entstehen lassen kann. Gerade bei Verhandlungen kann sie durch Fragen wie: „Was genau ist für dich das wichtigste?" oder „Wenn dieses Ziel erreicht wäre, welchen Nutzen hättest du davon?" das Problem hinter dem Problem zu Tage fördern oder die eigentliche Motivation ihres Gegenübers verstehen und so gemeinsames Terrain schaffen. Mal ganz abgesehen davon, dass der Gegenüber sich dann wohl und gut aufgehoben fühlt. Was für Adam duckmäuserisch und unsicher klingt, ist für Eva die hohe Gabe, Lösungen zu finden, die allen gefallen.

Da sie als Mann ihre Fragen oft als Unwissenheit oder Dummheit verstehen, wirkt es auf Sie sehr naiv und vor allem unterwürfig, wenn Eva in Verhandlungen zu viele

Fragen stellt. Dabei holt sie den Anderen, dem die Fragen sehr schmeicheln, auf subtile Art ab. Auch glauben Sie als Adam oft, dass Eva Sie mit ihren Fragen auf die Probe stellen oder hinterfragen will. Wenn sie beispielsweise auf eine Äußerung von Ihnen nachfragt mit einer Frage wie: „Wie bist du zu dieser Entscheidung gekommen?" will sie nicht herausfinden, ob Sie sauber logisch gedacht haben und irgendwo einen Fehler gemacht haben könnten, sondern sie will Ihre Motivation und somit Sie besser verstehen. Für Sie vielleicht kaum vorstellbar, aber so denkt und handelt Eva.

Wenn es Ihnen gelingt, Evas Fragen weder als Dummheit noch als Inquisition zu verstehen, sondern sich auf ihr Frage-Antwort-Spiel einzulassen, können Sie Informationen erhalten, welche die Qualität Ihrer Entscheidung maßgeblich verbessern können. Es versteht sich von selbst, dass Sie jederzeit, aus diesem „Spiel" aussteigen können, wenn Sie finden, dass es keine wesentlichen und neuen Erkenntnisse mehr bringt. Denn manchmal hat unsere Eva die Tendenz, aus dem Fragenstellen nicht mehr herauszufinden und Dinge zu zerreden. Helfen Sie ihr dann auf wertschätzende Art in einen Lösungsmodus zurück, z. B. in Form von: „Ich glaube, wir haben jetzt eine Menge wichtiger Informationen gesammelt. Das ist sehr gut. Nun sollten wir eine Entscheidung treffen." So werfen Sie dann Evas Stärken (Perspektiven sammeln) und Ihre Stärken als Adam (dem Ziel entgegensteuern) in einem klugen Schachzug zusammen.

10.9   Tipp 9: Nutzen Sie ihr Frühwarnsystem und ihre Zwischentöne!

Das bereits erwähnte 360°-Radar der Frau ist ein hervorragendes Frühwarnsystem. Eva sieht damit nicht nur (herannahende) Probleme, die Sie als Adam gerne einmal ausblenden. Dieses Ausblenden geschieht bei Ihnen übrigens nicht mutwillig, sondern häufig unbewusst, weil Probleme Ihrer grundsätzlichen Ziel- und Lösungsorientierung entgegenstehen. Oft verärgert es Sie sogar, wenn eine Mitarbeiterin Sätze äußert wie: „Ich sehe da ein großes Problem herannahen," denn Sie halten diese Äußerung für wenig lösungsorientiert, für hilflos und inkompetent. Schließlich werden Sie nicht fürs Probleme finden sondern fürs Probleme lösen bezahlt.

Dennoch empfehle ich Ihnen, bei derartigen Äußerungen aufmerksam hinzuhören und die Mitarbeiterin zu bitten, dieses Problem zu spezifizieren. Hüten Sie sich allerdings vor der Frage: „Warum siehst Du da ein Problem?" Die Warum-Frage bringt Ihr Gegenüber ganz schnell in eine Rechtfertigungsposition. Zielführender sind Fragen wie: „Welches Problem meinst Du konkret?" oder „Wodurch entsteht dieses Problem in Deinen Augen?" Helfen Sie ihr – wo nötig – aus dem Probleme-Modus auszusteigen, indem Sie die Mitarbeiterin sanft in einen Lösungsmodus zurückführen: „Was sollen wir in Deinen Augen dagegen tun?" oder „Wie können wir das Problem verhindern?" oder „Was müsste passieren, damit es nicht zum Problem wird?", etc. Diese W-Fragen haben hier wieder einmal eine große Macht, denn sie helfen Ihnen zu hinterfragen, was Ihre Mitarbeiterin konkret meint, aber auch Eva wieder in den Lösungsmodus zu führen. Hier braucht sie gelegentlich einen kleinen Stups in die richtige Richtung. Solange dieser auch noch mit einem wertschätzenden Satz einhergeht, wie z. B. „Interessant, dass Du das so wahrnimmst," können Sie fast nur punkten.

Ähnlich verhält es sich mit ihren für Sie als Mann sehr schwammigen Äußerungen wie: „Die Stimmung im Team ist nicht so gut," oder dem berühmten Satz: „Ich habe da so ein Gefühl." Sie finden dann oft, dass Eva Gespenster sieht oder es mal wieder unnötig harmonisch und kuschelig haben will. Schnell drücken Sie ihr dann den Stempel der Drama-Queen auf. Dennoch empfehle ich auch hier, ihre Bedenken auf Herz und Nieren zu prüfen, z. B. durch eine kleine Rückfrage wie: „Woran machst Du das fest?" oder „Was genau führt Dich zu diesem Eindruck?". Dann muss Eva ihrem Gefühl etwas mehr Substanz verleihen. Je nach Antwort können Sie dann immer noch entscheiden, ob sie übertreibt oder vielleicht einen fairen Punkt hat. Nehmen Sie ihre Antwort in jedem Fall wertschätzend auf, z. B. je nach Einschätzung ihrer Äußerungen durch Sätze wie: „Das ist sehr hilfreich, wir sollten das beim nächsten Meeting thematisieren," oder „Das ist sehr hilfreich. Ich empfinde es nicht so, aber ich werde einmal bewusst darauf achten," oder „Das ist sehr hilfreich. Ich glaube, die Mehrheit nimmt das nicht so wahr. Wir sollten uns stärker auf die Inhalte fokussieren. Dennoch ist es immer wichtig, Augen und Ohren offen zu halten". Letztlich gibt es viele Situationen, in denen Sie ein Problem am Ende nicht mehr lösen müssen, weil Eva es dank ihres Frühwarnsystems früher gesehen und eine Eskalation verhindert hat. Und das ist extrem zielführend.

Achten Sie vor allem auch auf die Zwischentöne Ihrer Mitarbeiterinnen. So gut unsere Eva Probleme und Stimmungen aufspürt, so gut kann sie diese auch selbst erzeugen. Viele Mitarbeiterinnen äußern Kritik nicht direkt und klar, häufig aus Sorge jemandem auf den Schlips zu treten oder Dinge zu sehr aufzubauschen. Dennoch können Sie ein Gespür für ihre Einwände entwickeln. Und das ist wichtig, denn wenn Eva Kritik nicht offen äußert, hält es sie nicht davon ab, diese Kritik hinter den Kulissen loszuwerden. Dies ist keine böse Absicht, irgendwo sucht sich ihr Unmut dann ein Ventil, und das ist dann gerne mal ein Kollege, dem sie die Geschichte erzählen muss. Ja, es ist erstaunlich, unbewusst macht die beziehungs- und harmonieorientierte Frau dann doch schlechte Stimmung.

Bei Sätzen wie: „Wir können das so machen, aber . . . ," oder „Von mir aus . . . ," oder „Wenn du das für richtig empfindest . . . ," oder auch bei non-verbalen Signalen wie Augenrollen, einem tiefen Seufzer oder einem hilfesuchenden Blick zur Kollegin schauen Sie unbedingt hin und nicht weg und fragen Sie lieber noch einmal nach. Nach außen hat Eva sich zwar mit einer Entscheidung arrangiert, aber wenn sie diese nicht mitträgt, wird sie nicht vollständig kooperieren und ihr volles Potenzial abrufen. Schlimmstenfalls wird sie sogar versuchen, ihren eigenen Plan noch irgendwie durchzuboxen. Das würde Ihnen als Vorgesetzter mit einem Mann nicht so schnell passieren, da er durch das Hierarchiegefüge Ihre Entscheidungen akzeptiert und umsetzt, auch wenn er diese nicht zwangsläufig genauso getroffen hätte. Fragen Sie bei ihr also lieber noch einmal unter vier Augen nach, wenn Sie diese Zwischentöne hören oder sehen und erklären Sie ihr, warum die Entscheidung so sein muss und dass Sie von ihr Kooperation erwarten. Enden Sie auf jeden Fall positiv und beziehungswahrend, das wissen Sie ja jetzt schon, z. B. in einem Satz wie: „Ich verstehe, dass du das anders siehst. Die Entscheidung ist allerdings jetzt so gefallen.

Ich bitte dich, diese vollständig mitzutragen und zu überlegen, welchen Beitrag du mit deinem Team dazu leisten kannst. Ich bin mir sicher, dass du gute Ideen finden wirst." Es klingt für Sie wie eine unnötige extra Schleife, allerdings können Sie durch Nachfragen entweder doch noch Bedenken zu Tage fördern, die eine Berechtigung haben, und so Ihre Entscheidung ändern; oder Sie können noch einmal Ihre Erwartungen der Mitarbeiterin gegenüber klar stellen, so dass diese überzeugt kooperiert. Beides bringt Sie Ihrem Ziel auf jeden Fall näher, als die Sache einfach zu übergehen und hinterher von einem übersehenen Hindernis oder Querschlägern überrascht zu werden.

10.10   Tipp 10: Machen Sie SIE zur Status- und Raum-Queen!

Viele Frauen beherrschen das Herausstellen von Statussymbolen oder das „Posen" auf andere Art nicht. Für die eher beziehungsorientierte Frau stellt es ein Ungleichgewicht zwischen ihr und anderen her, und damit fühlt sie sich oft nicht wohl. Daher fällt es ihr schwer, sich den Raum einzunehmen, der ihr zusteht. Sie können dies gut daran beobachten, wenn auf dem Büroflur eine Gruppe von Mitarbeitern steht, an der Sie selbst vorbeigehen wollen. Es ist fast immer eine Eva, die als erstes die Initiative ergreift und zur Seite geht oder die Gesprächsgruppe beiseite dirigiert, selten ein Adam. Ihr 360°-Radar hilft ihr dabei natürlich. Adam hat Sie als herannahende Person möglicherweise noch gar nicht wahrgenommen.

Ähnlich verhält es sich, wenn sich andere zu einer vertraulichen Gesprächsrunde dazugesellen. Es ist fast immer Adam, der darauf hinweist, dass es sich um ein privates Gespräch handelt und den anderen bittet, später wiederzukommen. Eva fällt diese Form der Abgrenzung schwer. Sie stellt dann ihre eigenen Interessen zu Gunsten der Harmonie hinten an und vertagt das laufende Gespräch auch gerne einmal. Schreiten Sie hier unterstützend ein und widersprechen Sie ihr ruhig. Demonstrieren Sie gerne wohlwollend, wie sie einen Störer auf höfliche Art wegschicken kann, z. B. durch einen Satz wie: „Nein, entschuldige bitte, wir sind gerade in einem vertraulichen Gespräch. Darf ich später zu dir kommen?"

Ähnlich verhält es sich mit Statussymbolen. Da schlägt Eva schon einmal den großen Firmenwagen aus, weil er nicht in die heimische Garage passt oder es so schwer ist, damit eine Parklücke zu finden. Das Eckbüro wird abgelehnt, weil das Licht sich ungünstig auf dem Bildschirm reflektiert. Glauben Sie nicht? Ich habe es selbst bei Evas erlebt. Ein solches Vorgehen würde es bei einem Adam niemals geben, lieber würde er eine neue Garage mieten oder mit einer Sonnenbrille am Schreibtisch sitzen.

Genauso wichtig zum beruflichen Vorankommen sind die eigenen Erfolge. Diese kommuniziert Eva kaum oder gar nicht, denn es wird ja schon jemand merken, was sie heimlich, still und bescheiden leistet. Alles andere empfindet sie als Prahlerei und Aufschneiderei, und die gehen ihr bei Adam schon mächtig auf die Nerven. Auf Sie mag das sehr naiv wirken, aber es ist Realität bei vielen Ihrer weiblichen Mitarbeiter. Und hier sind Ihre Stärken gefragt. Stellen Sie zunächst sicher, dass keine Frau in Ihrem Team Statussymbole ausschlägt. Erklären Sie ihr, warum diese als „Machtsymbol" wichtig sind. Machen Sie ihr klar, dass es wichtig ist, die eigenen Erfolge an den richtigen Stellen in der passenden Dosierung zu verkaufen, um gesehen und wahrgenommen zu werden. Und wenn Eva es nicht von sich aus tut, dann übernehmen Sie als ihr Vorgesetzter diese Aufgabe. Schließlich werden auch Sie sicher ganz bald – wenn nicht jetzt bereits – daran gemessen, wie gut Sie Frauen in Ihrem Team nach vorne bringen.

Zu guter Letzt wird Eva auch beim Netzwerken selten das Gespräch „nach oben" suchen. Meist ist sie mehr auf ihrer eigenen Hierarchie-Ebene vernetzt. Öffnen Sie ihr als Vorgesetzter hier unbedingt ein paar Türen. Nehmen Sie sie mit zu Gesprächen mit Ihrem Chef, lassen Sie sie vor der Führungsetage präsentieren und sichtbar werden. Von sich aus wird Eva dies kaum einfordern. Es widerstrebt ihrer Natur und sie braucht hier unbedingt Ihre Ressourcen. Nutzen Sie so Ihre männliche Stärke und feiern Sie irgendwann den höchsten Frauenanteil in Ihrem Team!

10.11 Plädoyer

Die Quote ist da, egal was wir von ihr halten. Es wird nicht lange dauern, dann findet sie Einzug in sämtliche Personalbeurteilungskriterien. Sie werden daran gemessen werden, wie hoch der Frauenanteil in Ihrem Team ist. Nach Ihren Business-Erfolgen werden Sie ohnehin schon beurteilt. Da diese Business-Erfolge laut Studien bei gelebter Gender-Diversity besser werden, sollte es in Ihrem Interesse sein, die Frauen in Ihrem Team nicht nur zu fördern, was ihre Karriere angeht, sondern viel mehr auch darin, Frau zu sein und zu bleiben. Denn nur so entstehen wirklich bessere Geschäftsergebnisse. Dies wiederum gelingt nur, wenn Sie den Damen ein wenig mehr entgegenkommen. Überlassen Sie es nicht länger den Frauen, sich wohl oder übel anders zu verhalten. Bei manchen Frauen, vor allem im höheren Management, werden Sie kaum die oben aufgeführten Punkte wahrnehmen, so gut haben sie sich bereits angepasst, so gut sind sie in der Geschäftswelt konditioniert. Aber in ihren emotionalen und in ihren Gedankenwelten sind die typisch weiblichen Muster immer noch stets präsent. Und das führt dazu, dass viele Frauen irgendwann nicht mehr nach oben wollen, weil sie gegen ihre inneren Überzeugungen handeln, weil sie meinen sich verbiegen zu müssen und weil sie sich schlichtweg nicht wohl fühlen. Und dann können sie nicht mehr maximal leisten oder sie kündigen gleich.

Wenn es Ihnen gelingt, die Evas in ihrer Andersartigkeit zu verstehen und zu akzeptieren, ihre positiven Verhaltensweisen zu fördern und sich der Wirkung Ihrer männlichen Verhaltensweisen auf weibliche Mitarbeiter bewusst zu machen, dann steht Ihr Team bald besser da als alle anderen. Dann sind Sie der Kopf des SIEgER-Teams!

10.12   Über die Autorin

Katrin Seifarth ist internationaler Diplom-Betriebswirt, zertifizierter systemischer und Wingwave Coach und NLP-Master und blickt auf über 20 Jahre eigene Management-Erfahrung im Großkonzern und in der Coaching- und Trainingspraxis zurück. In ihrer Beratungsfirma train effect bietet sie neben klassischen Soft Skill Trainings, Coachings für Frauen sowie Gender Workshops an. Sie wird von ihren Seminarteilnehmern für den starken Erlebnischarakter ihrer Seminare geschätzt, durch den fundierte Inhalte eingängig bei den Teilnehmern zur sofortigen Umsetzbarkeit und Anwendbarkeit verankert werden. Sie möchte der Geschlechter-Diskussion die Dramatik nehmen und mit Leichtigkeit und Humor beleuchten, wie Frau und Mann neue fundierte Wege gehen können. Als Ehefrau und Mutter von zwei Söhnen profitiert sie zusätzlich vom täglichen „Anschauungsunterricht" im privaten Umfeld. Im Jahr 2012 erschien ihr erfolgreiches Frauen-Coaching-Buch „Aus den Hemmschuhen in die Stöckelschuhe", im Frühjahr 2015 ihr aktuelles Buch „Das SIEgER-Team", in dem sie Frauen *und* Männern anhand 40 typischer Geschäftssituationen Wege für ein erfolgreicheres, konfliktfreieres und gelasseneres Miteinander aufzeigt.

Weitere Infos unter www.train-effect.de.

Literatur

Seifarth, K. (2015). *Das SIEgER-Team. 40 handfeste Tipps für die erfolgreiche Zusammenarbeit von Frauen und Männern im Job*. Hamburg: Ellert & Richter.

Women matter, Studie der Mc Kinsey&Comany Inc., 2007

Der Weg zur höheren Frauenquote: Ein Gesamtkonzept für die Frauenförderung aus Unternehmenssicht

11

Jörg Wittenberg

Zusammenfassung

Mit dem Gesetz für die gleichberechtigte Teilhabe von Frauen und Männern an Führungspositionen in der Privatwirtschaft und im öffentlichen Dienst hat die Politik einen ordnungspolitischen Impuls gesetzt und das Instrument der Frauenquote auf den Weg gebracht. Die Frauenquote bietet somit einen neuen Anlass in der langen Geschichte der Initiativen zur Gleichberechtigung von Mann und Frau, sich mit dem Thema auseinander zu setzen.

Die Analyse der Ausgangssituation mit dem Ziel, das richtige Ambitionsniveau für das eigene Unternehmen zu finden, ist dabei schon eine Herausforderung für viele Unternehmen. Die Festlegung der Quotenhöhe ist aber kein mathematisches Problem, sondern ist Ausdruck der Haltung des Unternehmens zur Gleichberechtigungsfrage und damit hoch politisch.

Der zu definierende Maßnahmenkatalog für das Gleichstellungskonzept umfasst vielfältige Instrumente aus den drei Bereichen der Rekrutierung, Qualifizierung und Strukturierung. Auch wenn die Zusammenstellung aller Handlungsalternativen zu einem erfolgversprechenden Konzept schon eine große Aufgabe darstellt, so liegt die wahre Herausforderung in der Umsetzung. Macht ist dafür eine Bedingung und die Frauenquote bei aller Kritik sicher ein probates Machtmittel für die Frauen, auf dem Weg die Zahl der weiblichen Führungskräfte auf den deutschen Managementetagen zu erhöhen.

J. Wittenberg (✉)
Der Wegberater, Köln, Deutschland
E-Mail: Dr.Wittenberg@Der-Wegberater.de

© Springer Fachmedien Wiesbaden 2016
P. Buchenau (Hrsg.), *Chefsache Frauenquote*, DOI 10.1007/978-3-658-12183-9_11

11.1   Der rechtliche Rahmen für die Frauenquote

Am 6.3.2015 hat der Deutsche Bundestag das Gesetz für die gleichberechtigte Teilhabe von Frauen und Männern an Führungspositionen in der Privatwirtschaft und im öffentlichen Dienst verabschiedet. Man könnte meinen, dass damit der Startschuss für die längst überfällige Gleichstellung von Frau und Mann im Berufsleben gefallen ist und Familienministerin Schwesig und Justizminister Maas als die Initiatoren dieser Gesetzesvorlage die Begründer dieser Idee sind. Doch ein Blick in die Geschichtsbücher zeigt uns etwas anderes. Tatsächlich scheinen viele den Schuss vorher nur nicht gehört zu haben.

Denn die Wurzeln reichen vielmehr ins Jahr 1920, als Frau Dr. Elisabeth Selbert schon die Forderung aufstellte: „Wir müssen nun dahin wirken, dass die Gleichberechtigung in der Praxis bis zur letzten Konsequenz durchgeführt wird" (Friedrichs 2009). Sie war später als Mitglied im Parlamentarischen Rat im Jahr 1949 maßgeblich dafür verantwortlich, dass im Grundgesetz der Bundesrepublik Deutschland der Artikel 3, II, Satz 1 eingefügt wurde: „Männer und Frauen sind gleichberechtigt."

Zu dieser Zeit durfte eine Frau nur mit Genehmigung ihres Ehemannes einer Erwerbstätigkeit nachgehen. Es bedurfte einer großen Kraftanstrengung, den damals vorhandenen Widerstand gegen diesen kleinen Passus zu überwinden. Viele Konservative waren davon überzeugt, dass die Vorherrschaft der Männer quasi gottgewollt war und eine Gleichberechtigung in einem gesellschaftlichen Chaos enden müsse.

Trotz dieser Verankerung im Grundgesetz änderte sich die Lage der Frauen im Berufsleben in der Folgezeit nur sehr langsam. Es waren zahlreiche Impulse sowie Veränderungen auf politischer, gesellschaftlicher und betrieblicher Ebene nötig, um zu diesem Quotengesetz zu kommen. Bis dahin wurde ein harter und jahrzehntelanger Kampf gegen tradierte Glaubenssätze von Frauen und Männern geführt, die auch mit diesem Gesetz nicht überwunden sind.

Das Gesetz ist vielmehr nur der Ausdruck eines politischen Kompromisses, der mit der Hoffnung verbunden ist, nach den Jahrzehnten vergeblicher Überzeugung durch gute Argumente, jetzt über einen ordnungspolitischen Eingriff etwas Bewegung in die Sache zu bekommen. Sozusagen als Ultima Ratio mit dem Ziel, die politisch angestrebte Gleichstellung von Frau und Mann zu erreichen.

Die Frauenquote als der jetzt eingeschlagene Weg zum Ziel ist allerdings sehr umstritten (Holzmüller 2011). Es gibt kein einheitliches Meinungsbild, und die Argumente für das Pro und Kontra sind weit gefächert (Wittenberg 2015a). Es wundert dabei nicht, dass nach einer Umfrage von N24 die gesetzlich verbindliche Quote bei den Frauen mit 28 % mehr Zustimmung findet als bei den Männern mit 19 % (N24 2013). Wohingegen sich 35 % der Männer, aber nur 24 % der Frauen grundsätzlich gegen einen gesetzlichen Eingriff aussprechen. Die bevorzugte Lösung bei Frauen (46 Prozent) wie auch Männern (44 %) ist die freiwillige flexible Quote. Insofern ist das verabschiedete Gesetz ein opportuner politischer Kompromiss, der das kontroverse gesellschaftliche Meinungsbild gut widerspiegelt.

Im Gesetz finden sich für die im Folgenden im Mittelpunkt stehende Privatwirtschaft sowohl eine gesetzlich festgeschriebene Quote, als auch eine unternehmensindividuelle, in der Höhe freiwillige Quote, die sogenannte Flexiquote. Die gesetzliche Quote von 30 % für Frauen gilt ab 2016 nur für neu zu besetzende Aufsichtsratsposten in börsennotierten Unternehmen mit paritätischer Mitbestimmung (Bmfsfj 2014). Bundesweit sind 108 Unternehmen davon betroffen. Aktuell liegt die Quote bei rd. 15 % Anteil der Frauen in den Aufsichtsgremien der Top-100-Unternehmen. Wir reden also von einer geplanten Verdoppelung. Allerdings sind dies absolut gesehen nur rd. 170 zusätzliche Posten, auf die sich die Frauen zukünftig freuen dürfen.

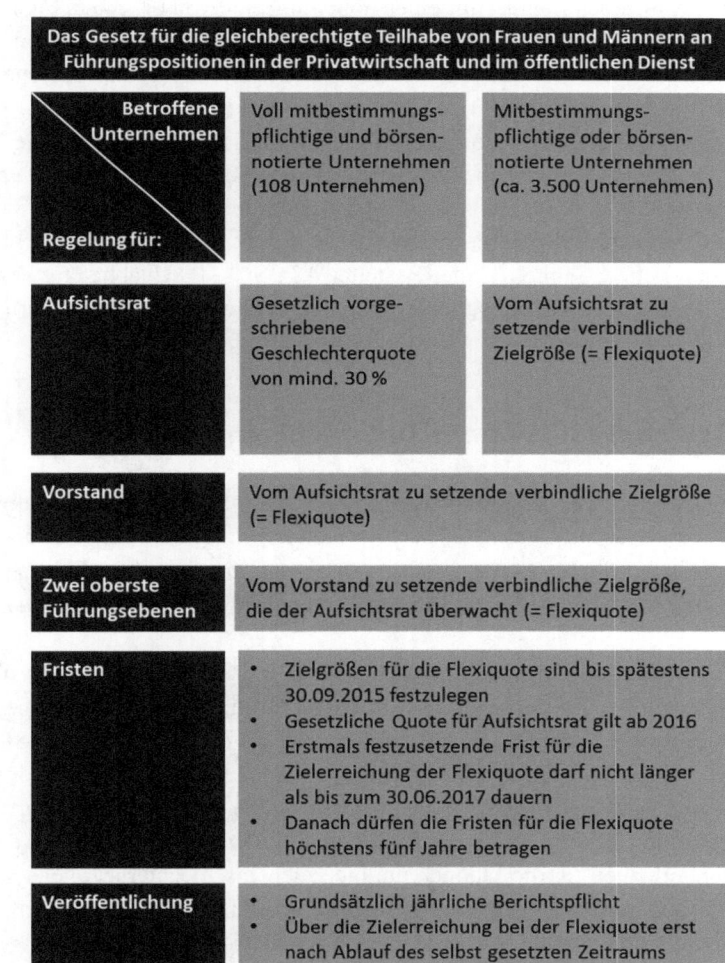

Abb. 11.1 Gesetz für die gleichberechtigte Teilhabe von Frauen und Männern an Führungspositionen. (Quelle: vgl. Audit Committee Institute e. V. 2015)

Darüber hinaus wurde auch noch eine Selbstverpflichtung für rd. 3500 Unternehmen eingeführt, die börsennotiert oder mitbestimmungspflichtig sind. Ihnen wird zwei Jahre gegeben, ihre selbst zu definierenden Zielgrößen für die Erhöhung des Frauenanteils in Aufsichtsrat, Vorstand und den obersten Management-Ebenen (definiert als die beiden Managementebenen unterhalb des Vorstandes) zu erreichen (Audit Committee Institute e. V. 2015). Die Unternehmen müssen sich die Mindestzielgröße bis zum 30.09.2015 selbst setzen und können sich dabei an ihren Strukturen ausrichten. Liegt der Frauenanteil in einer Führungsebene aber unter 30 %, so dürfen die Zielgrößen nicht unter dem tatsächlichen Niveau liegen.

Von dieser Flexiquote dürften vor dem Hintergrund der höheren Zahl der betroffenen Unternehmen die größeren Impulse für einen höheren Anteil von Frauen in Führungspositionen ausgehen als von der gesetzlich verbindlichen Quote für die Aufsichtsratsmandate.

Für viele Unternehmen ist das Gesetz zur Frauenquote sicherlich ein entscheidender Grund sich mit dem Thema Frauenförderung (wieder) zu beschäftigen. Doch neben den genannten gesetzlichen Vorgaben und den politischen Impulsen wie auch den innerbetrieblichen Anstößen sprechen vor allen Dingen auch wirtschaftliche und demografische Entwicklungen dafür. Entscheidend ist auch die Erkenntnis, dass sich in gemischten Teams bessere Arbeitsergebnisse erzielen lassen und so ökonomische Vorteile realisiert werden können (Jüngling und Rastetter o.J., S. 1–4): Unabhängig vom Gesetz (vgl. Abb. 11.1) gibt es somit viele gute Gründe, die Zahl der weiblichen Führungskräfte zu erhöhen.

11.2   Die Bestandsaufnahme im Unternehmen

Wer sich ein Ziel setzt, muss erst mal wissen, wo er steht. So auch bei der Definition der richtigen Flexiquote für ein Unternehmen. Im ersten Schritt gilt es, eine Bestandsaufnahme zu machen. Dazu zählt nicht nur die Erfassung des Frauenanteils in Führungspositionen, sondern eine ganze Reihe von zusätzlichen Angaben aus dem Zahlenwerk der HR-Systeme.

Im Idealfall verfügt das Unternehmen schon über ein Gleichstellungscontrolling und kann die Daten auf Knopfdruck abrufen. Der Regelfall dürfte jedoch von einer zeitaufwendigen manuellen Zusammenstellung geprägt sein. Zu erheben sind u. a. Altersstrukturen, Fluktuationsquoten, Wiederbesetzungsquoten, Bewerberzahlen, Ausbildungswege, Talentpools, Gehaltsgefüge, Beförderungen, Weiterbildungsumfang, Rückkehrraten nach der Schwangerschaft, Teilzeitinanspruchnahme und vieles mehr. Dies alles nicht nur für die Frauen, sondern auch für die Männer, um hier auch geschlechterbezogene Vergleiche anstellen zu können. Außerdem ist es auch sinnvoll, die Zahlen über vergangene Jahre zu erheben, um mögliche Veränderungstrends besser herauslesen zu können.

Die Bedeutung des Zahlenwerks für die Zieldefinition kann man an einem einfachen Beispiel zeigen. Es geht um die Fluktuations- und die Wiederbesetzungsquote als zentrale Einflussgrößen bei der Bestimmung eines realistischen Zielkorridors. Die Fluktuationsquote ermittelt man, indem man die Anzahl der Personalabgänge durch den durchschnittlichen Personalbestand teilt. Die Wiederbesetzungsquote beschreibt den geschlechterbezogenen Anteil bei der Wiederbesetzung offener Stellen. Bei einer Wiederbesetzungsquote von beispielsweise 30 % mit Frauen würden drei von zehn offenen Stellen mit Frauen besetzt werden.

Gerne wird von den Verantwortlichen als Grund für die langsamen Fortschritte bei der Erhöhung der Frauenquote der Umstand angeführt, dass es nicht ausreichend qualifizierte Kandidatinnen geben würde (Klöpfer 2015). Dies ist jedoch nur die eine Seite der Medaille, denn man kann nur besetzen, was frei wird und hier liegt wohl der größere Engpassfaktor.

Setzt man voraus, dass keine männlichen Kollegen entlassen werden, um die Stellen mit weiblichen Nachfolgerinnen zu besetzen, so definiert die normale Fluktuationsquote das maximale Potential für die Wiederbesetzung mit weiblichen Führungskräften. Geht man vereinfachend von 10 % Fluktuationsquote in einem Unternehmen aus, das heute keine Frauen in Führungspositionen hat, so würde man bei einer Wiederbesetzungsquote von 50 % fast neun Jahre brauchen, um einen Anteil von 30 % Frauen in Führungspositionen zu erreichen. Der Zeitraum ließe sich auf rund drei Jahre verkürzen, wenn man von einer 100 % Wiederbesetzungsquote ausgehen würde.

Wenn man aber weiß, dass die Fluktuationsquote bei Führungskräften in der Realität jedoch eher um die 5 % liegt, wird deutlich, wie langsam der Prozess einer Quotenerhöhung bei den Frauen nur vonstattengehen kann. Der Engpassfaktor „freie Stellen" für die Frauen lässt den Traum einer schnellen Veränderung zerplatzen wie eine Seifenblase, und hieran sind die Quotengegner ausnahmsweise nicht schuld.

11.3 Das passende Anspruchsniveau für die Frauenquote

Den gewünschten Prozentsatz für den Frauenanteil in Führungspositionen festzulegen, ist auf den ersten Blick nun wirklich keine besondere Herausforderung, könnte man meinen. Doch ist die Quotendefinition kein mathematisches Problem, sondern am Ende Ausdruck der Haltung des Unternehmens zur Gleichstellungsfrage. Damit wird sie zu einer unternehmenspolitischen Frage, die sensibel und sorgfältig zu beantworten ist.

Durch das Gesetz hat die Politik für die Frauenquote in Aufsichtsräten bestimmter Unternehmen die 30 % als Benchmark platziert. Auch, wenn in der Gesetzesbegründung die Geschlechterparität mit 50 % zu 50 % als das letztendlich angestrebte Ziel postuliert wird.

Was die anderen Führungsebenen betrifft, sind die Unternehmen bei der Festlegung ihres Ambitionsniveaus hingegen frei. Auf den ersten Blick erscheint diese Flexibilität für die Unternehmen von Vorteil. Doch muss man auch bedenken, dass die Höhe des veröffentlichten Ziels auch als Ausdruck der Haltung des Unternehmens gegenüber der Gleichstellungsfrage gesehen werden kann. Wer zu niedrig springt, muss hier auch mit Imageschäden rechnen.

Grundsätzlich kann die Quote (fast) beliebig definiert werden, jedoch lassen sich vom Prinzip her verschiedene Fixpunkte bei der Bestimmung der Quote nutzen. Am einfachsten wäre es, den Status quo festzuschreiben. Dann kann man so weitermachen wie bisher und hat das Thema von der Tagesordnung. Einige Unternehmen haben auch schon erklärt, so vorzugehen. Der Gesetzgeber lässt dies auch ausdrücklich zu und verbietet nur, ein Ziel festzulegen, das unter dem Status quo liegt, wenn der Frauenanteil in einer Führungsebene weniger als 30 % beträgt. Für alle Höhen oberhalb des Status quo gibt es verschiedene weitere Fixpunkte.

So ist es eine Möglichkeit, sich an dem generellen Frauenanteil im Unternehmen zu orientieren. Ein Unternehmen wie die SolarWorld AG schreibt zum Beispiel in seinem Geschäftsbericht (SolarWorld 2014): „SolarWorld strebt ein ausgewogenes Verhältnis zwischen Frauen und Männern im Konzern an. Dies ist eine ständige Herausforderung, da der Schwerpunkt im Konzern auf den MINT-Fächern liegt, in denen Frauen im Studium und daher auch im Bewerbungsverfahren noch unterrepräsentiert sind. Im ersten Schritt wollen wir daher erreichen, dass der Anteil von Frauen in Führungspositionen den Anteil von Frauen im Konzern widerspiegelt." Bei SolarWorld lag die allgemeine Frauenquote im Konzern im Jahr 2014 übrigens bei rd. 25 % und die Frauenquote in Führungspositionen bei rd. 18 %.

Mit einem solchen Ansatz berücksichtigt man ohne Zweifel branchentypische Besonderheiten, jedoch ist dies nicht für alle Branchen einfach zu kopieren. Beispielsweise im Bankbereich, mit einem allgemeinen Frauenanteil von 57 % unter der Belegschaft, dürfte der Sprung für die Führungskräfte hingegen zu hoch sein (Wittenberg 2015b).

Einen weiteren Fixpunkt hat der Gesetzgeber selbst geliefert. Wer die 30 % Vorgabe aus der Gesetzesvorlage für Aufsichtsräte einfach aufgreift, frei nach der Devise, was dem Gesetzgeber für Aufsichtsräte reicht, kann für das Management nicht falsch sein, geht einen sehr pragmatischen Weg. Zu finden ist das Ziel von mind. 30 % für Frauen im mittleren und oberen Management beispielsweise bei der Deutschen Telekom AG (2014). Im Jahr 2014 lag der Ist-Wert übrigens bei 25,6 %. Diese Option hätte im Übrigen noch den Vorteil, dass das Ambitionsniveau für Aufsichtsrat und Management gleich wäre. So wahrt man die Vorbildfunktion und schützt sich gleichzeitig auch vor der Frage, warum nicht alle Ebenen gleiche Ziele bekommen.

Zu guter Letzt wäre da noch das Ziel, die volle Geschlechterparität anzustreben. Langfristig gesehen sicher genauso sinnvoll wie unabdingbar, auf mittlere Sicht ist die Gesetzesperspektive jedoch für die meisten Unternehmen nicht zu empfehlen, will man sich vor unangenehmen Rechtsfertigungsreden aufgrund von Zielverfehlungen schützen.

Wir dürfen gespannt sein, was sich die 3500 Unternehmen so auf die Fahnen schreiben werden. Erste Erhebungen darüber sind im Laufe des Jahres 2016 zu erwarten. Eine Idee von der zu erwartenden Bandbreite und den unterschiedlichen Ambitionsniveaus vermittelt die HR-Trendstudie von Kienbaum aus dem Jahre 2014, bei der 190 Personalverantwortliche aus führenden Unternehmen im deutschsprachigen Raum befragt wurden (Kienbaum 2014). Danach reichen die ermittelten Bandbreiten der Zielgrößen von bis zu 20 % am unteren Ende und bis über 40 % Frauenanteil in Führungspositionen am oberen

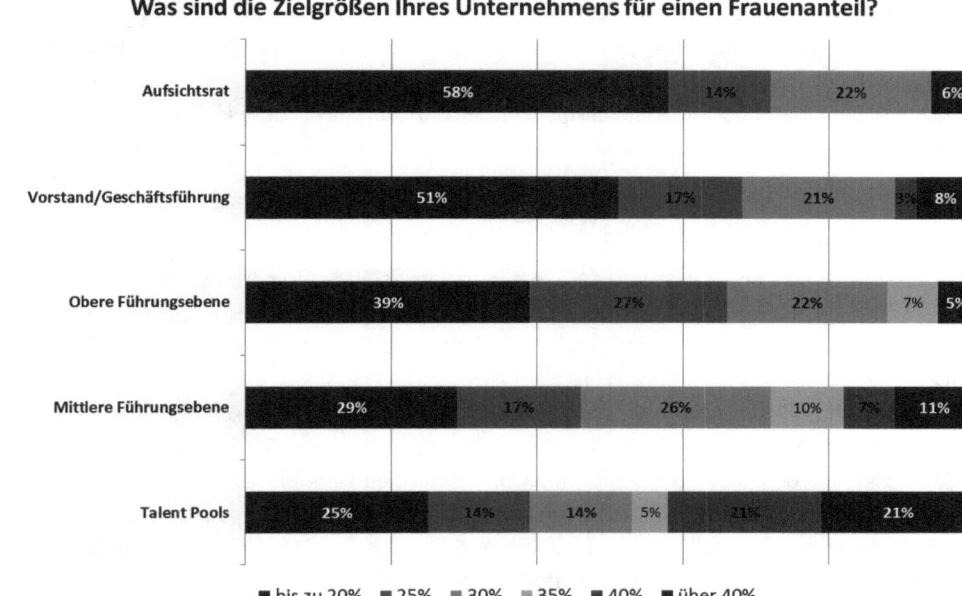

Abb. 11.2 Zielgrößen der Unternehmen für einen Frauenanteil. (Quelle: vgl. Kienbaum 2014)

Ende (vgl. Abb. 11.2). Dabei wird die Zielgröße umso kleiner, je höher das Management-niveau ist.

11.4   Der Maßnahmenkatalog

Der Maßnahmenkatalog zur Unterstützung des Frauenquotenziels ist weitgespannt und lässt sich in drei Dimensionen einteilen. Man kann die Aktivitäten in Rekrutierungs-, Qualifizierungs- und Strukturierungsmaßnahmen unterscheiden, wobei die einzelnen Dimensionen nicht überschneidungsfrei zueinander sind (Müller et al. 2015, S. 7–8). Im Folgenden werden die einzelnen Maßnahmen nach den drei Dimensionen geordnet kurz skizziert, um einen Überblick über die vielfältigen Ansatzpunkte der Gleichstellungspolitik zu verschaffen.

11.4.1   Die Rekrutierungsmaßnahmen

Mehr Frauen in Führungspositionen sind gesucht und die einfache Eingangsfrage lautet: Wie sollen die Unternehmen sie finden? Die Antwort dazu ist dreigeteilt. Erstens sollten die Verantwortlichen an die Neueinstellungen denken und zwar sowohl direkt bei der Besetzung von Führungspositionen als auch indirekt bei der allgemeinen Mitarbeitersuche, um das Potential für zukünftige Führungskräfte zu erhöhen. Zweitens bietet der Beförderungsprozess im Unternehmen vielfältige Optimierungsansätze, insbesondere durch den Talentpool. Drittens schließlich ist auch an die Frauen zu denken, die schon im Unternehmen arbeiten und aufgrund ihrer Mutterschaft aus ihren bestehenden Funktionen ausscheiden. Hier sind die Rahmenbedingungen zu optimieren, um sie zur Rückkehr in das Unternehmen zu motivieren.

11.4.1.1 Die Neueinstellungen

Die Bedeutung des Neueinstellungsprozesses für das Ziel der Erhöhung der Frauenquote liegt auf der Hand. Unternehmen, die nur über einen geringen Frauenanteil in ihrer Belegschaft verfügen, bleibt nur der Weg, die Quote über den externen Arbeitsmarkt zu erhöhen.

Um die Zahl der Bewerbungen von Frauen zu erhöhen, können verschiedene Wege eingeschlagen werden (Kay 2011, S. 250). Erstens können Frauen in Stellenanzeigen explizit aufgefordert werden, sich zu bewerben. Zweitens können Headhunter beauftragt werden, geeignete Kandidatinnen zu finden. Drittens kann im Zuge des Personalmarketings ein frauenfreundliches Images des Unternehmens aufgebaut werden. Dazu zählt auch, dass nur geschlechterneutrale Stellenausschreibungen veröffentlicht werden, was allein aus rechtlichen Gründen geboten ist.

Um seine Ziele möglichst schnell zu erreichen, könnte man auf die Idee kommen, bei der Auswahl der KandidatInnen einfach ein festes Geschlechterverhältnis vorzugeben. Diesem Vorgehen stehen allerdings die §§ 2, 3 und 7 des Allgemeinen Gleichbehandlungsgesetzes (AGG) entgegen, die u. a. das Verbot der mittel- und unmittelbaren Geschlechterdiskriminierung bei der Begründung des Arbeitsverhältnisses vorschreiben (Kay 2011, S. 243). Einen machbaren Weg gehen hingegen die öffentlichen Arbeitgeber aufgrund der Regelungen in § 8 BGleiG (Bundesgleichstellungsgesetz). Dort heißt es: *„Sind Frauen in einzelnen Bereichen unterrepräsentiert, hat die Dienststelle sie bei der Vergabe von Ausbildungsplätzen, Einstellung, Anstellung und beruflichem Aufstieg bei Vorliegen von gleicher Eignung, Befähigung und fachlicher Leistung (Qualifikation) bevorzugt zu berücksichtigen, sofern nicht in der Person eines Mitbewerbers liegende Gründe überwiegen."*

Den einzelnen Instrumenten der Personalauswahl wird im Übrigen kein so großes Diskriminierungspotential zugeschrieben (Kay 2011, S. 257). Die größeren Tücken liegen hingegen bei einer nicht geschlechterneutralen Anforderungsanalyse bei der Stellenbeschreibung und einer nicht ausreichenden Ansprache von Frauen im Zuge der Bewerberrekrutierung.

Es reicht im Übrigen nicht aus, nur weibliche Führungskräfte im Rahmen von Neueinstellungen direkt vom externen Markt zu rekrutieren, sondern es ist auch sinnvoll, die Basis an weiblichen Mitarbeitern zu erhöhen, um im zweiten Schritt dann Potentialträgerinnen zu entwickeln bzw. zu identifizieren, die später auch auf Führungspositionen befördert werden können. Insofern ist bei den Neueinstellungen auch auf der Mitarbeiterebene auf eine höhere Frauenquote zu achten. Hier liegen ungenutzte Potenziale, denn nach einer Studie des Wirtschaftszentrums Berlin arbeiten 5,6 Mio. Frauen zwischen 25 und 60 Jahren nicht, weil sie für die Familie da sein wollen oder es müssen. Und 80 % von ihnen wollen gerne arbeiten (Schmollack 2010).

11.4.1.2   Die Beförderungen

Im Kontext der Frauenförderung ist ein Aspekt beim Thema Beförderungspolitik von besonderer Bedeutung. Das altbekannte Stichwort von den „Männerseilschaften" liefert hier die Überschrift. Je höher die zu besetzende Führungsposition angesiedelt ist, desto wichtiger wird es für die KandidatInnen, von den Entscheidungsträgern für die Auswahl als passend empfunden zu werden (Jüngling und Rastetter o.J., S. 8–9). Gleichzeitig werden die objektiven Auswahlkriterien und Entscheidungsregeln oftmals immer unschärfer. Die Entscheider suchen (auch, um ihr eigenes Führungsrisiko zu minimieren) KandidatInnen, denen sie vertrauen und die ihren Vorstellungen von Leistungsorientierung und kultureller Passung am ehesten entsprechen. So lautet ein Erklärungsansatz für das Phänomen, dass Männer andere Männer bevorzugen. Mit den Männern haben sie ja schließlich in der Vergangenheit schon zusammengearbeitet, womit diese beweisen konnten, dass sie den Erwartungen entsprechen. Sattelberger spricht hier von einer „homosozialen Reproduktion" (Kullmann 2010).

Wer hier korrigierende Impulse setzen möchte, muss den Beförderungsprozess bei der Nachfolgeplanung und dem Talentmanagement transparent machen und objektive Kriterien vorgeben, die auch von Dritten überprüfbar sind (Krell 2011). Die Personalpolitik ist hier dreifach gefordert: bei der Auswahl, der Beurteilung und Entwicklung von Führungs(nachwuchs)kräften. Dabei sind wiederum drei Karrierestationen relevant. Zu Beginn geht es um die Aufnahme in den Talentpool für Führungsnachwuchskräfte, dann um die erste Beförderung in die neue Rolle als Führungskraft und schließlich um den weiteren Aufstieg auf der Karriereleiter.

11.4.1.3   Das Rückkehrerprogramm

Frauen und Männer können Eltern werden. Aber nur Frauen bekommen die Kinder und wenn dies passiert, ist es für die Frauen zumeist mit einem erheblichen Einschnitt in ihre Erwerbsbiografie verbunden. So zeigen die Statistiken, dass die meisten Frauen direkt nach der Geburt ihres ersten Kindes für eine Übergangszeit in die Hausfrauen- bzw. in die Teilzeittätigkeit wechseln (Kelle 2014, S. 14). Nur 31 % der Frauen kehren nach der Geburt des Kindes wieder dauerhaft in ihre Vollzeitbeschäftigung zurück.

Da in den Unternehmen die Übernahme einer Führungsposition de facto immer noch mehrheitlich an die Übernahme einer Vollzeitstelle gekoppelt ist, erwächst für die Unternehmen daraus in doppelter Hinsicht ein Problem. Zum einen verlieren die Unternehmen weibliche Führungskräfte, wenn diese Kinder bekommen. Dies ist kontraproduktiv für die Quote. Zum anderen ist es schwieriger für die Unternehmen, Frauen für die Übernahme einer Führungsposition zu gewinnen, wenn diese für sich die Mutterschaft planen. Auch dies ist kontraproduktiv.

Vor diesem Hintergrund macht es aus Sicht der Unternehmen doppelt Sinn zu agieren und ein sogenanntes Rückkehrerprogramm aufzusetzen. Ziel ist es hier, den Frauen, die Kinder bekommen und sich zeitweise aus dem Beruf verabschiedet haben, die Rückkehr in den Beruf zu erleichtern. Ein solches Programm kann verschiedenste Komponenten beinhalten (Müller et al. 2015, S. 30). Diese reichen von regelmäßiger Kontaktaufnahme zwischen Unternehmen und den ausgeschiedenen Frauen, über die Einbindung in den Informationsfluss bzgl. wesentlicher Entwicklungen im Business, Teilnahme an Qualifizierungsmaßnahmen während der Abwesenheit, die Durchführung von Karriereberatungen, Angebote zur Übernahme von Teilaufgaben im Home-Office auf Projektbasis bis hin zum Wiedereinstieg über Teilzeitstellen und anderes mehr.

11.4.2 Die Qualifizierungsmaßnahmen

Im Kontext des Ziels der Erhöhung der Frauenquote ist die Personalentwicklung in Unternehmen besonders gefordert. Es gilt, durch geeignete Entwicklungsmaßnahmen sicherzustellen, dass Frauen für die Übernahme von Führungsaufgaben entsprechend qualifiziert werden und ihre Kompetenzen weiterentwickeln. Die Herausforderung besteht darin, dass auf der einen Seite die Anforderungen an eine Führungskraft grundsätzlich genderunabhängig sind, dass aber auf der anderen Seite in der Praxis zu beobachten ist, dass sich Männer und Frauen in ihrem Denken, Fühlen und Handeln unterscheiden. Hier erscheint eine Anpassung der Konzepte sinnvoll.

11.4.2.1 Das Führungskräftetraining

Im Bereich der klassischen Führungskräftetrainings gibt es verschiedenen Konzepte, die diskutiert und eingesetzt werden können. So ist zu überlegen, ob in Trainings, z. B. Verhandlungstrainings, bestimmte Einheiten nach Geschlechtern getrennt durchgeführt und dann später die Gruppen wieder zusammengeführt werden. Die Trennung kann weiblichen Teilnehmern helfen. Insbesondere, weil die Frauen oftmals in solchen Trainings in der Minderheit sind. Die spätere Zusammenführung der beiden Gruppen kann genutzt werden, um dann genderspezifische Aspekte des Themas beiden Gruppen besser bewusst zu machen.

Das Thema der genderspezifischen Aspekte der Führung können durch Diversity-Workshops mit gemischten Teams auch direkt adressiert werden. Ziel ist die Erhöhung der Gleichstellungskompetenz der Führungskräfte. Die Deutsche Bank hat z. B. solche Workshops durchgeführt, bei denen ein dreistufiger Ansatz verfolgt wurde (Maiweg 2011). Zu Beginn wurden die Führungskräfte für ihr eigenes Verhalten sensibilisiert. Der Reflektionsprozess sollte den Teilnehmern verdeutlichen, dass es im Grunde keine vorurteilsfreien Situationen gibt. In der zweiten Stufe wurden Rollenspiele mit Unterstützung von Schauspielern durchgeführt, um Praxiserfahrungen in das Training zu integrieren und in der Gruppe zu diskutieren. In der dritten und letzten Stufe war es Aufgabe der

TeilnehmerInnen, ihre nächsten Schritte im Umgang mit dem Thema im Job zu definieren und später ihre Erfahrungen wieder mit der Gruppe zu teilen.

Drittens ist es denkbar, ein spezielles Training nur für und mit Frauen durchzuführen, um die frauenspezifischen Herausforderungen von Führung in einem gefühlt sicheren, weil rein weiblichen Umfeld erarbeiten zu können. Ein wichtiger Nebeneffekt ist hier auch die Förderung des Netzwerkgedankens innerhalb der Frauengruppe.

11.4.2.2 Das Mentoring

Beim Mentoring begleitet eine berufserfahrene Person eine in der Regel jüngere Potenzialträgerin als Ratgeber (Wolf 2011). Der Mentor greift dabei auf sein Erfahrungswissen zurück, diskutiert mit seinem Mentee adäquate Vorgehensweisen im Berufsalltag und öffnet ihr seine Netzwerke (Olaf o.J.). Insbesondere der Netzwerkaspekt hat das Mentoring im Kontext von Frauenförderungsprogrammen populär gemacht, weil die Frauen ohne einen Türöffner kaum Zugang zu den sogenannten Old-Boy-Netzwerken haben.

Man kann zwischen internen und externen Mentoring-Programmen unterscheiden. Während beim internen Mentoring beide Parteien aus demselben Unternehmen stammen, gehören sie beim externen Mentoring unterschiedlichen Unternehmen an (Wolf 2011, S. 302). Mangels einer ausreichenden Anzahl an Frauen in Führungspositionen ist der Mentor zumeist ein Mann, dennoch gibt es auch Beispiele und gute Gründe für weibliche Mentorinnen (Groll 2015).

Die Grundvoraussetzung für ein funktionierendes Mentoring ist das Vertrauen zwischen den beiden Akteuren und das Einhalten von Spielregeln, zu denen Offenheit, Vertraulichkeit und Freiwilligkeit zählen. Das Lernen im Dialog ist dabei ein längerer Austauschprozess über mehrere Monate oder sogar Jahre. Die Erfahrungen aus vergangenen Programmen zeigen, dass die Frauen den größten Nutzen aus dem Mentoring in ihrer persönlichen Weiterentwicklung sehen (Wolf 2011, S. 305). Dies äußert sich sowohl durch ein gestiegenes Selbstbewusstsein, als auch eine verbesserte Eigeninitiative.

11.4.2.3 Das Coaching

Beim Coaching wird ein anderer Ansatz als beim Mentoring verfolgt. Die International Coaching Federation definiert Coaching als „*partnerschaftlichen und zum Nachdenken anregenden Prozess, der Menschen und Organisationen kreativ dabei unterstützt, ihr persönliches und professionelles Potential zu steigern*" (ICF 2015).

Man kann Coaching verkürzt auch als Hilfe zur Selbsthilfe beschreiben, weil der Coach den Prozess beim Coachee steuert, seine Ziele selbst zu definieren, seine eigenen Potentiale zu entdecken und zu nutzen und seine Bereitschaft fördert, die Veränderungen auch anzugehen. Es gibt wohl kein DAX-30-Unternehmen, das auf Coaching in seinem Personalentwicklungsprogramm verzichtet und die Wachstumsraten der Vergangenheit sprechen dafür, dass es sich um einen wirkungsvollen Ansatz handelt, der auch in der Frauenförderung seinen Platz finden sollte (Mohr 2008).

Beim Coaching wird davon ausgegangen, dass die gecoachte Frau im Grunde über alle notwendigen Potentiale schon verfügt und das Coaching hier nur eine Art von Aktivierungsfunktion übernimmt (Wittenberg 2014). Insofern geht es hier nicht darum, wie fälschlicherweise oftmals dargestellt, aus den Frauen bessere Männer zu machen. Sondern es gilt, sich auf die individuellen Stärken zu konzentrieren und diese zu nutzen, statt den mühseligen Weg zu gehen, seine Schwächen zu verringern und so am Ende doch nur nicht gefragte Durchschnittsleistungen abzuliefern.

11.4.3   Die Strukturmaßnahmen

Die Strukturmaßnahmen zielen ab auf Veränderungen der Organisation in den Unternehmen durch interne Aktivitäten sowie durch externe Rahmenbedingungen. Insbesondere geht es hier um die Instrumente, die auf die Vereinbarkeit von Familie und Beruf abzielen, was nach Auffassung der Unternehmen das Haupthemmnis für viele Frauen darstellt, in Führungspositionen zu kommen (Bundesministerium für Arbeit und Soziales, S. 81).

11.4.3.1   Die flexible Arbeitszeit

Die Kreativität bei der Entwicklung von flexiblen Arbeitszeitmodellen hat mit den Jahren sicher zugenommen. In den 1960er-Jahren sind dabei die Anfänge der Gleitzeit als der bekanntesten Form von Arbeitszeitflexibilisierung zu finden.

Bei der einfachen Gleitzeit kann die Arbeitnehmerin den Beginn und das Ende der täglichen Arbeitszeit frei wählen. Bei der qualifizierten Gleitzeit kann die Mitarbeiterin auch über die Dauer ihrer täglichen Arbeitszeit entscheiden. Meistens wird die Gleitzeit mit einer Kernarbeitszeit kombiniert. Der Vorteil dieses Modells ist die größere zeitliche Selbstbestimmung und damit sind wir bei einem Thema, das für Frauen mit Kindern von zentraler Bedeutung ist, da sie in den meisten Fällen die Betreuungsaufgabe in der Familie übernehmen.

Nach einer Untersuchung des Statistischen Bundesamtes profitierten im Jahr 2010 nur 36 % aller Beschäftigten von einer flexiblen Arbeitszeitregelung. Rund ein Viertel der Beschäftigten nutzen dabei Arbeitszeitkonten und gut 10 % hatten eine Gleitzeitregelung. Knapp 60 % der Arbeitnehmer und Arbeitnehmerinnen hatten hingegen noch eine starre Arbeitszeitregelung mit festem Arbeitsbeginn und -ende. Dabei waren die Unterschiede zwischen Männern und Frauen nur geringfügig (Körner et al. 2012, S. 994).

Diese vielleicht überraschenden Ergebnisse zeigen, dass bei einem einfach scheinenden und doch so wichtigen Erfolgsfaktor für eine bessere Vereinbarkeit von Familie und Beruf noch viel Verbesserungspotential im Sinne einer zukunftsweisenden Frauenförderung besteht.

11.4.3.2   Die Teilzeit

Als der ehemalige FDP-Gesundheitsminister Daniel Bahr zum ersten Mal Vater wurde und kurz vor der Geburt seiner Tochter von Journalisten gefragt wurde, ob er sich vorstellen könne, seines Kindes wegen weniger zu arbeiten, soll er gesagt haben: „Das Ministeramt gilt rund um die Uhr", und „Das kann man nicht in Teilzeit machen." Ein Zitat, das Bände spricht: Deutschland ist eben ein Vollzeitland. Zumindest unter Männern und auf jeden Fall unter Chefs (Lobenstein 2013).

Mit diesem Glaubenssatz haben die Frauen auf ihrem Weg in Führungspositionen zu kämpfen. Und tatsächlich hat nur etwa jeder Hundertste männliche Chef in Deutschland einen Teilzeitvertrag von 30 oder weniger Stunden (Lobenstein 2013). Hinzu kommt, dass 39 % der Vollzeiterwerbstätigen in Leitungs- und Führungspositionen gewöhnlich mehr als 48 Stunden arbeiten, während es bei den Erwerbstätigen ohne Führungsaufgaben mit 12 % deutlich weniger sind (Körner et al. 2012, S. 993). In Kombination mit dem Umstand, dass nur 31 % der Frauen nach ihrer Schwangerschaft dauerhaft in eine Vollzeitstelle zurückkehren, ist das Dilemma auf dem Weg zu mehr Frauen in Führungspositionen vorprogrammiert.

Dass es auch anders geht, sieht man am Beispiel der Niederlande, wo 12 % der Manager in Teilzeit arbeiten (Hipp und Stuth 2013) Allerdings ist dieser Weg ohne Zweifel mit mehr Aufwand für alle Beteiligten verbunden. Es sind vermehrt Übergaben zu organisieren, Vertretungen zu regeln, die Bürokapazitäten sind anzupassen und das Zeitmanagement erfordert noch mehr Disziplin. Außerdem arbeiten die Teilzeitführungskräfte vielfach auch noch gegen das Vorurteile an, nicht ehrgeizig genug zu sein.

Abschließend bleibt aber festzuhalten, dass die Potentiale des Modells „Führung in Teilzeit" zwar begrenzt erscheinen, aber die Idee einer Führungskraft in Teilzeit ohne Zweifel mit einem charmanten Vorbildcharakter verbunden ist.

11.4.3.3 Das Home-Office

Ein Flexibilisierungsansatz, der nicht nur für die Förderung der Anzahl von Frauen in Führungspositionen interessant ist, verbirgt sich hinter dem Stichwort „Home-Office". So zeigen Meinungsumfragen, dass sich jede zweite Frau und mehr als jeder dritte Mann vorstellen kann, von zu Hause aus zu arbeiten (Teamviewer 2012).

Allerdings erfordert die Umsetzung eine systematische Beantwortung aller damit zusammenhängenden Fragen rund um Kommunikation, Organisation, Wissensmanagement sowie rechtliche Aspekte. In der Praxis wird das Thema jedoch meist nur situativ und fallweise bearbeitet (Kellner und Krims 2012). Die Probleme potenzieren sich dann auch noch, wenn Führungskräfte von zuhause arbeiten wollen. Dann ist die Gefahr groß, dass sich die gegenseitigen Erwartungen von Unternehmen und Führungskraft in der Praxis nicht erfüllen, da Führung auch ganz wesentlich von persönlicher Kommunikation und sozialen Kontakten lebt.

Nach einer Analyse des Deutschen Instituts für Wirtschaftsforschung (DIW) liegt Deutschland im Vergleich zu anderen westeuropäischen Staaten beim Thema Heimarbeit noch im Hintertreffen und verfügt somit über Potential (Brenke 2014). Auf der anderen Seite zeigt die Statistik auch, dass die letzten Jahre von einem Rückgang der Zahlen für Selbstständige (2 Mio.) und Arbeitnehmer (2,7 Mio.) geprägt waren und dies ging sogar gegen den europäischen Trend. Einzig die Gruppe der ManagerInnen hat ein Wachstum aufzuweisen, was wiederum Hoffnung gibt. Insgesamt ist aber auch festzuhalten, dass die Teilzeit als Instrument zur Vereinbarkeit von Familie und Beruf über alle Berufsgruppen hinweg mit einer fast fünfmal so hohen Nutzungsquote wie die Heimarbeit der populärere Lösungsansatz zu sein scheint.

11.4.3.4 Die Kinderbetreuung

Wer Familie und Beruf miteinander vereinbaren will, braucht zwangsläufig auch eine Lösung für die Kinderbetreuung während seiner Arbeitszeit. Sind es nicht der Partner oder ein Familienmitglied, die diese Aufgaben übernehmen können, so bleibt noch der Kindergarten oder auch eine Tagesmutter oder -vater.

Die Personalverantwortlichen in den Unternehmen wissen um diese Herausforderung und so wundert es nicht, dass dieses Thema laut einer Studie von Deloitte für über 30 % eine sehr große bzw. große Rolle im Thema Vereinbarkeit von Beruf und Privatleben spielt (Kellner und Krims 2012). Somit sind auch hier Lösungen gefragt, wobei der Kostenaspekt eine zentrale Rolle spielt.

In einer Modellrechnung beziffert das Bundesministerium für Familie, Senioren, Frauen und Jugend die laufenden Kosten für einen betrieblichen Kindergarten für 26 Kinder zwischen 0–6 Jahren auf rund 200.000,– € p. a. und den notwendigen betrieblichen Zuschuss zur Deckung der Finanzierungslücke auf 788,– € pro Jahr und Kind (Bmfsfj 2006).

Neben der Einrichtung von Betriebskindergärten gibt es aber auch noch die Möglichkeit, dass Unternehmen Belegplätze in anderen Kinderbetreuungseinrichtungen finanzieren, das Sponsoring von Tagesmüttern oder -vätern übernehmen oder Eltern-Kind-Arbeitsplätze einrichten (Schmike und Thiller 2013). Praxisbeispiele aus der Wirtschaft zeigen, was auf diesem Gebiet alles möglich ist und was Unternehmen wie die Lufthansa, die REWE Group oder die Telekom leisten, um durch betriebliche Maßnahmen die Situation von Beschäftigten mit Familienverantwortung zu verbessern.

11.4.3.5 Die Elternzeit und das Elterngeld

Jedes Elternteil hat einen gesetzlichen Anspruch auf Elternzeit zur Betreuung und Erziehung seines Kindes bis zur Vollendung des dritten Lebensjahres (Bmfsfj 2006). Beide Elternteile können auch gleichzeitig bis zu drei Jahre Elternzeit in Anspruch nehmen. Seit Juli 2015 ist eine Übertragung von bis zu 24 Monaten auf die Zeit zwischen dem 3. und 8. Geburtstag des Kindes möglich, zum Beispiel während des ersten Schuljahres (sogenannte ElternzeitPlus). Dabei muss keine Zustimmung des Arbeitgebers eingeholt werden, jedoch kann der Arbeitgeber den dritten Abschnitt der Elternzeit aus dringenden betrieblichen Gründen ablehnen, wenn er zwischen dem dritten und achten Geburtstag des Kindes liegt.

Die Elternzeit ist ein gesetzlicher Anspruch des Arbeitnehmers oder der Arbeitnehmerin gegenüber dem Arbeitgeber. Während der Elternzeit können die ArbeitnehmerInnen also ohne Bezahlung zu Hause bleiben. Der Arbeitsvertrag bleibt aber bestehen, und nach Ablauf dieser Auszeit besteht ein Anspruch auf Rückkehr zur früheren Arbeitszeit und die Arbeitnehmerin beziehungsweise der Arbeitnehmer ist gemäß der im Arbeitsvertrag getroffenen Vereinbarungen zu beschäftigen.

In bestimmtem Rahmen ist während der Elternzeit auch eine Teilzeitbeschäftigung möglich. Ab dem Anmeldezeitpunkt für die Elternzeit, frühestens jedoch acht Wochen vor Beginn der Elternzeit sowie während der Elternzeit, besteht außerdem ein Kündigungsschutz, der nur in Ausnahmefällen eine Kündigungsoption seitens des Arbeitgebers zulässt.

Die zweite wesentliche Komponente ist das Elterngeld, um einen Einkommensausfall aufzufangen, wenn Eltern ihre berufliche Arbeit unterbrechen oder einschränken, um sich nach der Geburt mehr um ihr Kind kümmern zu können. Das Basiselterngeld wird an Väter und Mütter für maximal 14 Monate gezahlt, wobei beide den Zeitraum frei untereinander aufteilen können. Ein Elternteil kann dabei mindestens zwei und höchstens zwölf Monate für sich in Anspruch nehmen. Zwei weitere Monate sind möglich, wenn sich auch das andere Elternteil an der Betreuung des Kindes beteiligt und den Eltern mindestens zwei Monate Erwerbseinkommen wegfällt. Alleinerziehende, die das Elterngeld zum Ausgleich des wegfallenden Erwerbseinkommens beziehen, können aufgrund des fehlenden Partners die vollen 14 Monate Elterngeld in Anspruch nehmen.

Das ElterngeldPlus ist für Fälle mit einer Teilzeitbeschäftigung gedacht. Die Eltern bekommen doppelt so lange Elterngeld (in maximal halber Höhe) ausgezahlt und können so ihr Elterngeldbudget besser ausschöpfen. Die Höhe des Elterngeldes orientiert sich am laufenden durchschnittlichen Monatseinkommen, das der betreuende Elternteil im Jahr vor der Geburt nachweisen kann. Es beträgt pro Monat mindestens 300,– € und höchstens 1800,– € (beim Elterngeld Plus mind. 150,– € und maximal 900,– €).

Die Erfahrungen der Vergangenheit zeigen, dass hauptsächlich Frauen die Leistung des Elterngeldes in Anspruch nehmen (Statistisches Bundesamt 2013) Während Mütter in durchschnittlich 95 % der Fälle das Elterngeld beziehen, nehmen nur rund 27 % der Väter die Leistung in Anspruch. Über die Jahre ist allerdings ein Anstieg bei der Nutzungsquote durch die Väter feststellbar. Allerdings kann man bei den Vätern eher von einem Mitnahmeeffekt sprechen, da drei von vier Vätern das Elterngeld nur für maximal zwei Monate (= gesetzliche Mindestdauer für den Bezug) beantragen. Mütter hingegen bezogen das Elterngeld in neun von zehn Fällen für zwölf Monate.

Auf die Elternzeit wie auf das Elterngeld haben die Mütter und Väter einen Rechtsanspruch, der unabhängig vom Engagement des Unternehmens für die Frauenförderung und den Zielen für die Frauenquote ist. Gleichwohl ist es ein wesentlicher Teil eines Gleichstellungskonzeptes, weil die Kinderbetreuungszeit und ein damit verbundener Verdienstausfall für viele Frauen ein Argument ist, einen Karriereweg mit einer Führungsposition auszuschlagen.

Im Sinne eines aktiven Personalmarketings können Unternehmen hier gegensteuern, wenn sie ausdrücklich erklären, dass sie Pläne für eine Betreuungsauszeit begrüßen und unterstützen. Und dies sowohl bei den Müttern als auch den Vätern in Führungspositionen. Schließlich haben 56 % der Frauen in einer aktuellen Führungsposition Kinder und 77 % der Männer (Wipperman 2010, S. 10).

11.4.3.6   Die Entgeltpolitik

Geldverdienen ist für viele Menschen eines der wesentlichen Motive, um zu arbeiten. Höhere Gehälter stellen damit auch einen Anreiz dar, der bei der Frauenförderung zu berücksichtigen ist. Und gerade hier sind auch über die letzten Jahre gesehen noch deutliche Unterschiede bei den Stundenlöhnen zu beobachten. Der Gender Pay Gap lag 2014 in Deutschland bei rund 22 %, d. h. der durchschnittliche Bruttostundenverdienst war bei Frauen 22 % niedriger als bei Männern (Statistisches Bundesamt 2015).

Bei diesem sogenannten unbereinigten Gender Pay Gap erklären sich die Verdienstunterschiede zwischen Frauen und Männern weitgehend aus strukturellen Unterschieden. Dazu zählen der Umstand, dass Frauen und Männer ungleiche Positionen besetzen, sich bei der Berufs- bzw. Branchenwahl unterscheiden und Frauen eher in Teilzeit und geringfügig beschäftigt sind oder ihre Erwerbstätigkeit wegen familiärer Verpflichtungen unterbrechen.

Durch die genannten Gründe können rund zwei Drittel des Unterschieds in den durchschnittlichen Bruttostundenverdiensten erklärt werden. Der Rest wird als bereinigter Gender Pay Gap bezeichnet und liegt bei rund 7 % Unterschied zu Lasten der Frauen, die auch unter der Voraussetzung vergleichbarer Tätigkeit und äquivalenter Qualifikation weniger verdienen als Männer.

Der Gender Pay Gap existiert dabei auch auf den Führungsetagen (Holst und Busch 2009). Die Gründe dafür liegen zum einen darin, dass Frauen auf der Führungsebene eher die niedrigeren Hierarchiestufen besetzen und die Spitzenpositionen den Männern vorbehalten sind. Außerdem sind Frauen eher in kleineren Betrieben auf Führungspositionen anzutreffen und im Sozial- und Gesundheitswesen sowie im öffentlichen Dienst tätig.

Allerdings zeigt die statistische Analyse, dass der nicht durch solche objektiven Effekte erklärbare Unterschied auf zwei Drittel der Einkommenslücke steigt, was als Indiz für eine noch stärkere Einkommensdiskriminierung der Frauen auf Führungspositionen gewertet werden kann. Vor diesem Hintergrund sollten die Unternehmen ihre Gehaltspolitik einer kritischen Überprüfung unterziehen.

11.4.3.7   Die Gleichstellungsbeauftragte

Aus dem öffentlichen Bereich kennt man die sogenannte Gleichstellungsbeauftragte, die sowohl die Funktion eines gesetzlichen Überwachungsorgans ihrer Dienststelle als auch die Funktion eines Unterstützungsorgans ihrer Kollegen übernimmt. Nach dem Bundesgleichstellungsgesetz ist in jeder Dienststelle mit mindestens 100 Beschäftigten aus dem Kreis der weiblichen Beschäftigten eine weibliche Gleichstellungsbeauftragte zu bestellen.

Diese Idee der personellen Verankerung der Gleichstellungsarbeit findet sich auch in der Privatwirtschaft und dort insbesondere bei den großen Unternehmen, die hier eine Vorreiterrolle übernehmen. Für ein solches Vorgehen spricht, dass das Thema so ein Gesicht im Unternehmen bekommt und die Kapazitäten für die vielfältigen damit verbundenen Aufgaben geschaffen werden. Es besteht jedoch die Gefahr, dass das männliche Management diese Aufgabe dann nicht mehr als seine eigene Veränderungsaufgabe versteht und im Falle des Scheiterns schnell die vermeintlich „Schuldige" gefunden ist. Diese Problematik gilt es abzuwägen.

11.5   Das Gesamtkonzept zur Frauenförderung

Wie diese komprimierte Darstellung der Elemente eines Gesamtkonzeptes mit dem Ziel einer Erhöhung der Frauenquote in Führungspositionen zeigt, ist dieses Thema weitaus vielschichtiger und komplexer, als man auf den ersten Blick glauben könnte. Es bedarf einiger Anstrengungen, sich die Grundlagen zu erarbeiten, die Ideen zu konkretisieren und alle Komponenten zu einen schlüssigen Gesamtbild zusammenzufügen und umzusetzen. Dabei sind die Unternehmen in der Vergangenheit schon in Abhängigkeit u. a. von der Betriebsgröße unterschiedliche Wege beim Instrumenteneinsatz gegangen (Bundesministerium für Arbeit und Soziales 2013, S. 82). Einen umfassenden Frauenförderungsplan konnte man allerdings auch bei größeren Betrieben mit mehr als 500 Mitarbeitern nur bei jedem siebten Unternehmen finden (vgl. Abb. 11.3). Die öffentlichen Arbeitgeber könnten hier mit ihren „Gleichstellungsplänen" eine Vorbildfunktion für die Privatwirtschaft übernehmen.

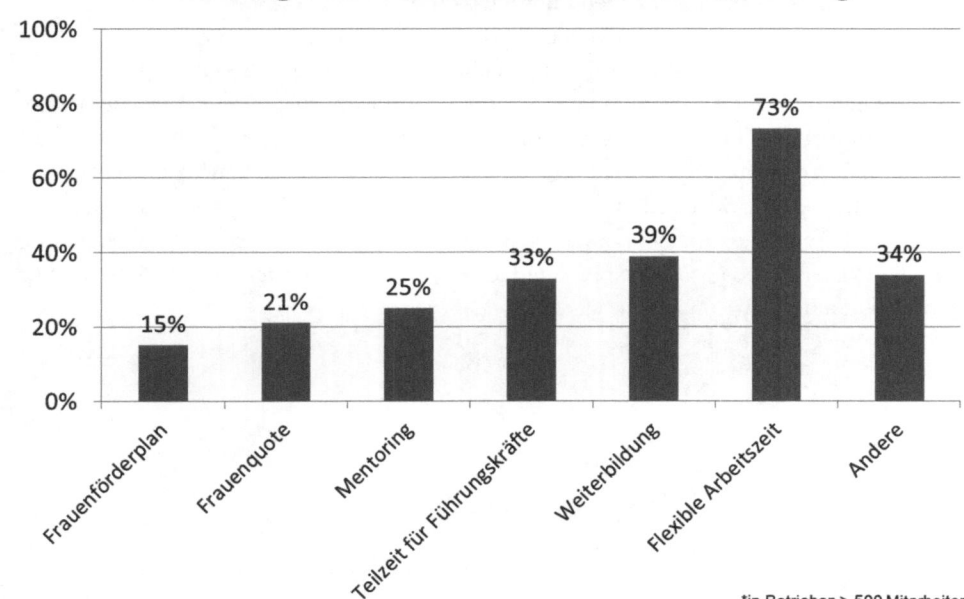

Abb. 11.3 Verbreitung der Instrumente zur Frauenförderung. (Quelle: vgl. Bundesministerium für Arbeit und Soziales, S. 82)

Die Vergangenheit zeigt aber deutlich, dass es weder ein Erkenntnisproblem gibt, noch dass es an Instrumenten mangelt, um Veränderungen anstoßen zu können. Die größte Herausforderung liegt vielmehr auf einem anderen Gebiet. Thomas Sattelberger, ehemaliger Personalvorstand bei der Deutschen Telekom, beschreibt das vorrangige Problem beim Einsatz für die Gleichberechtigung der Geschlechter, insbesondere im Führungssektor, mit den Worten: „große Rhetorik für große Vorhaben, vordergründige Verneigung vor der großen Überzeugung, Auszeichnungen für Aktivitäten ohne entsprechende Resultate, hinterrücks stille Missachtung, Vergessen, unbewusstes Ausblenden, subtile Sabotage oder Akzeptanz der Nichtveränderung" (Sattelberger 2011, S. 429).

Die Umsetzung in der Praxis ist die größte Hürde auf dem Weg zum Ziel. Dabei müssen sich alle Protagonisten stets bewusst sein, dass es gilt, eine Struktur aufzubrechen, die über die Jahrzehnte bzw. Jahrhunderte von Menschen mit Macht aufgebaut wurde. Diese Struktur ist daher auch nur mit Macht neu zu ordnen (Sattelberger 2011, S. 431). Max Weber, der deutschen Nationalökonom und Soziologe, beschreibt Macht als die Chance, „innerhalb einer sozialen Beziehung den eigenen Willen auch gegen Widerstreben durchzusetzen, gleichviel worauf diese Chance beruht" (Suchanek et al. 2015).

Die Dimension der Macht hat dabei zwei erfolgsrelevante Aspekte. Zum einen gehen Frauen mit Macht tendenziell anders um als Männer (Jüngling und Rastetter o.J., S. 11). Hier liegt die Herausforderung für die Frauen darin, sich mit dem Thema Macht auseinanderzusetzen, und zwar sowohl mit ihrer eigenen Einstellung zu Machtfragen als auch mit den Machtstrategien der männlichen Führungskräfte.

Zum anderen gehören zur Macht auch Dinge wie Überzeugungskraft, Konstanz, Kreativität, Kommunikation und die Entschlossenheit zur Nutzung von Chancen. In diesem Sinne ist das Gesetz zur Frauenquote eine Chance, die es zu nutzen gilt. Frauen, die diesem Instrument der Gleichstellungspolitik kritisch gegenüber stehen, weil sie auf diesem Weg keine Karriere machen wollen und der Überzeugung sind, dass wir die Quote nicht brauchen, können die Sache auch mal von einer anderer Blickrichtung aus betrachten. Die Antwort auf die Frage „Frauenquote: ja oder nein?" könnte ja auch lauten: Vielleicht brauchen die Frauen keine gesetzliche Frauenquote, aber eventuell brauchen die Männer eine Quote (Wittenberg 2015b, S. 45).

11.6   Über den Autor

Dr. Jörg Wittenberg arbeitet als Berater, Coach und Business Trainer. Er verfügt über 20 Jahre Managementerfahrung. Durch seine Tätigkeit in sechs Unternehmen vom Startup bis zum Global Player und in verschiedenen Funktionen vom Trainee bis zum Geschäftsführer hat er den praktischen Background, um die persönlichen und unternehmerischen Herausforderungen zu verstehen. Er ist ein neugieriger Mensch, das macht ihn zu einem guten Zuhörer. Dank Studium und Promotion sowie Zusatzqualifikationen als zertifizierter Coach, Project Management Professional (PMI) und Business-Trainer (BDVT) verfügt er über ein breitgefächertes Know-how und Toolkit. Er denkt vernetzt und spricht gerne in Bildern, die begeistern. Sein Fokus liegt auf den zentralen Themen Leadership, Change Management, Projektmanagement, Frauen-Coaching, Burnout-Prävention, Retail-Banking und Compliance. Auf diesen Gebieten ist er auch als Dozent tätig und hat zahlreiche Bücher und Beiträge veröffentlicht. Seine Fach- und Sozialkompetenz sowie seine langjährige Führungspraxis sind die Basis, auf der er seine Kunden auf ihrem persönlichen Lösungsweg erfolgreich begleitet.

Erfahren Sie mehr über Dr. Jörg Wittenberg unter www.Der-Wegberater.de.

Literatur

Verwendete Literatur

Audit Committee Institute e. V. (2015). Frauenquote – sie betrifft mehr Unternehmen, als man denkt!. http://www.audit-committee-institute.de/docs/aci_s_frauenquote.pdf. Zugegriffen: 9. Dez. 2015

Bmfsfj (Bundesministerium für Familie, Senioren, Frauen und Jugend) (Hrsg.). (2006). *Kosten betrieblicher und betrieblich unterstützter Kinderbetreuung* (S. 22–23). Berlin.

Bmfsfj (Bundesministerium für Familie, Senioren, Frauen und Jugend) (2014). Förderung von Frauen in Führungspositionen: Kabinett beschließt Gesetzentwurf zur Frauenquote. http://www.bmfsfj.de/BMFSFJ/Presse/pressemitteilungen,did=212326.html. Zugegriffen: 9. Dez. 2015

Bmfsfj (Bundesministerium für Familie, Senioren, Frauen und Jugend) (2006). Die Elternzeit. http://www.bmfsfj.de/BMFSFJ/Service/rechner,did=16318.html.m. Zugegriffen: 18. Dez. 2015

Brenke, K. (2014). Heimarbeit: Immer weniger Menschen in Deutschland gehen ihrem Beruf von zu Hause aus nach. *DIW Wochenbericht, 2014*(8), 131–139.

Bundesministerium für Arbeit und Soziales (2013). *Arbeitsqualität und wirtschaftlicher Erfolg: Längsschnittstudie in deutschen Betrieben.* Berlin.

Deutsche Telekom AG (2014). *HR FACTBOOK 2014.* Bonn.

Friedrichs, H. (2009). Die Mutter der Gleichberechtigung. http://www.zeit.de/online/2009/20/grundgesetz-selbert. Zugegriffen: 8. Dez. 2015

Groll, T. (2015). Was bringt die Frauenförderung? http://www.zeit.de/karriere/beruf/2014-12/frauen-foerder-programme-wirksamkeit. Zugegriffen: 18. Dez. 2015

Hipp, L., & Stuth, S. (2013). Management und Teilzeitarbeit – Wunsch und Wirklichkeit. *WZBrief Arbeit, 2013*(15), 3. 15.03.

Holst, E., & Busch, A. (2009). *Der „Gender Pay Gap" in Führungspositionen der Privatwirtschaft in Deutschland.* Berlin: Deutsches Institut für Wirtschaftsforschung.

Holzmüller, M. (2011). Süddeutsche.de. http://www.sueddeutsche.de/medien/tv-kritik-maybrit-illner-machst-du-auch-was-richtiges-oder-bist-du-nur-hausfrau-1.1057730 (Erstellt: 11. 02). Zugegriffen: 7. Jan. 2015

ICF (2015). Über die ICF. http://www.coachfederation.de/icf-d/ueber-die-icf.html. Zugegriffen: 18. Dez. 2015

Jüngling, C., & Rastetter, D. (kein Datum) Machtpolitik oder Männerbund? Widerstände in Organisationen gegenüber Frauen in Führungspositionen. https://www.wiso.uni-hamburg.de/fileadmin/sozialoekonomie/bwl/fachgebiet/Beitrag_Juengling_Rastetter_Froese.pdf. Zugegriffen: 09.12.2015

Kay, R. (2011). Gewinnung und Auswahl von MitarbeiterInnen. In G. R. O. Krell, & B. Sieben (Hrsg.), *Chancengleichheit durch Personalpolitik* (6. Aufl. S. 241–260). Wiesbaden: Gabler Verlag.

Kelle, N. (2014). *Grenzen des Wandels – Ein Vergleich über Jahrzehnte zeigt: Immer noch unterbrechen Mütter oft ihre Erwerbstätigkeit.* WZB Mitteilungen, Bd. 143, S. 13–15).

Kellner, B., & Krims, J. (2012) Studie zeigt: Unternehmen schöpfen Potenzial des flexiblen Arbeitens nicht aus. http://www.hrm.de/fachartikel/studie-zeigt:-unternehmen-sch%C3%B6pfen-potenzial-des-flexiblen-arbeitens-nicht-aus-10118. Zugegriffen: 18.12.2015

Kienbaum (Hrsg.). (2014). HR-Trendstudie 2014 Ergebnisbericht. http://www.kienbaum.de/Portaldata/1/Resources/downloads/Ergebnisbericht_HR-Trendstudie2014_Final.pdf. Zugegriffen: 11. Dez. 2015

Klöpfer, I. (2015). Männer müssen erst lernen, Macht zu teilen. http://www.faz.net/aktuell/berufchance/arbeitswelt/frauen-in-fuehrungspositionen-13470178.html. Zugegriffen: 11. Dez. 2015

Körner, T., Puch, K., & Wingerter, C. (2012). Qualität der Arbeit. In S. Bundesamt (Hrsg.), *Wirtschaft und Statistik* (S. 990–1002).

Krell, G. (2011). Geschlechterungleichheiten in Führungspositionen. In G. R. O. Krell, & B. Sieben (Hrsg.), *Chancengleichheit durch Personalpolitik* (6. Aufl. S. 403–422). Wiesbaden: Gabler Verlag.

Kullmann, K. (2010). Frauen in die Räte. http://www.spiegel.de/spiegel/print/d-71030045.html. Zugegriffen: 18. Dez. 2015

Lobenstein, C. (2013). Teilzeitjob in der Chefetage. http://www.zeit.de/2013/36/manager-arbeitszeit-karriere. Zugegriffen: 18. Dez. 2015

Maiweg, A. (2011). Praxisbeispiel Deutsche Bank: „Managing Unconscious Bias" – Ein Diversity-Workshop für Führungskräfte. In G. R. O. Krell, & B. Sieben (Hrsg.), *Chancengleichheit durch Personalpolitik* (6. Aufl. S. 219–224). Wiesbaden: Gabler Verlag.

Mohr, C. (2008). Kein Dax-30-Unternehmen verzichtet auf Coaching. http://www.karriere.de/karriere/kein-dax-30-unternehmen-verzichtet-auf-coaching-7793/. Zugegriffen: 18. Dez. 2015

Müller, A., Unger, H., Schreiber, N., Greven, S., & Vomberg, E. (2015). Potentiale von Frauen in Führungspositionen erkennen und fördern. http://www.competentia.nrw.de/kompetenzzentren/kompetenzzentrum_Bonn_Rhein-Sieg/interessantes/publikationen/PFiF__Online-Publikation_II_Gendersensible_PE-Instrumente_neu.pdf. Zugegriffen: 11. Dez. 2015

N24 (2013). N24-Emnid-Umfrage zur Frauenquote Mehrheit der Deutschen gegen gesetzliche Frauenquote. http://www.presseportal.de/pm/13399/2453788/n24-emnid-umfrage-zur-frauenquote-mehrheit-der-deutschen-gegen-gesetzliche-frauenquote-auch-frauen. Zugegriffen: 9. Dez. 2015

Olaf, H. (kein Datum). Coaching-Magazin.de. Effektive Personalentwicklung Coaching – Mentoring – kollegiale Beratung: Wann passt was? http://www.coaching-magazin.de/artikel/hinz_olaf_-_coaching_mentoring_kollegiale_beratung.pdf. Zugegriffen: 18.12.2015

Sattelberger, T. (2011). Praxisbeispiel Telekom: Die Frauenquote – Qual der Entscheidung und der schwierige Weg vor uns. In G. Krell, R. Ortlieb, & B. Sieben (Hrsg.), *Chancengleichheit durch Personalpolitik* (6. Aufl. S. 429–435). Wiesbaden: Gabler Verlag.

Schmike, J., & Thiller, A. (2013). *Vereinbarkeit von Familie und Beruf. Bundesvereinigung der Deutschen Arbeitgeberverbände*. Berlin.

Schmollack, S. (2010). Parallelgesellschaft Mütter. http://www.taz.de/!5135165/. Zugegriffen: 11. Dez. 2015

SolarWorld AG (2014). *SolarWorld AG Konzernbericht 2014* (S. 54). Bonn.

Statistisches Bundesamt (2013). https://www.destatis.de/DE/Meta/Impressum/Impressum.html;jsessionid=5A9B6626CFD4226316CB5A19A4EB6632.cae1. Zugegriffen: 18. Dez. 2015

Statistisches Bundesamt (2015). https://www.destatis.de/DE/PresseService/Presse/Pressemitteilungen/2015/03/PD15_099_621.html. Zugegriffen: 18. Dez. 2015

Suchanek, A., Lin-Hi, N., & Mecke, I. (2015). Wirtschaftslexikon: Macht. http://wirtschaftslexikon.gabler.de/Archiv/7125/macht-v10.html. Zugegriffen: 18. Dez. 2015

Teamviewer (2012). Home Office-Studie: Vor allem Frauen und ältere Berufstätige bevorzugen die Heimarbeit. https://www.teamviewer.com/de/press/20120726.aspx. Zugegriffen: 18. Dez. 2015

Wipperman, C. (2010). *Frauen in Führungspositionen*. Heidelberg: Bundesministerium für Familie, Senioren, Frauen und Jugend.

Wittenberg, J. (2014). Der-Wegberater.de. http://www.der-wegberater.de/staerkenorientierung-als-erfolgsfaktor-fuer-frauen-in-fuehrungspositionen/ (Erstellt: 22. 08)

Wittenberg, J. (2015a). Der Wegberater. http://www.Der-Wegberater.de/im-fokus/frauen-karriere/frauenquote/ (Erstellt: 10. 09)

Wittenberg, J. (2015b). Frauen im Banking – die Quote kommt. *bank und markt, 44*, 42–45. hier: S. 44. (Verlagsgruppe Knapp-Richardi)

Wolf, J. (2011). Praxisbeispiel Commerzbank: Cross-Company-Mentoring. In G. Krell, R. Ortlieb, & B. Sieben (Hrsg.), *Chancengleichheit durch Personalpolitik* (6. Aufl. S. 301–306). Wiesbaden: Gabler Verlag.

Weiterführende Literatur

Kirschbaum, A. (2003). *Neue Strategien zur Umsetzung von Gleichstellung und Chancengleichheit.* Oldenburg: BIS-Verlag.

Kontio, C. (kein Datum). Handelsblatt.com. Von htt.p://www.handelsblatt.com/unternehmen/beruf-und-buero/telekom-vorstand-claudia-nemat-per-zufall-zu-mckinsey/12139932-4.html. Zugegriffen: 18.12.2015